U0732999

全国高校思想政治教育课精品教材

思想道德修养与法律基础

武建国　王文华　唐敬业　主编

国家行政学院出版社

图书在版编目（ＣＩＰ）数据

思想道德修养与法律基础 / 武建国，王文华，唐敬业主编. -- 北京：国家行政学院出版社, 2015.1

ISBN 978-7-5150-1393-0

Ⅰ．①思… Ⅱ．①武… ②王… ③唐… Ⅲ．①思想修养－高等学校－教材②法律－中国－高等学校－教材 Ⅳ．①G641.6②D920.4

中国版本图书馆 CIP 数据核字(2015)第 011898 号

书　　名	思想道德修养与法律基础
作　　者	武建国　王文华　唐敬业
责任编辑	张晋华
出版发行	国家行政学院出版社
	（北京海淀区长春桥路 6 号 100089）
电　　话	（010）68920640　68929037
编 辑 部	（010）68928761　68929009
网　　址	http://cbs.nsa.gov.cn
经　　销	新华书店
印　　刷	北京长阳汇文印刷厂印制
版　　次	2015 年 1 月第 1 版
印　　次	2021 年 8 月第 2 次印刷
开　　本	787mm×960mm　1/16 开本
印　　张	14.5
字　　数	324.8 千字
书　　号	ISBN 978-7-5150-1393-0
定　　价	32.00 元

前　言

“思想道德修养与法律基础”课程是高校“两课”教育的重要课程之一，是高校对大学生进行系统的马克思主义理论和思想道德教育的主要渠道和基本环节。它是一门以马列主义、毛泽东思想和中国特色社会主义理论体系为指导，以世界观、人生观、价值观、道德观、法制观念为主线，综合运用相关知识，教育引导大学生加强自身思想道德修养，强化法制观念、法律意识的一门课程。

本书针对大学生学习、生活中遇到的诸如政治态度、思想意识、人生理想、伦理道德、心理品质、综合素质等实际问题，从大学生的成长规律和现代社会对人才的要求出发，积极探索大学生健康成长的有效途径，对大学生的身心发展提出全面准确的指导性意见。

本书共八章，主要包括：珍惜大学生活，开创美好未来；树立远大理想，坚定人生信念；社会基本道德规范；继承爱国传统，弘扬民族精神；树立正确的人生价值观；中国特色社会主义法律体系；中国特色社会主义法律体系的部门；树立法治理念，遵守行为规范。

本书由武建国、王文华、唐敬业担任主编，张春兰、程晓丽、解静、崔敏和申艳波担任副主编。本书注重法学理论和知识的思想性、实用性、科学性和针对性的统一，以培养大学生的社会主义法律意识，真正做到学法、懂法、用法、依法办事。本书的相关资料和售后服务可扫封底的二维码或与 QQ（2436472462）联系获得。

本书在编写过程中，由于时间紧迫，编写仓促，书中定有错漏之处，敬请各位专家、读者批评指正。

编　者

目　录

第一章 珍惜大学生活，开创美好未来

大学生是国家宝贵的人才资源，是民族的希望、祖国的未来，肩负着人民和历史的重任。大学，是人生道路的新起点。世界观、人生观将在这里形成、确立；事业的成功将在这里奠基、起步；美好的人生将在这里扬帆、起程。进入高等学府学习深造的新同学，面对新的环境，不仅要明确时代赋予我们在振兴中华的伟大历史使命，还要尽快适应大学的学习生活，确立科学的成才目标，构建合理的成才素质，开发、培养自己的创造能力，使自己的脚步与时代前进的步伐合拍，使自己的成才与祖国的振兴同道。

第一节 适应人生的新阶段

一、认识大学生活的特点

何谓大学？蔡元培先生曾对此有过精辟论述，他说："大学者，研究高深学问者也"；"大学者，'囊括大典，网罗众家'之学府也"；20 世纪 30 年代任大学校长的梅贻琦先生认为，"大学者，非谓有大楼之谓也，有大师之谓也"。大学是知识的海洋。这里有浓厚的学习研究和成才氛围，有丰富的图书资料和先进的仪器设备，能使大学生接触到广博的知识，培养必要的专业技能。这里是知识创新、传播和运用的基地，是培育创新精神的摇篮。

了解大学生活有哪些新变化，哪些特点，将有助于缩短适应过程。大学生活特点主要有以下几个。

（一）学习要求的变化

大学阶段的学习，知识的广度和深度大大增加，专业方向基本确定，需要充分发挥学习的主动性、创造性。大学主要实行的是学分制，除了公共课、学科基础课和专业课属于必修课之外，各专业还开设选修课。同学们可以根据个人兴趣和能力选修相关课程，自由支配的学习时间增多，学习的自主性大大增强。大学学习需要掌握大量的资料和信息，获取知识的渠道更加多样化。熟练利用图书馆和互联网搜集资料和信息，是同学们必备的技能之一。广泛涉猎相关知识，掌握科学的学习方法，培养自主学习和独立思考问题、分析问题、解决问题的能力，是大学阶段学习的重要特点。

（二）社会活动的变化

进入大学后，各种组织活动增多；由志趣、爱好相同的同学自愿组织起来的各种学生社团的活动丰富多彩；同学们参加各种社会实践、社会志愿服务的机会大大增加。同学们可以根据自己的特点和爱好、时间和精力，积极参加各种活动，合理安排课余生活，锻炼组织和交往能力。适应新的学习、生活环境，同学们需要注意培养和提高自己的独立生活能力。

（三）生活环境的变化

进入大学以后，同学们离开父母独立生活，许多同学还远离家乡，衣食住行等日常生活都要自己安排。同学们来自五湖四海，兴趣爱好、生活习惯可能存在差异，主动地加强沟通和交流、互相理解和关心成为一种需要。自理能力较强的同学会很快适应，应对自如；自理能力较弱的同学，则可能计划失当，顾此失彼。尽快适应新的环境，既要学会过集体生活，又要学会独立处理学习生活中遇到的各种实际问题。

二、提高独立生活能力

大学是人生发展的新阶段，能否尽快适应大学新生活，将关系到我们在大学阶段的顺利成长。这是同学们面临的首要问题。如果不能适应大学的学习生活环境，成才就无从谈起。大学生活与中学相比，其显著的特点就是要求学生必须自主独立，不论衣、食、住、行还是学习交友乃至认识社会和人生，都需要更多地依靠自己的认知能力去思考、判断、选择和行动。

（一）提高明辨是非的能力

在大学生活中，同学们会遇到各种思想的交流和碰撞，也会受到种种社会思潮的影响。其中既有政治上的大是大非问题，也有日常工作、生活中做人的是非问题。这就要求同学们努力提高明辨是非的能力，作出正确的判断和理智的选择，加强自我约束与管理。

（二）虚心求教，细心体察

面对新的生活环境，同学们随时都可能遇到过去所没有遇到的问题、矛盾和困惑。过去没有接触过的人，需要去交往；过去没有做过的事，需要学着去做；过去没有遇到过的问题，需要自己去解决。为了尽快提高自身的综合素质，同学们必须在各个方面虚心求教、细心体察，多向周围的老师、同学学习。

（三）大胆实践，不断积累生活经验

任何能力都是在实践中积累起来的，都有一个从不会到会、从不熟练到熟练的过程。人们常说，"生活是最好的老师"，只有在生活的实践中不断磨砺，才能逐渐提高独立生活的勇气和能力。

（四）确立独立生活意识

从一定意义上说，进入大学就意味着开始逐步地独立走向社会，走向生活。在这个新的起点上，为了给自己的人生理想夯实基础，就需要摆脱依赖、等待和犹豫，树立自信、自律、自立、自强的精神，更好地适应社会生活的新变化。

三、树立新的学习理念

进入大学，学习的内容、形式和要求都发生了变化。同学们不仅要努力学习，还要树立正确的学习理念；不仅要掌握知识，还要掌握获得知识的能力；不仅要在学业上不断进步，还要在综合素质上不断提高。

（一）全面学习的理念

学习应该是全面的，不仅要认真学好专业知识，还要学好与专业有关的其他方面的知识，学好有利于提高自身综合素质的各方面知识。学习不仅是学习知识，更为重要的是掌握科学方法，培养探索求知的热情，学会收集、处理、选择和管理信息，学会分析、解决理论和实际问题。同学们要向书本学习、向实践学习、向生活学习，学会知识技能，学会动手动脑，学会生存生活，学会做人做事。

（二）创新学习的理念

创新学习是一种以求真务实为基础，采取创造性方法，积极追求创造性成果的学习。当今时代，知识更新周期大大缩短，各种新知识、新情况、新事物层出不穷。大学生作为国家未来建设的人才和各个行业的骨干，更需要树立创新学习的理念，不断提高和拓展自己的创新能力，为建设创新型国家发挥重要作用。

（三）自主学习的理念

自主学习是一种能动的学习，它要求同学们有明确的学习目的，自觉适应专业要求和社会需要，积极主动地掌握相关知识、技能和方法，使自己真正成为学习的主人。坚持自主学习，离不开教师的指导，但同学们不能被动地接受教师的指导，要有强烈的求知欲和主动性，举一反三，触类旁通，注重对知识的拓展和领悟。在大学阶段，大量的自学时间、自由的学习空间，营造了自主学习的浓厚氛围，也对自主学习理念的培养提出了必然要求。同学们要学会根据教学计划和自身所学专业的特点，合理确定学习目标，科学安排学习时间，掌握正确的学习方法，全面提高自主学习能力。

（四）终身学习的理念

学习最可贵的是终身坚持。我们已经进入了终身学习的时代，要树立终身求知、终身学习的理念。在大学阶段，同学们要学习和掌握专业基础知识，同时要为今后继续学习、终身学习奠定良好基础。大学毕业只是告别学校，并不是告别学习。不断学习新知识、获得新本领，是社会发展的要求。

四、培养优良学风

在大学学习阶段，同学们还应注意培养优良的学风。学风是人们在学习过程中表现出来的态度、行为方式和作风，是一个人道德水平和精神境界的重要体现。优良的学风是掌握知识、增长才干、培养创新精神的重要保证，也是终生受益的宝贵财富。

（一）勤奋

勤奋就是要刻苦努力、不畏艰难、锲而不舍、永不懈怠。优良的学业是辛勤汗水的结晶，突出的成就只有通过刻苦学习和拼搏才能获得。大学学习的系统性、专业性的特点，在广度和深度上增加了学习的难度，这就要求同学们坚忍不拔、持之以恒，让勤奋学习成为青春远航的动力。

（二）求实

求实就是要确立求真务实的态度，坚持实事求是的原则，具有追求真理、修正错误的勇气。同学们要自觉培养扎实打基础、老实做学问的学风，不驰于空想，不骛于虚声。同时，还要尊重科学、尊重实践、尊重规律，不唯书、不唯上、只唯实，积极探索客观事物发展的规律。

（三）创新

创新就是不拘陈规，敢为人先，进行创造性的学习和思维。大学生不仅要认真学习，善于思考、掌握、加工、消化已有知识，还要敢于突破陈旧的思维定势，勇于开拓，力求有所发现、有所发明、有所创造，不断激发自己的创新意识，培养创新精神和创造性思维，为将来的创造性工作打下良好的基础。

（四）严谨

严谨就是要一丝不苟、认真负责，做到严肃、严格、严密。严肃是指认真的学习态度和扎实的学习作风，反对学习上轻率浮躁、马虎应付的态度；严格是指对知识的掌握要弄懂弄通，对技术的掌握要严守规范，反对不求甚解，反对投机取巧；严密是指对学习要严谨细致、精益求精，包括在学习的安排上要周全有序，有条不紊地处理学习中的各种关系。要坚决抵制急功近利的浮躁之风，坚决抵制违反科学和学术道德的不良风气，做一个有科学道德和学术道德的人。

五、确立成长新目标

当代大学生肩负的历史使命是继往开来，迎接挑战，把我国建设成为富强、民主、文明的社会主义现代化国家，实现中华民族的伟大复兴。完成如此重大的历史使命就要按照我党的教育方针和高校的培养目标要求自己，尽快成才。社会主义市场经济和知识经济的发展，对人才素质提出了全面发展的新要求。

（一）德是人才素质的灵魂

兴邦安国，教育为本；教书育人，德育为先。牢固树立社会主义荣辱观，以理想信念为核心，以爱国主义为重点，以公民基本道德规范和遵纪守法观念为基础，以全面发展为目标，建立社会主义道德和法制观念。

（二）智是人才素质的基础

智是大学生从事社会主义现代化建设的实际本领，是能否成为对国家、对人民有用的人才的重要基础。同学们需要努力掌握科学文化知识，掌握本专业比较系统扎实的基本理论和应用技能，不断拓展自己的科学文化知识，培养解决理论和实际问题的能力。

（三）体是人才素质的条件

体育是社会发展与人类文明进步的一个标志，体育事业发展水平是一个国家综合国力和社会文明程度的重要体现。人的身体素质是思想道德素质和科学文化素质的物质基础，也是一个民族和国家强盛的基础。同学们要了解体育运动的基本知识，掌握科学锻炼身体的基本技能，积极参加体育锻炼。

（四）美是人才素质的综合体现

美可启真；美可储善；美可怡情；美可净化灵魂。有一位专家曾说过：智育一旦走向极端，只能生产出毫无个性的机器人。美育不仅能陶冶情操、提高素养，还有助于开发智力，对于促进大学生全面发展具有不可替代的作用。美育通过熏陶、感发人的精神，激励、净化升华人的精神境界，培养和提高学生对美的感受力、鉴赏力和创造力，帮助学生树立美的理想，发展美的品格，培育美的情操，形成美的人格。在美育方面，同学们需要提高文化艺术素养，养成良好的审美观念，加强审美修养。

大学培养目标所要求的德、智、体、美方面的素质是相互联系、相互制约的统一体。大学生的全面发展，就是德智体美的全面发展，是思想道德素质、科学文化素质和健康素质的全面提高。当代大学生应努力成长为健康发展、和谐发展的一代新人。

六、塑造崭新形象

大学生是社会上富有朝气、充满活力的群体。良好的形象不仅是大学生成才的一个重要方面，也是社会对大学生的要求。

（一）理想远大．热爱祖国

大学生应当树立中国特色社会主义共同理想，塑造为党和人民事业而甘于奉献的形象，始终以国家富强、民族振兴和人民幸福为己任。同学们正逢报效祖国和人民的难得历史机遇，理应树立起"舍我其谁"的豪情壮志和坚定信念，把为振兴中华作贡献作为自己不懈奋斗的目标。

（二）德才兼备，全面发展

大学生要学习掌握扎实的专业基础知识和前沿的科学文化知识，以造福国家和人民。同时，要坚持以德为先，德才兼备。北宋史学家司马光说过："才者，德之资也；德者，才之帅也。"用"德"来统率"才"，才能保证"才"的正当发挥；以"才"支撑"德"，才能真正有益于国家和人民。目前社会上出现的学术不端和高科技犯罪等现象，就是没有正确把握德才关系引起的，它为人们敲响了警钟。对大学生来说，"德"绝不是可有可无的，德才兼备才是衡量大学生全面发展的一个重要标准。

（三）知行统一，脚踏实地

知行统一是和道德人格紧密结合在一起的。一个人能否做到言行一致，是他立身处世的基础。在人和人的相处中，既要重视言，更要重视行。同学们在日常的学习和生活中，要时时提醒自己，应该做的事情，认识到了，是否去做了；应该改正的错误，认识到了，是否去改了。同时，一个人如果能够从身边的事情做起，从具体的事情做起，做到言行一致，老老实实做人，踏踏实实做事，他的道德人格必然会不断完善。

（四）追求真理，善于创新

大学生应当发挥思维敏捷、敢为人先、最少陈旧观念、最具创造活力的诸多优势，追求真理，勇于探索，使自己成为富有社会责任感、创新精神和实践能力的高素质人才。同学们要从马克思主义理论中汲取营养，树立科学的世界观，掌握正确的方法论，培养追求真理的科学精神，努力做勇于和善于创新的先锋。

（五）视野开阔，胸怀宽广

大学生应当学会以开阔的视野观察不断发展的中国，观察日新月异的世界；用宽广的胸襟向历史学习，向群众学习，向实践学习。同学们要把个人的"小我"融入国家和集体的"大我"之中，在维护和实现国家与人民利益的过程中创造个人的辉煌人生。

第二节　构建良好的人际关系

人际交往是人社会化过程的必经之路，也是大学生健康成长的重要途径。大学生作为社会的人，要想获得生存与发展的本领，就必须学会为自己创造一个良好的外部人际环境。良好的人际交往可以帮助大学生获取信息、抓住机遇、完善自我、促进身心健康、取得事业的成功。大学阶段是人生中的一个重要转折期，所有活动都是在与人交往的过程中进行并实现的，社会交往是大学生社会化的基本途径，也是大学生健康成长的根本保证。

人际交往亦指社会交往，指人与人之间通过一定方式进行接触，从而在心理上和行为上发生相互影响的过程。人际关系是在社会生活中人与人的直接交往关系，它是在人们相互交往基础上形成的。人际关系是人际交往的结果，反映了人与人之间相互影响的作用的具体状态，由人际交往形成的人际关系对进一步的交往产生促进或阻碍作用，成为人际交往的起点与依据。

一、人际关系的类型

现代社会人际交往与人际关系错综复杂，根据不同的分类标准和方法，人际关系的类型可以有不同的划分。根据人际交往的内容可以划分为经济方面的交往关系，政治思想方面交往的关系，文化娱乐方面的交往关系，其中经济关系是最基本的关系；根据人际关系联结的纽带来划分，可以划分为血缘关系，地缘关系，趣缘关系，业缘关系；根据交往的主题情况来划分可以有个体与个体之间的关系，个体同群体之间的关系，群体与群体之间的关系；根据人际关系的相容程度可以分为相容的人际关系和不相容的人际关系；根据交往的形式和媒介可以分为直接关系和间接关系；根据交往时间长短可以分为长期关系与临时关系；还可以根据不同性别划分为同性关系和异性关系。

二、人际关系建立的原则

（一）平等的原则

平等，是人与人之间建立情感的基础，也是人际交往的一项基本原则。与人交往，只有以平等的姿态出现，不盛气凌人，不高人一等，给别人以充分的尊重，才有可能形成人与人之间的心理相容，产生愉悦、满足的心境，形成和谐的人际交往关系。因此，大学生在人际交往中应坚持平等原则，尊重他人、理解他人、关心他人、帮助他人，建立起有利于成长和进步的人际关系。

（二）真诚原则

真诚原则是人际交往延续和发展的保证，人与人之间真诚相待，才能相互理解、接纳，才能团结相处。具体表现为：第一，真诚的表现自己，只要相信自己的观点是正确的，只要认为自己的态度、兴趣或情感是"真实自我"的反应，就要自然的表现出来，不要玩深沉、逢场作戏或个人琢磨不定过分压抑等。第二，真诚地对待别人。每个人都有自己的长处与不足，对他人、对朋友要热诚的赞许和善意地批评，恰当地评价，赞扬的话语要真实、确切、具体并出自内心，批评要注意方式恰当，总之要在善良的动机前提下真诚地评价别人，关心别人，理解别人，帮助别人。

（三）宽容原则

在与人相处时，应当严于律己，宽容待人，接受对方的差异。俗话说，"金无足赤，人无完人"。交往中，对别人要有宽容之心，如"眼睛里容不得一粒沙子"般斤斤计较，苛刻待人，或者得理不让人，最终将会成为孤家寡人。另外，要有宽容之心，还须以诚换诚，以情换情，以心换心，善于站在对方的角度去理解对方。

（四）互惠互助原则

互相关心，互助互惠，是人际交往的客观需求。生活中，每个人都难免有困难，需要他人帮助；工作中，也需要在各自的职位上互相配合、互相支持、通力合作。互相帮助是中华民族的传统美德。一人有难，众人相帮；一方有难，八方支援。相互帮助就是要乐于帮助别人，别人有困难需要帮助时一定要热情帮助。

三、人际交往的基本方法

（一）正确认识自己

俗话说，知己知彼，百战百胜，人际交往也是这个道理。正确认识自己是交往成功的基础。要正确认识自己，就要做到公平客观的评价自我，做到既不清高，亦不妄自菲薄，又要充分发挥自己的长处。如果过高的评价自己，就容易轻视别人，内心总是得不到满足感和愉悦感；反之，如果过低评价自己，则又会时时感到自卑，往往会冷漠的拒绝交往，内心也总受到自我压抑的煎熬。正确认识自己还表现在客观的评价他人。大学生要正确认识自己，了解自己，悦纳自己，还要做到善于与人进行比较；经常反省自己，检查自己。牢记古训"以铜为镜，可以整衣冠，以古为镜，可以知兴衰；以人为镜，可以明得失"。正确地认识自我，客观的评价自己的能力是奠定成功交往的基础。同时，在各种人际交往过程中形成发展和提高自我评价水平。

（二）完善性格，增强人际吸引因素

确立较高的人格目标，学习别人的长处，不断充实自己，完善自己，增强自己的人际吸引因素，是提高人际关系的根本所在。人际吸引，指交往对象之间彼此互相喜欢、敬爱、爱慕的心理倾向。人际吸引的因素主要有：第一，正确的人生观。人生观是人们对人生目的、人生意义、人生价值的根本看法和观点，是一个人现实生活各方面的态度的核心，是一个人举止行为的指南。第二，良好的品德修养。具有良好品德修养的人，可以给人以信任和安全感。第三，良好的心理品质。心理品质是一个人的志向、意志、情绪、兴趣、气质、性格等的心理特征。第四，出色的智力和才能。通常出色的智力和才力可以给人以力量，是人际吸引的重要因素。

（三）掌握交往的艺术

第一，语言艺术。"良言一句三冬暖，恶语伤人六月寒。"这两句话告诉我们交往时要注意运用语言的艺术。语言艺术运用得好，就能优化人际交往；相反易在无意间就出口伤人或产生矛盾。语言要服从交往的需要。从内容到形式要适应对方的心理需要、知识经验、双方关系及交往场合，使交往关系密切起来。

第二，非语言艺术。当言语在沟通中表达不超过30%~35%的信息时，非语言是获得沟通信息的重要线索。非语言一般包括眼神、手势、面部表情、姿态、位置、距离等。人的表情、肢体动作常表达思想和情感，如"眼睛是心灵的窗户"、眉飞色舞表示内心喜悦，怒目圆睁表示愤怒；当讨厌某人时，你的身体语言早已昭然若揭。正确运用非语言艺术，巧妙地表达自己，在交往中能起到"无声胜有声"的效果。所以，"察言观色"是大学生建立良好人际交往的必修课。此外，学会有效地聆听。人际关系学者研究表明，几乎所有的人都喜欢听他讲话的人，所以，有效地聆听是人际交往必不可少的技巧。听，要尽量表现出聆听的兴趣；听，要正视对方，切忌小动作；听，不要轻易地与对方争论或妄加评论。

第三，学会真诚微笑与赞扬。微笑有时比语言更有力量，因为微笑可表示：我喜欢你，你使我快乐，我很高兴见到你。微笑必须是发自内心的、真诚的，即笑的使人感到亲切自然、相互悦纳之情。人性最本质的愿望就是希望得到赞扬，适时适度、真诚赞扬是人际关系的润滑剂。赞扬别人需要有针对性和指向性。需赞扬对方身上潜在的优点、以情动人，还应善于以赞事达到赞人的效果。

第四，学会幽默。幽默使世界充满快乐和笑声，是男人的风度，女人的魅力，是美德和智慧的结晶，是种高超的语言艺术。幽默使人放松心情，减轻压力，提高愉悦，增强他人的悦纳和满意度，是人际交往中不可缺少的技巧。

上述的方法和技巧，只是人际交往过程中的一般规律，而在现实社会中，由于人与人的性格、生活背景等众多因素的影响，也需要所有的人不断地学习和实践才能臻于娴熟。

四、大学生人际交往中的心理障碍

一般来说，大学生在人际交往过程中，出现一些困难或不适应是难免的，但如果个体的人际关系严重失调，人际交往时常受阻，就说明存在着交往障碍。大学生常见的交往障碍主要表现在以下三个方面：

第一，认知障碍。认知障碍在大学生的人际交往中表现突出而常见，这是由青年期的交往特点所决定的。青年期自我意识迅速增强，开始了主动交往，但其社会阅历有限，客观环境的限制使其不能够全面接触社会，不了解人的整体面貌，心理上也不成熟，因而人际交往中常又带有理想的模型，然后据此在现实生活中寻找知己，一旦理想与现实不符，则交往产生障碍，心理出现创伤。另一个是以自我为中心。人际交往的目的在于满足交往双方的需要，是在互相尊重、互谅互让，以诚相见的基础上得以实现的。而有的大学生却常常忽视平等、互助这样的基本交往原则，常以自我为中心，喜欢自吹自擂、装腔作势、盛气凌人、自私自利，从不考虑对方的需要，这样的交往必定以失败而告终。

第二，情感障碍。情感成分是人际交往中的主要特征，情感的好恶决定着交往者今后彼此间的行为。交往中感情色彩浓重，是处于青年期大学生人际交往的一大特点。情感障碍具体体现在嫉妒、自卑、自负、害羞与孤僻等方面。

第三，人格障碍。人格障碍是另一种常见的人际交往障碍。所谓人格，是指人在各种心理过程中经常地、稳定地表现出来的心理特点，包括气质、性格等。人格的差异带来交往中的误解、矛盾与冲突，人格不健全可直接造成人际冲突。如不同气质类型的人对同一问题的处理方式不一样，胆汁质的人性情急躁，言谈举止不太讲究方式，这会使抑郁质的人常感委屈和不安，造成双方的互相抱怨和不满。而相同性格类型的人（同是内向性格或同是外向性格）也很难相处融洽。

五、常见人际交往障碍的克服

每个人在交往中都或多或少地出现这样或那样的问题，改善人际关系，加强人际交往，对大学生的学习、生活和心理健康都有重大意义。

第一，提高认识，掌握技巧。管理者要注意引导大学生不断调整自己的认知结构，对人际交往形成一种积极的、准确的认识，而不要把人与人之间的关系视为尔虞我诈。同时加强交往技巧的培养，促使交往双方达到心理相容。为此，在人际交往中应尽可能地做到肯定对方和真诚热情两点。

第二，充分实践，改善交往措施。良好的人际关系是在交往中形成和发展起来的，良好的人际关系也有赖于相互的了解，相互了解有赖于彼此思想上的沟通。因此要注意常与人交谈，交换看法，讨论感兴趣的事情。这样，可籍以表达自己的喜怒哀乐，降低内心压力。在沟通中求得主观世界与客观世界的平衡，有益于身心健康。但在沟通时，语言表达要清楚、准确、简练、生动。要学会有效聆听，做到耐心、虚心、会心，把握谈话技巧，吸引和抓住对方。此外，一个人在不同场合具有不同角色，在教室是学生，在阅览室是读者，在商店是顾客。在交往活动中，如果心理上能经常地把自己想象成交往对方，了解一下自己处在对方情境中的心理状态和行为方式，体会一下他人的心理感受，就会理解别人的感情和行为，从而改善自己待人的态度，这种心理互换也是培养交往能力的好办法。

第三，培养良好的交往品质。

（1）真诚。"人之相知，贵相知心"。真诚的心能使交往双方心心相印，彼此肝胆相照，真诚的人能使交往者的友谊地久天长。

（2）信任。美国哲学家和诗人爱默生说过：你信任他人，他人才对你重视。以伟大的风度待他人，他人才表现出伟大的风度。在人际交往中，信任就是要相信他人的真诚，从积极的角度去理解他人的动机和言行，而不是胡乱猜疑，相互设防。信任他人必须真心实意，而不是口是心非。

（3）克制。与人相处，难免发生摩擦冲突，克制往往会起到"化干戈为玉帛"的效果。克制是以团结为金，以大局为重，即使是在自己的自尊与利益受到损害时也是如此。但克制并不是无条件的，应有理、有利、有节，如果是为一时苟安，忍气吞声地任凭他人的无端攻击、指责，则是怯懦的表现，而不是正确的交往态度。

（4）自信。俗话说，自爱才有他爱，自尊而后有他尊。自信也是如此，在人际交往中，自信的人总是不卑不亢、落落大方、谈吐从容，而决非孤芳自赏、盲目清高。而是对自己的不足有所认识，并善于听从别人的劝告与帮助，勇于改正自己的错误。培养自信要善于"解剖自己"，发扬优点，改正缺点，在社会实践中磨练、摔打自己，使自己尽快成熟起来。

（5）热情。在人际交往中，热情能给人以温暖，能促进人的相互理解，能融化冷漠的心灵。因此，待人热情是沟通人的情感，促进人际交往的重要心理品质。

第三节　提高思想道德和法律素质

　　大学生要适应时代的要求，肩负起新的历史使命，既需要提高科学文化水平和专业能力，又需要提高思想道德素质和法律素质。"思想道德修养与法律基础"课，是高等学校思想政治理论课课程体系的重要组成部分，是帮助大学生提高思想道德素质和法律素质的重要课程。

一、思想道德与法律

　　思想道德与法律是调节人们思想行为、协调人际关系、维护社会秩序的重要手段。思想道德和法律虽然在调节领域、调节方式、调节目标等方面发挥的作用和方式存在很大不同，但是它们作为社会上层建筑的重要组成部分，共同服务于经济社会健康有序的发展。

（一）思想道德

　　社会主义思想道德集中体现着精神文明建设的性质和方向，对经济社会的发展具有巨大的能动作用。思想道德建设的基本任务是：坚持爱国主义、集体主义、社会主义教育，加强社会公德、职业道德、家庭美德和个人品德建设，引导人们树立建设和发展中国特色社会主义的共同理想和正确的世界观、人生观、价值观。社会主义法律是工人阶级领导下的广大人民意志的体现，是由国家制定或认可并由国家强制力保证实施的行为规范的总和。社会主义思想道德与社会主义法律相辅相成、缺一不可，有着密不可分的联系。

　　社会主义思想道德所体现的价值标准和价值观念为社会主义法律提供了价值准则和道义基础。

　　第一，社会主义思想道德的价值标准，是社会主义法律正义性与合法性的基础，为社会主义法律的制定提供价值准则。

　　第二，社会主义思想道德中的自由、民主、平等、公正、和谐、诚信、友善等价值观念，对于社会主义法律的制定和实施有着重要的促进作用。

　　第三，社会主义思想道德能够促进人们自觉守法、维护法律权威和严格实施法律，弥补法律不健全时留下的空白，弥补法律在调整社会关系方面的不足，与社会主义法律共同促进良好社会秩序的形成。

（二）法律

社会主义法律的实施为社会主义思想道德建设提供了制度保障。

第一，社会主义法律是实现国家政治、经济、文化管理及其他社会管理职能的重要手段。在实现国家职能的同时，社会主义法律的实施实际上保证了社会主义思想道德形成和发展所需要的政治基础、物质基础、思想文化基础。

第二，法律的公布和实施，有力地传播和实施了社会主义思想道德。法律对违法犯罪的制裁，也表达了对这些严重违反社会主义思想道德行为的否定性评价。

第三，当国家把社会主义思想道德的核心内容吸收在法律中转化为法律原则和法律规范的时候，实际是确认了社会主义思想道德在国家生活和社会生活中的主流地位。

第四，社会主义法律通过对社会主义基本思想道德原则予以确认，并把某些重要的思想道德规范转化为法律规范，为其提供法律支持。

二、思想道德素质与法律素质

思想道德素质和法律素质是人的基本素质，体现着人们协调各种关系、处理各种问题时所表现出的是非善恶判断能力和行为选择能力，是政治素养、道德品格和法律意识的综合体，决定着人们在日常生活中的行动目的和方向。思想道德素质主要包括思想政治素质和道德素质。

（一）思想政治素质

思想政治素质是人们在为实现本阶级利益而进行的精神活动和实践活动中表现出来的素养和能力。道德素质是人们的道德认识和道德行为水平的综合反映，包含着一个人的道德修养和道德情操，体现着一个人的道德水平和道德风貌。始终如一地坚持道德学习和道德修养，认真践履社会主义道德的要求，是提高个人道德素质的重要途径。在人的各种素质中，思想政治素质是最重要的素质。同学们在加强思想道德修养的过程中，要着重加强思想政治素质的修养，把提高自己的思想政治素质放在突出的位置。

（二）法律素质

法律素质是指人们学法尊法守法用法的素养和能力。良好的法律素质对于保证人们合法地实施行为，依法维护各种正当的权益，自觉履行法定义务、弘扬法治精神，形成自觉学法尊法守法用法的社会氛围，推进社会主义法治国家建设，具有重要的意义。掌握必备的法律知识，树立必需的法律观念，拥有必要的用法、护法能力，构成了法律素质的基本要素。

加强个人的思想道德修养和法律修养，是与社会责任、历史使命联系在一起的。大学生应当通过理论学习和实践体验，树立坚定的理想信念，确立正确的世界观、人生观、价值观，陶冶高尚的道德情操，增强学法守法用法护法的自觉性，不断提高自身的思想道德素质和法律素质。

三、培育和践行社会主义核心价值观

提高思想道德素质和法律素质，最根本的是要建设社会主义核心价值体系、培育和践行社会主义核心价值观。引导大学生自觉学习实践社会主义核心价值体系、践行社会主义核心价值观，是高等学校思想政治教育的重要内容，也是贯穿"思想道德修养与法律基础"课的主线。

社会主义核心价值体系是兴国之魂，决定着中国特色社会主义发展方向。社会主义核心价值体系的基本内容包括：马克思主义指导思想，中国特色社会主义共同理想，以爱国主义为核心的民族精神和以改革创新为核心的时代精神，社会主义荣辱。

社会主义核心价值体系这四个方面的内容，各具功能、各有侧重，相互联系、不可分割，是有机统一的整体。马克思主义指导思想作为社会主义核心价值体系的灵魂，解决的是举什么旗的问题，是整个社会主义核心价值体系的理论基础；中国特色社会主义共同理想作为社会主义核心价值体系的主题，解决的是走什么道路、实现什么样目标的问题；民族精神和时代精神作为社会主义核心价值体系的精髓，解决的是应当具备什么样的精神状态和精神风貌的问题。社会主义核心价值体系回答了我国意识形态领域的根本问题，体现了我国最广大人民的根本利益，是一个结构完整、逻辑缜密的科学体系。

党的十八大报告提出："倡导富强、民主、文明、和谐，倡导自由、平等、公正、法治，倡导爱国、敬业、诚信、友善，积极培育和践行社会主义核心价值观。"社会主义核心价值观，是社会主义核心价值体系的精神内核及其遵循的根本原则，可以从价值层面为深入回答社会主义的本质特征提供根本价值遵循，在具体利益矛盾、各种思想差异之上最广泛地形成价值共识，为国家建设和社会发展提供先进的、根本的价值导向和理想信念，提供明确的、稳定的价值依据和评判标准。培育和践行社会主义核心价值观，是引领大学生成长成才的基本途径，为大学生加强自身修养、锤炼优良品德指明了努力方向。

思考题

1. 大学生活有什么特点？
2. 如何构建良好的人际关系？
3. 简述思想道德和法律之间的关系。
4. 如何理解思想道德素质和法律素质的内涵？

第二章 树立远大理想，坚定人生信念

理想和信念是人们的精神支柱，是鼓舞人们奋发向上，成就事业的强大动力。大学生在成才之路上，树立远大的理性和志向，确立科学的信念，对自己的人生实践具有重要的意义。

第一节 树立人生的理想和信念

理想信念是人的心灵世界的核心。有没有科学的理想信念，决定了人生是高尚充实，还是庸俗空虚。树立远大理想、坚定人生信念，是大学生健康成长、成就事业、开创未来的精神支柱和前前进力。

一、理想的基本知识

"理想"一词，最初来源于希腊语"idea"，意即人生的奋斗目标。在中国古代，理想称为"志"，即志向。在现代社会，所谓理想，是人们在实践中形成的具有实现可能性的对美好未来的追求和向往，是人们的政治立场和世界观在人生奋斗目标上的集中体现。理想是建立在对自然、社会和人生客观规律认识的基础之上的，是人的自觉能动性的表现，是人类特有的精神现象。

然而，人们可以从不同学科的角度来给理想做出不同的解释。从哲学角度，理想是"人生之最高准则"；从社会学角度，"理想是未来美好生活和美好社会的向往和追求"；从心理学角度，"理想是指向未来，指向人的生活和活动的远景"；从美学角度，"理想是至善至美的生活"；从伦理学的角度，"理想是最高尚的人格"；从人生哲学的角度，"理想就是人生奋斗目标，是一个人如何度过自己一生的总体规划。"

理想不是人们的主观意志和想当然。作为一种社会意识形态，一种人类特有的精神现象，它是社会存在反映。一个人理想的形成，是随着他对社会认识的不断深化，以及他所参加的社会实践的发展而逐步形成和巩固起来的。它完全是建立在对客观规律的正确认识的基础上，具有实现的可能性。从它的来源

和形成来看，理想完完全全植根于现实，是对现实生活提升的结果。

（一）理想的分类

人们对理想的追求遍及社会生活的所有领域，贯穿于人类活动的所有方面，因而理想是多方面和多类型的。概括地说，理想大体可以分为生活理想、职业理想、道德理想和社会政治理想等。

1．生活理想

这是人们对幸福生活的想象和向往，涉及社会物质生活、精神生活和家庭生活等诸多方面。生活理想是人们最基本的生活需要得到满足之后逐渐发展起来的，它决定于并反映人们的社会理性想和道德理想。

生活理想包括物质生活和精神生活两个方面。在阶级存在的社会里，不同阶级的成员有不同的生活理想。剥削阶级的生活理想是个人的私欲的追求，追求生活奢侈腐化，而劳动人民和无产阶级的成员则是在发展社会主义的基础上，在奉献社会的同时，逐步提高自己的物质和文化生活水平。

2．职业理想

这是关于工作、职业方面的理想。既包括对将来所从事的职业种类和职业方向的追求，也包括事业成就的追求。青年时期是学生的人生观、世界观形成的时期，也是我们的职业理想孕育的关键时期。作为理想的重要组成部分的职业理想，它体现了人们的职业价值观，直接指导着人们的择业行为。理想是前进的方向，是心中的目标。

人生发展的目标是通过职业理想来确立，并最终通过职业理想来实现。俄国的托尔斯泰曾说过："理想是指路的明灯，没有理想就没有坚定的方向，就没有生活。"同学们在现阶段的学习生活中也已经深切地感受到，一旦学习目的不明确，学习的热情就会低落，学习的效果就不明显。因此，有了明确的、切合实际的职业理想，再经过努力奋斗，人生发展目标必然会实现。

3．道德理想

这指人们基于对一定社会或阶级基本道德要求的认识而自觉追求和向往的某种理想人格和理想社会中的道德关系。人类的道德理想是历史发展的产物和现实社会关系的反映。在原始社会里，道德意识中并没有自觉表达的道德理想。从奴隶制时代开始，由于实际的道德和应有的道德状况经常处于矛盾状态，道德理想便作为一种自觉表达的愿望包含在一定社会或阶级的道德意识中。

各个时代、各个阶级的道德理想都同当时社会的现实需要或现实矛盾密切相关，它往往既是一定社会或阶级激励人们在道德品质和社会道德关系方面所追求的目标，又是一定社会或阶级反对异己势力和现存不合理现象的手段。它以当时社会或阶级的基本道德要求为其内容。道德理想能不能成为人们热忱向往和执着追求的目标，能不能激励人们改善个人道德品质和现实道德关系，最终要看它是否正确反映了现实社会关系发展的趋势，是否符合社会发展的要求。

共产主义道德理想以忠诚共产主义事业、自觉维护社会整体利益、全心全意为人民等作为根本内容。它批判继承历史上所有进步道德理想中的积极因素，正确概括共产主义道德的基本要求，深刻反映当代社会关系发展的必然趋势，有着坚实的实践基础和成为现实的客观可能性。共产主义道德理想对于增强人们履行各种道德义务的责任感，提高人们道德品质修养的自觉性，具有巨大的感召力和鼓舞作用。

4. 社会政治理想

这是人们在社会政治生活方面对于理想社会和制度的向往与追求。社会具有强烈的时代性和鲜明的阶级性，它随着社会生产力与生产关系，经济基础与上层建筑的基本矛盾而形成的不同社会形态的变化，而呈现出不同特性和特征。

（二）理想的特征

理想具有下列几个主要特征：

第一，理想具有超前性和预见性。理想作为一种社会意识，是社会存在的反映。它是在实践在基础上，对客观现实的认识，它来源于社会现实，又高于社会现实，是对社会现实的一种历史必然趋势的预见和构想。

第二，理想具有时代性和阶级性。理想作为一种社会意识，它是同一定的社会物质生活条件相联系的，是一定的社会历史条件和政治经济关系的产物，它反映着一定时代的社会生产力发展水平。而在阶级存在的社会里，人们的愿望、要求和奋斗目标，都是从他们所处的阶级地位和阶级利益出发的。

第三，理想具有科学性和合理性。理想作为一种社会意识，指人们对于未来所向往和追求的目标是符合客观世界的规律的，是有客观依据的，有实现的可能性的，通过人们的主观努力，只要具备条件，就是可以实现的。理想不同于幻想和空想。幻想是一种对于未来的一种目标的向往和追求，但是，是一种脱离现实的想象，在可以预见的未来是不具备实现的条件的，但是幻想又变成现实的可能性，比如"嫦娥奔月"、"千里眼"等，在科技不发达的古代是一种不可以实现的幻想，但是在科技高速发展的今天，就变成了现实。空想虽然也是对未来的一种向往和追求的目标，但那是没有任何客观根据和实现可能性的随心所欲的主观臆想和妄想，使违背客观规律的，是不可能实现的。

（三）理想的作用

进步的科学的人生理想，不仅具有客观现实性，还具有自觉的能动性，它在人们改造自然、改造社会的活动中具有重大的作用。人生理想是人生奋斗的目标。作为人生奋斗目标，它具有的作用有以下几个：

1. 人生的指明灯

人总是依照自己的人生理想的蓝图，进行自我实现活动，规划自己的生活、工作、塑造自己的人格，确立自己在社会政治、经济活动中的立场和行为方式，选择自己的人生道路，使理想发挥它的支配作用和导航作用。俄国作家列夫·托尔斯泰说过，理想是指明灯，没有理想，就没有坚定的方向，而没有方向，就没有生活。

古往今来的无数事实证明，凡是有作为的人都非常注重人生的理想。人只要有了崇高的理想，就会在黑暗中看到光明，在伟大中看到平凡，在遭受困难和挫折时就能充满信心，坚信胜利。如果一个人没有崇高的理想或者缺乏理想，就会像一艘没有舵的航船，在生活的海洋里随波逐流，很难胜利地达到彼岸。

2. 人生力量的源泉

理想作为自我实现的崇高目标，它是人的认识、预见、评价、追求、意志、决心、毅力等因素的综合表现，因此它蕴藏着强烈的意志力量，是激励人们向着既定目标奋斗进取的动力，是人生力量的来源。高尔基说："一个人追求的目标越高，他的才力就发展得越快，对社会就越有意义。"斯大林说："伟大的精力只是为了伟大的目标产生的。"历史上，凡是为了人类进步事业做出贡献的人，无一不是受崇高理想所鼓舞、所激励。李时珍踏遍青山，尝遍百草，写成《本草纲目》；马克思呕心沥血40年，阅读1500种书籍，写出资本论；邓稼先艰苦创业，发明"两弹"。

3．人生的精神支柱

人的生活包括物质生活和精神生活两方面。人不仅需要物质享受，还应由充实的精神生活。精神生活的充实，主要表现在有崇高的理想，这是人生的精神支柱。从一定意义上说，没有理想的人，就不是一个完全的人，不是一个纯粹的人。我国晋朝的思想家嵇康说："人无志，非人也"。人如果没有精神支柱，就只会变成一个可悲的躯壳。

理想既是社会实践和社会存在的反映，同时它又作为一种精神力量，对社会实践和社会存在有巨大的反作用。崇高的社会理想是形成坚定的人生信念和坚强的革命意志，使人总是精力充沛，朝气蓬勃，顺利时奋发前进，逆境中百折不回，甚至在死亡面前也毫不退缩。无数革命先烈，在敌人的屠刀下坚贞不屈、大义凛然，就是共产主义伟大理想支持着他们。就是因为他树立了为民族解放，为实现共产主义的伟大理想。

二、信念的基本知识

信念是理想的一种强化状态。人们在社会实践中，以一定的认识为基础，并在此基础上产生某种情感，从而接受某种理论主张或思想见解及理想，并为其实现而产生坚持不懈的努力的一种心态。这种努力长期不断地坚持下去，就在人的内心产生一种坚定信念，即非这样做不可的内在要求。所谓信念是人们在一定的认识基础上确立的对某种理论主张和思想见解坚信不移并身体力行的状态。

信念和信仰既有区别又有联系。信仰是人们对某种理论、学说、主义的信服和尊崇，并把它奉为自己的行为准则和活动指南。信仰是一个人做什么和不做什么的根本准则和态度，而信念则是在认识、情感和意志基础上形成的非做什么不可的坚决态度。所以说，信仰和信念都是人的精神支柱，是自觉的。信仰属于信念，是信念的一部分，但信仰不是一般信念，而是信念最集中最高的表现形式。通常我们把信念或者信仰看成一个概念，比如把"有坚定的共产主义信念"与"信仰共产主义"看成一回事。

一个人有没有信念和信仰，在很大程度上决定着一个人的发展的可能性。没有信念和信仰的人，就会失去把握自身命运的力量，其发展的可能性会大大降低。一个有信念和信仰的人，就会为自己的信仰调动自身的一切力量，集中到目标上，其知识、能力、内心世界都会得到充实和提高，从而推动人的发展。

（一）信念的分类

按照是否真实反映客观实际，信念、信仰可以分为科学信念、信仰和不科学的信念、信仰；社会主义和共产主义信念、信仰就是科学的信念、信仰，宗教信仰就不是科学的信念、信仰。按照是否促进人的全面发展和社会进步，可以分为进步的信念、信仰和反动的信念、信仰；在现代我国社会，信仰为人民群众服务的宗旨和科学发展观就属于前者，而见利忘义和各种迷信者就是后者。

（二）信念的特征

1．稳定性

信念是由对对象的一般认识的认同内化而成的，它经历了情感的介入，并强化到理智上的坚信不移，以及行为上的坚持不懈的努力状态，因而，信念获得了远比一般认识强得多的稳定性。一个信念的形成，往往需要经历在社会生活中的不断认知、许多次实践的验证和情感的投入，所以，一旦信念形成就比较难以改变。即便以后在某种情形下对信念产生疑惑，情感上仍会强烈的认同，也会在相当程度上支持既定的信念。

2．多样性

信念是多种多样的，具有表现为：在阶级社会里，不同的阶级由于阶级利益、政治立场等不同会具有不同的信念。不同的人，由于社会环境、思想观念、利益需要和具体经历等不同，会形成不同的乃至截然相反的信念。同一个人，在社会生活的不同方面都可能产生相应的对政治、经济、社会发展、道德、理想、科学、真理、审美、事业、爱情的信念，因而对同一个人，信念也是多种多样的。

3．执著性

信念是一种固执而稳定的观念，是在认识、情感和意志的基础上形成的"非做不可"的欲念。认识不等于认同。只有在感情上接受了这种认识，并认为它是正确的、符合自己需要的时候，才会产生对它的认同。对某种认识产生了认同之后，就会有亲身履行它的自觉要求。这种根据一定的认识自觉地确立目的，并采取行动的心理活动，就是意志。意志在行动中不断增强，从而使人形成坚定不移的、稳定的信念。信念融进了意志，才具有执著性。

4. 亲合性

这是信念在感情上的反应。一个人对于与自己信念相近或相同的人，会产生极大的兴趣和热情，所谓志同道合，就是信念亲合性的表现。如果信念不同或相反，则可能导致人们之间关系的疏远或情绪的对立。在一定意义上，同与自己信念不同的人交朋友是应该提倡的，如果自己的信念是科学的是进步的，可以启发、影响帮助那些落后的不科学的人改变他们的信仰或者信念；如果自己的信念不科学或者不进步，那么可以从别人那里得到启发和帮助。任何一个人的进步，不可能是独自一人闭门修炼而成的，只有广泛的交流才能更快更健康的进步。

（三）信念的作用

人的信念一旦确立后，就成为世界观、人生观和价值观的重要组成部分。信念对人生有着重要的作用：

（1）信念支配人的行为倾向和方向，具有指挥和导向作用。

（2）信念可以激发潜能，也可毁灭潜能。

（3）信念对于期望的成败至关重要，坚定的信念是成功的动力。

第二节 树立科学的理想信念

大学生应当正确认识自身肩负的历史使命，确立马克思主义的科学信仰，树立在中国共产党领导下走中国特色社会主义道路、为实现中华民族伟大复兴而奋斗的共同理想。同时，还应追求更高的目标，树立共产主义的远大理想。

一、大学生的历史使命

不同时代的青年面对不同的历史课题，承担着不同的历史使命。大学生承担的是建设和发展中国特色社会主义、实现中华民族伟大复兴的历史使命。

（一）继往开来

近代以来的中国历史告诉我们，只有社会主义才能救中国，只有改革开放才能发展中国、发展社会主义。中国特色社会主义道路是中国共产党带领全国各族人民在长期实践中经过艰辛探索开辟的，是实现国家繁荣富强和人民幸福安康的成功之路。改革开放 30 多年来，中国人民的面貌、社会主义中国的面貌、中国共产党的面貌发生了历史性变化，中国特色社会主义事业发展正站在一个新的历史起点上。中国特色社会主义事业是亿万人民的共同事业，需要一代又一代中华儿女的不懈奋斗。大学生是我国社会主义事业的建设者和接班人，要继承前辈开创的伟大事业，在新的历史起点上推动中国特色社会主义航船不断破浪前进。

大学生成长成才和创业的时期，正是国家发展的重要战略机遇期。时代为同学们提供了施展才华的大好机遇和广阔空间。同学们要珍惜历史机遇，自觉把人生追求同国家和民族的前途命运联系起来，在为国家发展和民族振兴的不懈奋斗中，创造无愧于人生的业绩。

（二）迎接挑战

当前，我国仍处于并将长期处于社会主义初级阶段的基本国情没有变，人民日益增长的物质文化需要同落后的社会生产之间的矛盾这一社会主要矛盾没有变，我国是世界最大发展中国家的国际地位没有变。在任何情况下都要牢牢把握社会主义初级阶段这个最大国情，推进任何方面的改革发展都要牢牢立足社会主义初级阶段这个最大实际。综观国内外大势，我国发展既面临难得的历史机遇，也面对诸多可以预见和难以预见的风险挑战。这些挑战，既是对中国特色社会主义事业的挑战，也是对大学生的挑战。

1. **世界科技文化发展的挑战**

当今时代，科学技术发展突飞猛进，给社会生产力和人类经济社会的发展带来了极大的推动。未来的科学技术还将产生新的重大飞跃。各种文化在世界范围内相互激荡，有吸纳有排斥，有融合有斗争，有渗透有抵御，对各国的经济、政治和社会发展的作用越来越突出。

科技文化竞争成为综合国力竞争的焦点。在科技创新和文化发展方面占据优势，就能够掌握发展的主动权。世界各国尤其是发达国家纷纷把推动科技进步和创新作为国家战略，把发展本国文化作为重要任务，努力增强科技文化竞争力和综合国力。大学生是我国未来科学技术发展和文化建设的中坚力量，理应努力学习、刻苦钻研，义不容辞地肩负起发展我国科技文化、建设社会主义文化强国的历史重任。

2．复杂多变的国际环境的挑战

当今世界正在发生深刻复杂的变化，世界多极化、经济全球化深入发展，文化多样化、社会信息化持续推进，综合国力竞争和各种力量较量更趋激烈，国际力量对比朝着有利于维护世界和平的方向发展。同时，世界仍然很不安宁，国际金融危机影响深远，世界经济增长不稳定不确定因素增多，全球发展不平衡加剧，霸权主义、强权政治和新干涉主义有所上升，发达国家在经济和科技上占优势的压力将长期存在，敌对势力对我国实施西化、分化的战略图谋没有改变。

在这样的国际环境下，我国的发展既面临着新的机遇，也面临着新的严峻挑战。大学生应当具备历史责任感、忧患意识和世界眼光，保持清醒冷静的头脑，坚定中国特色社会主义信念，做一个有理想、有抱负的人。

3．我国改革发展新任务的挑战

全面建设小康社会是党的十六大确定的新世纪新阶段我国社会主义现代化建设的宏伟目标。党的十八大总结了我们取得的一系列新的历史性成就，进一步充实完善了奋斗目标，提出在中国共产党成立 100 年时全面建成小康社会，在新中国成立 100 年时建成富强民主文明和谐的社会主义现代化国家。

当前，我国经济建设、政治建设、文化建设、社会建设、生态文明建设全面推进，中国特色新型工业化、信息化、城镇化、农业现代化道路同步发展，我国正处在进一步发展的重要战略机遇期，在新的历史起点上向前迈进。实现全面建成小康社会这一宏伟目标，大学生肩负着特殊的责任。

一个人、一个民族、一个国家，要前进要发展，就会面临挑战，挑战与机遇相伴而生。我们要全面把握机遇，沉着应对挑战，赢得主动，赢得优势，赢得未来，为祖国的繁荣富强贡献力量。

二、确立马克思主义的科学信仰

马克思主义是我们立党立国的根本指导思想，也是社会主义核心价值体系的灵魂。建设社会主义核心价值体系，最根本的就是要坚持马克思主义的指导地位。

（一）马克思主义是中国共产党和我国的根本指导思想

马克思主义作为中国共产党和我国的根本指导思想，是由马克思主义严密的科学体系、鲜明的阶级立场和巨大的实践指导作用决定的，是近代以来中国历史发展的必然结果，是中国人民长期探索的历史选择。中国共产党人坚持把马克思主义的基本原理同中国实际、时代特征、人民愿望紧密结合，不断赋予当代中国马克思主义鲜明的实践特色、理论特色、民族特色、时代特色，不断推进马克思主义中国化、时代化、大众化，形成了毛泽东思想和中国特色社会主义理论体系两大理论成果，生动而具体地坚持和发展了马克思主义，不断赋予马克思主义新的鲜活力量。

马克思主义是科学理想信念的理论基础，是牢固树立中国特色社会主义共同理想、坚定共产主义远大理想的理论前提。只有确立马克思主义的科学信仰，坚持马克思主义的立场、观点和方法，坚持用马克思主义中国化的最新成果武装头脑，大学生才能深刻认识人类社会的发展规律，深刻认识中国走社会主义道路的历史必然性，才能在错综复杂的社会现象中看清本质、明确方向，为国家和社会的发展作出更大的贡献。

（二）马克思主义是科学的又是崇高的

马克思主义深刻揭示了人类社会发展规律，坚定维护和发展最广大人民的根本利益，是指引人民推动社会进步、创造美好生活的科学理论。它反映了无产阶级的革命本质和博大胸怀，以解放全人类为己任，为人类的进步和解放指明了正确方向，为人们认识世界和改造世界提供了科学的立场、观点与方法。马克思主义是指导工人阶级和广大劳动群众实现自身解放的强大思想武器。

历史上，从来没有一种理论像马克思主义那样，与工人阶级和劳动人民的命运如此紧密地联系在一起。曾有种种同情人民群众的思潮或学说，但只有马克思主义真正反映和代表人民群众的根本利益和要求，用科学理论揭示了工人阶级获得自身解放乃至解放全人类的现实道路。马克思主义是科学性、革命性和崇高性相统一的思想体系，是工人阶级和人民群众争取自身解放的理论指南。

（三）马克思主义具有持久的生命力

马克思主义具有与时俱进的理论品格和持久的生命力。马克思主义诞生于19 世纪，但并没有停留在 19 世纪。作为一个以指导革命与建设为己任的开放的理论体系，马克思主义不但不排斥而且最能够吸收、提炼人类创造的一切科学知识和文明成果，并将其运用于推动社会历史的进步。

《共产党宣言》发表以来 160 多年的实践证明，马克思主义只有与本国国情相结合、与时代发展同进步、与人民群众共命运，才能焕发出强大的生命力、创造力和感召力。马克思主义发展史，就是一部不断发展、完善和创新的历史。

（四）马克思主义以改造世界为己任

马克思主义是认识世界、改造世界的科学理论。一个半世纪以来，正是在马克思主义的指导下，社会主义由空想变成科学，由科学理论转变为社会实践，社会主义国家的出现和社会主义制度的建立，深刻改变着人类历史的走向。虽然苏联解体和东欧剧变使世界社会主义运动遭受了严重挫折，但是历史发展的总趋势并没有改变。特别是中国共产党人在马克思主义的指导下所探索的中国特色社会主义道路的成功实践，用无可辩驳的事实证明，社会主义具有光明的未来。同时也证明，马克思主义仍然是认识世界和改造世界的强大思想武器。

马克思主义关于人类社会必然走向共产主义的基本原理，是建立在对人类社会发展规律正确认识的基础上的科学预见。共产主义社会，将是物质财富极大丰富，人民精神境界极大提高，每个人自由而全面发展的社会。共产主义只有在社会主义社会充分发展和高度发达的基础上才能实现。共产主义是一种理想、一种学说、一种制度，更是一种实践，需要千百万人一代又一代不懈的努力。追求共产主义远大理想与坚定中国特色社会主义共同理想是统一的。一切有志于为人类解放事业而奋斗的大学生，要胸怀共产主义的远大理想，在建设中国特色社会主义事业中积极贡献力量。

三、树立中国特色社会主义共同理想

中国特色社会主义共同理想是社会主义核心价值体系的主题。有共同理想，才能有共同步调。这个共同理想，就是在中国共产党领导下，坚持和发展中国特色社会主义，实现中华民族伟大复兴。这个共同理想，把各个阶层、各个群体的共同愿望有机结合在一起，集中代表了我国工人、农民、知识分子和其他劳动者、建设者、爱国者的利益和愿望，有着广泛的社会共识，具有令人信服的必然性、广泛性和包容性。这个共同理想，把国家、民族与个人紧紧地联系在一起，强调了国家要基本实现现代化、民族要实现伟大复兴、人民要过上宽裕的小康生活，具有强大的感召力、亲和力和凝聚力。

大学生要正确认识社会发展规律，确立在中国共产党领导下走中国特色社会主义道路、为实现中华民族伟大复兴而奋斗的共同理想和坚定信念。

（一）坚定信任中国共产党

中国共产党的领导地位是历史形成的，是中国人民在长期的艰苦斗争中的选择。中国共产党自诞生之日起，始终以实现中华民族伟大复兴为己任，坚持把马克思主义基本原理同中国具体实际相结合，团结带领全国各族人民不懈奋斗，战胜各种艰难险阻，不断取得革命、建设、改革的伟大胜利。实践证明，没有中国共产党就没有新中国，就没有中国特色社会主义。办好中国的事情，关键在党。坚持中国特色社会主义道路，推进社会主义现代化，实现中华民族伟大复兴，必须毫不动摇地坚持中国共产党的领导。

中国共产党是全心全意为人民服务的政党，具有敢于坚持真理、勇于修正错误的坚毅品格和博大胸怀。中国共产党有与时俱进的科学理论的指导，有经过实践证明了的一系列正确的路线、方针、政策，有亿万人民的衷心拥护和支持，有一支集中了全民族先进分子的党员和干部队伍。在新的历史起点上，中国共产党又按照科学理论武装、具有世界眼光、善于把握规律、富有创新精神的要求，努力建设马克思主义学习型政党。在当今中国，只有中国共产党，才能领导中国人民建设和发展中国特色社会主义，才能担当起带领中国人民创造幸福生活、实现中华民族伟大复兴的历史使命。

（二）坚定中国特色社会主义信念

社会主义制度在我国的建立，实现了中国历史上最广泛最深刻的社会变革。新中国成立后，中国共产党带领全国人民在建设社会主义的道路上进行了开创性的、艰辛的探索，取得了巨大的成就。事实证明，只有社会主义才能救中国，只有中国特色社会主义才能发展中国。中国特色社会主义是当代中国发展进步的根本方向，是发展中国、稳定中国的必由之路。

中国特色社会主义道路，就是在中国共产党领导下，立足基本国情，以经济建设为中心，坚持四项基本原则，坚持改革开放，解放和发展社会生产力，建设社会主义市场经济、社会主义民主政治、社会主义先进文化、社会主义和谐社会、社会主义生态文明，促进人的全面发展，逐步实现全体人民共同富裕，建设富强民主文明和谐的社会主义现代化国家。

中国特色社会主义制度，就是人民代表大会制度的根本政治制度，中国共产党领导的多党合作和政治协商制度、民族区域自治制度以及基层群众自治制度等基本政治制度，中国特色社会主义法律体系，公有制为主体、多种所有制经济共同发展的基本经济制度，以及建立在这些制度基础上的经济体制、政治体制、文化体制、社会体制等各项具体制度。

（三）坚定实现中华民族伟大复兴的信心

实现中华民族伟大复兴，是中华民族近代以来最伟大的梦想。在中国共产党的领导下，坚持和发展中国特色社会主义，实现中华民族伟大复兴的中国梦，是实现国家富强、民族振兴、人民幸福的美好梦想。它凝聚了几代人的夙愿，体现了中华民族和中国人民的整体利益，是每一个中华儿女的共同期盼。中国梦是国家的、民族的，也是包括大学生在内的每一个中国人的。只有每个人都为美好梦想而奋斗，才能汇聚起实现中国梦的磅礴力量。中国梦是历史的、现实的，也是未来的。中国梦凝结着无数仁人志士的不懈努力，承载着全体中华儿女的共同向往，需要一代又一代中国人共同为之奋斗。大学生要勇敢肩负起时代赋予的重任，志存高远，脚踏实地，努力在实现中华民族伟大复兴的中国梦的生动实践中放飞青春梦想。

四、坚定共产主义理想

共产主义，即共产主义理想的全部含义，包括共产主义社会制度、共产主义理论体系和共产主义运动这三个方面的内容。也就是说，在共产主义理论体系指导下所从事的共产主义运动，包括社会主义革命和社会主义建设，都是整个共产主义事业的一部分。共产主义社会是人类最高理想的社会，是人类社会发展的必然趋势，共产主义的实现是一个漫长的历史过程。共产党人的最高理想和最终目标是实现共产主义。

共产主义是人类最壮丽的事业，它把人类的社会理想推向了一个无限美好的境界。共产主义是人类最科学、最进步、最美好的理想，它是共产党人和先进分子的力量源泉和精神支柱。共产主义不同于那些宗教福音和空想社会主义者的幻想，而是人类社会历史发展的必然结果。共产主义理想是马克思、恩格斯批判地继承了空想社会主义者及历史上一切思想家的优秀成果，创立了唯物史观和剩余价值学说，在这两大学说基础上建立的，是符合人类历史发展的科学预见，因此，它是最科学的理想。共产主义理想是代表无产阶级长远利益的社会理想，符合人类最高利益，它对人类社会的进步起着巨大的促进作用，是无产阶级和劳动人民改造自然、改造社会的强大精神力量和物质力量。

为什么要坚持共产主义理想？共产主义理想对人生有什么作用？

第一，一个真正想为人类解放和幸福、为社会进步服务的人，必然选择共产主义理想。这是因为人是社会的人，人依靠社会存在、发展和自我实现。任何人既为历史所创造，又创造着历史。我们作为历史创造的现代人，继承着人类一代一代创造出来的一切生产力、科学技术、文化知识等社会成果，享受着社会发展到现代的一切物质文明和精神文明。我们同我们的前辈相比，他们是创造者、奉献者，我们是享有者、占有者，我们生活的社会是人类长期实践活动的产物。我们应作为历史的创造者，造福子孙后代。一个人要有为了全人类服务的思想，要以共产主义理想为崇高的理想。人只要具备了崇高的理想，就会充分发挥自己的潜力、才能，并努力以自己的创造性活动最大限度地满足社会和他人的需要，把个人的理想融入到社会主义现代化建设中去。

第二，实现共产主义理想需要许多代人的努力奋斗。共产主义是一种社会制度，是一种理论，一种社会理想，但首先是一种社会的现实运动，是一种实现理想的实际的运动。共产主义的最终实现决不是空谈，它需要一代人一代人经过各个历史阶段的实践活动才能达到。

我国的改革、发展和现代化的社会主义建设事业，既是共产主义运动的现实构成部分，又是为实现共产主义创造条件。人既需要享受，也需要创造，真正的人生乐趣不再享受，而在创造。创造需要理想，共产主义理想从人生整体的宏观角度，既为人的创造活动指明科学的方向和目标，又能够激起人的创造热情、意志和积极主动地奋进精神。文明虽然不能享受共产主义社会人生的完美和幸福，但崇高的理想与能动的实践统一于创造活动中，使人的创造本性得到充分的发挥，这种生活本身就是一种理想的生活，并会使人执着地去追求共产主义理想。

第三，中国坚持社会主义制度，要发展社会主义经济，要实现四个现代化，没有理想是不行的，没有纪律是不行的。这个理想就是共产主义。邓小平指出：我们奋斗多年就是为了共产主义，我们的理想信念就是要搞共产主义。在我们最困难的时期，共产主义的理想是我们的精神支柱，多少人牺牲就是为了实现这个理想。有了理想，就有了铁的纪律；有了理想，就有了凝聚力，就能把人民团结起来，为人民自己的利益而奋斗。建设有中国特色社会主义，需要理想信念团结全国人民去努力实现。

第三节　架起通往理想彼岸的桥梁

理想信念是一个思想认识问题，更是一个实践问题。理想不等于现实，理想的实现往往要通过一条充满艰难险阻的曲折之路，有赖于脚踏实地、持之以恒的奋斗。只有实践，是通往理想彼岸的桥梁。

一、当代大学生应树立远大的理想和志向

立志、工作、成功是人类活动的三大要素。立志是事业的大门，工作是登堂入室的旅程。这旅程的尽头就有个成功在等待着，来庆祝你的努力结果"。古往今来的无数事实证明，在青年时期确立起远大志向是此后事业成功的关键。

对青年大学生来说，立志是首要问题。确立理想信念当然不只是青年人的事情，而是人生各个阶段都可能遇到的事情。但是，确立理想信念在青年时期最重要。人生进入青年时期，生活之路刚刚开始，面临着一系列人生课题，如人生目标的确立、生活态度的形成、知识才能的掌握、发展目标的奠定、工作岗位的选择以及个人家庭的建立等。这些问题的解决，都需要有一个总原则、总目标，而这就是他的理想信念。而且，青年人热爱生活，对美好的未来满怀憧憬，并以极大的热情投身于社会生活，去追求他们对未来生活的梦想。作为当代中国大学生，应该自学地确立起崇高的理想和坚定的信念。

在确立自己的理想信念时，应该注意以下几个方面：

首先，把崇高的理想和坚定的信念结合起来。失去信念的理想是虚幻的，失去理想的信念是空泛的。理想与信念相结合，就是美好的想象与深刻的认同相结合，就是明确的目标与执著的态度相结合。不论是生活理想、职业理想、道德理想不是社会政治理想，都是与相关的信念结合在一起的。因此，当形成自己的生活理想、职业理想、道德理想和社会政治理想的时候，同时也应确立起生活信念、职业信念、道德信念和社会政治信念。

其次，把个人的理想信念与社会的理想信念结合起来。个人总是存在于一定社会之中的，当代中国的大学生在确立自己的理想信念时，不能脱离当代中国的社会现实。建设有中国特色的社会主义，这是当代中国最大的现实，也是全体中国人民共同的理想信念。这个共同的理想信念具有明确的方向性和指导性，同时也具有极大的包容性。在这个大的理想信念的框架之中，每一个人可以根据自己的特点和需要，形成自己在生活、职业、道德等方面的理想信念。这些个人的理想信念越具有自己的个性和多样性，建设有中国特色社会主义这个共同的理想信念就越丰富多彩、充满活力。那种认为社会理想与个人理想无关，甚至社会理想压制个人理想的看法，是完全错误的。

再次，学会对不同的理想信念进行辨别和选择。因为在社会中存在着各种各样的思想影响，特别是现代社会中，多种价值观并存，良莠不齐，都在影响人的心灵。这些价值观念往往都以理想信念的面目出来，但它们之间有着很大的判别差别，不仅在境界的高低、眼界的宽窄等方面有所不同，还在是非之别、正邪之辩上也不相同。人们生活在这样的环境中，如果没有自学选择的能力，就会随时受到这观念的影响，也会不知有自觉成为某种不良信念的俘虏，甚至成为某种邪教的殉葬品。因此，当代青年大学生在确立自己人生的理想信念的时候，要运用自己的理智，掌握判别是非的能力，对不同的理想信念的人要进行比较和鉴别，选择的、崇高的理想和信念。社会主义的理想信念就是最科学、最崇高的理想信念，它就是我们在理想信念上的正确选择。

二、充分认识实现的艰巨性

在追求理想的过程中，需要有正确的认识和态度。在理想和信念方面的认识上的误区和态度上的偏颇，会左右着人们追求理想的行动，从而影响理想的实现。因此，充分认识理想实现的艰巨性，以正确的认识来追求理想是非常必要的。

在现实生活中，人们往往对理想的有着美好的想象，而对理想实现的艰难则估计不足。希望顺利地实现理想，渴望早点实现理想，这是人之常情，但是如果不切实际地把实现理想设想得过分容易，对前进道路上的困难缺乏思想准备，那就不仅对人的追求产生不利的影响，还易使人对理想失去信心。因此，在确立理想之时，就要预先清楚地认识这一点。

（一）理想的实现具有长期性

理想变为现实是一个过程。一般来说，一个理想目标越小越低，实现它所需要的时间就越短；而理想越是高远，实现它就越需要更长的时间。但是，即使是那些比较容易实现的理想，也不是在一个早晨就能够变成现实的。期望自己一觉醒来理想已经实现，这种便宜事是不可能出现的。通常，人们对实现理想所需要的时间想象的往往偏少，换句话说，人们总是把理想的实现想得更容易一些，然而事实上理想的实现往往比事先所预料的花费的时间要多，特别是比较高远的理想，当人们十分热切地期待着它实现的时候，它却并不如人们所想象和期望的那样迅速到来。我国有句俗话"望山跑死马"，意思是说，看起来山离我们很近、似乎马上就能到达山脚下，但把马累死也难以到达。理想实现的长期性是对人们的耐心和信心的考验，对此必须作好充分的思想准备。

（二）理想的实现具有曲折性

通向理想境界的道路不是笔直的，而是充满曲折。正由于曲折，追求理想的道路才更加漫长。有时候有一条道路似乎很直接，离目标最近，但走到最后却发现与理想目标隔着一道鸿沟，可望不可及。有时候人们走上一条迂回弯曲的道路，似乎越走离目标越远，但实际上却真正能到达终点。有些情况下，道路的曲折性是与人们主观上犯了错误、走了弯路有关。人们在探索实现理想的过程中，犯一些错误，走一些弯路是难免的，而这本身就是道路曲折性的一种表现。而且，假如人们不犯错误，也并不意味着可以走一条直路。事实上，追求理想的道路本身就是弯的，就像盘山公路，正是在转变中不断地接近目标。比如，无产阶级追求的是社会主义胜利，但在中国却首先要不实现资产阶级革命的目标而奋斗。社会主义本来是消灭私有制，但在我国社会主义初级阶段又要允许和鼓励私有经济的发展。要联系我们的大目标来考虑这些，把它们看作是实现最终理想所必经的阶段。只在这样，我们才能对正在做的事情充满热忱。

（三）理想的实现具有艰巨性

尽管不同的理想其实现的困难程度有所不同，但是总的来说，任何一种理想的实现都不是而轻而易举的。因为理想的超越性决定了它不是现实状态的简单延伸，而是要对自我和现实做出较大的改变才能实现。而这种改变必然会遇到各种阻碍和困难，其中有的属于客观条件方面，有的则主观条件方面。在阶级社会中，理想特别是社会理想具有阶级性，因而进步阶级的理想的实现往往会受到反动阶级有意识的阻碍甚至破坏。如果反动阶级处于社会统治地位，拥有强大的武装力量，就对新理想进行残酷的镇压。革命者在这样的环境中追求理想，必然会冒着极大的危险。中国革命的历程充分证明了这一点，但也正因为如此，中国革命的成功才显得特别可贵。一个人只有在战胜困难而取得成功时才是最幸福的，同样，一个理想只有在各种阻碍中为开辟走向现实的道路，才是最可贵的。

三、在实践中把理想转化为现实

理想是实际中形成的，也只有在实践中才能实现。当理想确立之后，就是该付诸行动的时候了。

（一）崇高的理想信念必须落实在行动上

追求理想的实际行动是理想信念的应有之义。理想信念不是一种封闭的精神状态，而是一种全身心的投入，它总要表现在行动上。离开了追求理想的实际行动，理想也不成其为理想。而且，只有通过追求理想的实际行动，理想才能化为现实。马克思说过，思想本身不能实现什么，为此还需要掌握实践力量的人。美好的理想若是停留在头脑中和口头上，那它只能是一种不结果实的花朵。最终，只有实际行动才能体现和确证一个人的理想信念。看一个人是不是真有理想，主要不是看他主观上是否有愿望和想象，而是看他是否在实际行动上为追求理想而奋斗。一个人想得很美妙，说得很动听，却没有实际行动，那么这说明他对理想没有坚定的信念，甚至很难说他拥有理想。

（二）追求理想是一个艰苦奋斗的过程

理想实现的长期性、曲折性和艰巨生决定了追求理想的过程是一个艰苦奋斗的过程，在这个过程中，追求者会遇到各种困难和艰苦的环境，不可避免地会吃苦。如果没有吃苦耐劳的精神，没有在艰苦的环境中不懈奋斗的精神，理想的实现仍然是不可能的。只知贪图享乐、坐享其成的人绝不可能实现某种理想，而且事实上这样的人根本不会有什么远大的理想。

追求理想的过程，也是进一步确立和强化理想信念的求和。正是在为了追求理想而艰苦奋斗的过程中，人的理想和信念经受了考验，得到了磨练，从而变得更加坚定了。对于追求理想的人来说，"苦"是相对的，它可以转化为"甜"。通常所说的吃苦，往往是肉体上的痛苦，是由于缺少物质生活条件而造成的痛苦。肉体的痛苦当然也会造成精神的痛苦，但对于追求理想信念的人来说，物质上的苦会变成精神上的甜。在我国革命战争年代，革命根据地的条件是非常艰苦的，但革命者却洋溢着革命乐观主义精神，他们在精神上是非常充实而愉快的。因此，为了理想而艰苦奋斗，也是一种充实而愉悦的人生体验。

艰苦奋斗不是孤立的自我奋斗，而是相互配合、共同奋斗的过程。每个人都可以有自己的个人理想，无疑都需要他本人为此而努力奋斗。但即使是个人理想，它的实现也往往不是仅凭个人努力就能实现的，而往往需要他人的帮助和配合。而且，个人理想又是以社会理想为背景的，它的实现往往以社会共同理想的实现为基础条件。因此，追求理想也是一个集体的群众的事业。当代大学生应该把个人理想与社会理想统一起来，积极投身于建设有中国特色社会主义事业中去，在不懈的奋斗中把美好的理想变成现实。

思考题

1. 如何认识个人理想与社会理想的关系？
2. 结合自身实际情况，天天大学生肩负的历史使命。
3. 为什么说理想信念是大学生人生发展的动力？
4. 结合自己的实际，谈谈对实现理想的长期性、艰巨性和曲折性的认识。

第三章　社会基本道德规范

当代大学生是建设中国特色社会主义、实现中华复兴的生力军，要努力提高道德修养，这对培养优良道德品质，提高道德水平，升华道德境界，推动社会道德进步具有重要意义。

第一节　我国社会主义道德体系

道德属于上层建筑的范畴，是一种特殊的社会意识形态。它是以善恶为评价标准，主要依靠社会舆论、传统习俗和内心信念来维系的心理意识、原则规范和行为活动的总和。了解道德的起源、本质、功能、作用及历史发展，有助于大学生加强道德修养，锤炼道德品质。

一、道德的含义

道，原指道路，后引申为事物发展变化的规则、规律。古代有关"天道""人道"之分，前者指自然运行的法则，后者指人类遵循的规则。道德中的"道"，就是原则规范的意思。

德，即得，指人在实行道的过程中内心有所得。古人云，人认识了道，能"内得于天，外施于人"，便是德。

从唯物史观的角度来看，道德根源于一定的物质生活条件。恩格斯讲："一切以往的道德论归根到底都是当时的社会经济状况的产物。而社会直到现在还是在阶级对立中运动的，所以道德始终是阶级的道德。"这表明道德的内容最终由经济条件决定，并伴随经济的发展而有相应的变化；基于不同的物质生活条件的不同社会集团，有着不同的道德观，在阶级社会中的道德具有阶级性。因此，我们可以把道德简单的概括为：道德是生活在一定物质生活条件下的自然人关于善与恶、光荣与耻辱、正义与非正义、公正与偏见、野蛮与谦逊等观念、原则以及规范的总和，或者说是一个综合的矛盾统一体系。

二、道德的特征

道德作为一种广泛的社会现象，与其他社会规范相比具有如下的特征：

第一，道德是主观与客观性的统一。道德的客观性既指道德必然受客观的社会关系的制约并反映现实的社会生活，也指道德传递着人们所积累的生活经验，体现着人类作为整体的利益；既指道德评价的标准和手段源于客观的社会生活需要，也指道德活动的行为具有实践性及道德关系的客观存在性。道德的主观性是指道德始终同个人的道德意识、道德情感密切相关，反映着人们对道德的认识、感受、体会与偏好。道德的客观性与主观性是辩证的统一。道德不能只在个人主体中产生，纯粹是个人内心精神世界的反映，也不能是纯粹的社会事实的堆砌而与个人的内心世界毫不相干。道德只有在主体与客体的相互作用下才能成为现实，才能发挥作用。

第二，道德是他律性与自律性的统一。道德的他律性是指道德不以个人的主观意志为转移，对人的行为有一定的约束和限制。道德的自律性是指个人能把社会的道德要求与主体的内心信念自觉结合起来，把外在的道德原则内化为自己的道德品质及自我需要。人在社会中的行为不能随心所欲，只有使自己的行为符合道德规律，才能为社会接纳。

第三，道德是现实性与理想性的统一。道德的现实性是指道德根源于现实，受现实社会关系的制约并适应现代社会的实际需要，与人的世俗生活密不可分。道德的理想性是指道德既源于现实又引导现实，它使人超越自己的现实性。道德的理想性寓于现实性之中，并以现实性为基础，道德的现实性蕴含有理想性并以理想为目标。

第四，道德是协调性与进取性的统一。道德的协调性是指道德通过评价等方式来指导和纠正人们的行为，以协调人们之间的关系。道德的进取性是指道德激励人们改造自己的主观世界和客观世界，使人和社会不断进步，日趋文明、理想和完善。道德的协调性只有同进取性联系起来才有意义，道德的进取性也离不开协调性的辅助和补充。

三、道德的本质

道德作为一种特殊的社会意识形式，归根到底是由经济基础决定的，是社会经济关系的反映。首先，社会经济关系的性质决定着各种道德体系的性质。其次，社会经济关系所表现出来的利益决定着各种道德的基本原则和主要规范。再次，在阶级社会中，社会经济关系主要表现为阶级关系，因此，道德也必然带有阶级属性。最后，社会经济关系的变化必然引起道德的变化。

道德对社会经济关系的反映不是消极被动的，而是以能动的方式来把握世界，引导和规范人们的社会实践活动。人们正是通过对道德的把握，来感受社会关系的脉动，识别社会发展的方向，确定自身生存发展与社会和自然的关系，并形成自己关于责任和义务的观念，确立自己的道德理想，自觉地扬善抑恶、明辨荣辱、选择高尚、弃绝卑下，保持社会和个人的健康发展。

四、道德的主要功能

道德的功能，是指道德作为社会意识的特殊形式对于社会发展所具有的功效与能力。道德的功能集中表现为，它是处理个人与他人、个人与社会之间关系的行为规范及实现自我完善的一种重要精神力量。在道德的功能系统中，主要的功能是认识功能和调节功能。

道德的调节功能是指道德通过评价等方式，指导和纠正人们的行为和实践活动，协调人们之间关系的功效与能力。这是道德最突出也是最重要的社会功能。道德评价是道德调节的主要形式，社会舆论、传统习惯和人们的内心信念是道德调节所赖以发挥作用的力量。如果道德反映社会发展的客观必然性，就能引导和激发人们的主动性和积极性，不断调节社会整体和个人的关系，使个人与他人、个人与社会的关系逐步完善和谐，使人们的行为逐步从"实然"向"应然"转化。在社会生活中，道德调节并不是孤立进行的，而是和其他社会调节手段密切配合、共同发挥调节效用的。

道德的认识功能是指道德反映社会现实特别是反映社会经济关系的功效与能力。道德是人们认识和反映社会现实状况以及人与人之间关系的一种方式。道德往往借助于道德观念、道德准则、道德理想等形式，帮助人们正确认识社会道德生活的规律和原则，认识人生的价值和意义，认识自己对家庭、他人、社会的义务和责任，使人们的道德实践建立在明辨善恶的认识基础上，从而正确选择自己的道德行为，积极塑造自身的道德人格。

除了上述主要功能，道德还具有其他方面的功能，如导向功能、激励功能、辩护功能、沟通功能等。这些功能都是道德的认识功能和调节功能在某些方面的具体体现，都建立在这两种功能的基础之上。

五、道德的社会作用

道德功能的发挥和实现所产生的社会影响及实际效果，就是道德的社会作用。道德的社会作用主要表现在：道德能够影响经济基础的形成、巩固和发展；道德是影响社会生产力发展的一种重要的精神力量；道德对其他社会意识形态的存在有着重大的影响；道德通过调整人们之间的关系维护社会秩序和稳定；道德是提高人的精神境界、促进人的自我完善、推动人的全面发展的内在动力。在阶级社会中，道德是阶级斗争的重要工具。

道德的功能和作用彰显了道德的力量。道德的力量是广泛的、深刻的，它深刻地影响着人们的意志、行为和品格，也深刻地影响着社会的存在和发展；道德的力量随着时代的发展而发展，是推动人类文明不断向前发展的重要力量。

社会主义道德在社会主义精神文明中占有重要地位。它对于社会发展的能动作用，比历史上任何道德都更加广泛、更加深刻、更加强大。它是国家发展、社会和谐、人民幸福的重要因素。它对于增强大学生成才的动力、提高大学生的全面素质、优化大学生的成长环境具有不可或缺的重要作用。在全面建成小康社会、构建社会主义和谐社会的过程中，要进一步加强社会主义道德建设。

在看到道德具有重大社会作用的同时，也必须看到道德发挥作用的性质并不都是一样的。道德发挥作用的性质与社会发展的不同历史阶段相联系，由道德所反映的经济基础、代表的阶级利益所决定。只有反映先进生产力发展要求和进步阶级利益的道德，才会对社会的发展和人的素质的提高产生积极的推动作用，否则，就不利于甚至阻碍社会的发展和人的素质的提高。

六、社会主义道德体系

社会主义道德建设，关系着社会主义文化的性质和方向，关系着社会主义的发展方向，也关系着我国综合国力和民族素质的发展。任何一个社会都是经济、政治和文化的统一体。社会历史发展不仅依赖于经济增长的政治发展，还依赖于文化上的发展进步。文化是社会实践的理性结晶，是一个社会的灵魂，是一定社会经济和政治在观念形态上的反映，同时对经济和政治发展有着巨大反作用。任何社会都必须以一定文化作为自己的思想旗帜和精神力量，按照它们所代表的社会利益和愿望去改造世界，影响社会发展。坚持什么样的文化方向，推动建设什么样的精神文化，鲜明地反映一个社会、政党的理想信念，以及发展方向和精神境界，也关系着一个国家、一个民族的素质能力和兴衰发展。

我国社会主义道德体系可以归纳为：以马克思主义为指导，以中国特色社会主义为共同理想，以德治国和依法治国相辅相成，与社会主义市场经济相适应、与社会主义法律规范相协调、与中华民族传统美德相承接；以爱国主义为核心的民族精神和以改革创新为核心的时代精神，为人民服务为核心、以集体主义为原则；爱祖国、爱人民、爱劳动、爱科学、爱社会主义是我国社会主义道德建设的基本要求；社会公德、职业道德和家庭美德的重要道德；爱国守法、明理诚信、团结友善、勤俭自强、敬业奉献的基本道德规范；树立正确的世界观、人生观和价值观，努力提高公民道德素质，促进人的全面发展，培养一代又一代有理想、有道德、有文化、有纪律的社会主义公民，为增强中华民族的凝聚力和创造力，使全体人民始终保持昂扬向上的精神状态，为全面建设小康社会提供强大的思想保证和精神动力。

作为中国最广大人民群众利益的代表、中国先进生产力的代表，我们党和国家历来重视先进文化的建设，重视先进文化对中国革命和建设的巨大推动作用，在革命和建设的实践中始终把先进文化的建设当作社会主义革命和建设的根本任务之一。

在当代社会，文化已经成为国家综合实力的重要组成部分。而一个国家的文化国力，集中表现为全民族基于共同的文化背景和文化认同而产生的巨大的凝聚力和向心力。衡量一个国家的实力强弱，不仅要看物质财富的多寡和社会发展速度快慢，还要看文化事业和精神文明建设的发展水平。

我们要建设先进的社会主义文化，就必须加强社会主义思想道德建设，这是发展先进文化的重要内容和中心环节。文化包括思想道德文化和科技文化两个主要部分，其中思想道德文化决定着整个文化的社会性质，统领整个文化发展，并进而推动社会经济政治的进步。在社会主义初级阶段，如果只讲经济发展，只讲物质利益，不讲社会精神文化的发展，不讲理想，不讲道德，社会就会失去发展的方向，国家、民族的持久发展也就得不到文化、精神力量的保证。

第二节　践行和弘扬社会主义道德

社会主义道德是马克思主义伦理思想同中国特色社会主义伟大实践相结合的产物，是对中国古代优良道德传统的传承与升华，是对中国革命道德传统的直接继承和发展。中国革命道德传统是指 1919 年五四运动以来，中国共产党人、一切先进分子和人民群众在中国新民主主义革命实践中所形成的革命气概、精神品质和道德情操，它是对中华民族优良道德传统的继承和弘扬，是中国特色社会主义道德建设的思想源泉。新中国成立后尤其是改革开放以来，社会主义道德建设不断取得进展，社会主义道德建设的核心、原则和公民基本道德规范都已经逐步确立。践行和弘扬社会主义道德，树立和践行社会主义荣辱观，对提高全社会尤其是青少年的思想道德素质具有重要意义。

一、社会主义道德建设与社会主义市场经济

我国仍处于社会主义初级阶段，以公有制为主体、多种所有制经济共同发展是我国的基本经济制度。我国社会主义的道德建设，应当建立在这一基本经济制度基础上，反映这一基本经济制度的要求，为坚持和完善这一基本经济制度服务。在这一基本经济制度上实行的社会主义市场经济体制，以市场为配置资源的基础性手段的经济运行机制，对道德建设提出了新的要求。社会主义道德建设既要遵循与社会主义市场经济相适应的现实要求，也要承担为社会主义市场经济体制的建立和完善提供道德价值导向的重要任务。

社会主义市场经济是社会主义条件下的市场经济。一方面，作为市场经济，它同资本主义条件下的市场经济在运行规则上有相通或相似之处。现代市场经济的共同属性和一般规律，是我国社会主义市场经济必须遵循的。另一方面，社会主义市场经济是同社会主义基本制度结合在一起的，是同社会主义精神文明结合在一起的，它要体现社会主义基本制度的要求，充分发挥社会主义的优越性。市场经济可以和不同的经济制度与政治制度相结合，要把市场经济和社会主义制度有机结合起来，离不开社会主义先进文化和社会主义道德体系。加快社会主义道德文化建设，有助于保证市场经济沿着社会主义轨道有序健康地发展。

实践证明，发展社会主义市场经济有利于解放和发展社会主义社会的生产

力，增强社会主义国家的综合国力，提高人民的生活水平；也有利于增强人们的自立意识、竞争意识、效率意识、民主法制意识和开拓创新意识，调动人们的积极性和创造性，推动社会的道德进步。但也要看到，市场自身的弱点和消极方面，如趋利性、自发性等也会反映到道德生活中来，反映到人与人的关系上，容易诱发拜金主义、享乐主义、极端个人主义等消极现象，这些因素都会干扰社会主义道德建设，阻碍社会主义市场经济的健康发展。适应新的形势和要求，建立和完善与社会主义市场经济相适应、与社会主义法律规范相协调、与中华民族传统美德相承接的社会主义思想道德体系，确立全体社会成员共同遵循的价值导向和行为准则，提高全民族的道德素质、全社会的文明程度，已成为当前全面建成小康社会、构建社会主义和谐社会的一项紧迫任务，也是大学生在成长成才过程中必须面对的重要课题。

把握社会主义市场经济对道德建设提出的新要求，要坚持公民承担社会责任与社会尊重个人合法权益相一致，先进性要求与广泛性要求相结合，着力培养与社会主义市场经济相适应的道德观念，为社会主义市场经济的发展提供良好的道德环境和有力的道义支撑。

要正确处理竞争与协作、自主与监督、效率与公平、先富与共富、经济效益与社会效益等关系。既勇于竞争，又有序竞争；既反对平均主义，又防止收入悬殊；既重经济效益，又重社会效益。要正确认识和运用物质利益原则，树立正确的义利观，既要鼓励人们通过诚实劳动、合法经营去获得正当的个人利益，也要大张旗鼓地褒奖见利思义、见得思义的言行，形成把国家和人民利益放在首位而又充分尊重公民个人合法利益的社会主义义利观。要正确发挥社会主义道德对市场经济的价值导向作用，形成和完善与社会主义市场经济相适应的道德规范，发挥市场经济的积极效应，避免市场经济的消极效应，坚决反对拜金主义、享乐主义、极端个人主义，坚决纠正以权谋私、造假欺诈、见利忘义、损人利己的歪风邪气，促进和保障社会主义市场经济体制健康发展。

二、为人民服务是我国社会主义道德体系的核心

社会主义道德建设要以为人民服务为核心，这既符合我国社会主义初级阶段道德建设的现实状况，也是社会主义精神文明建设的客观要求。

（一）为人民服务思想是中国共产党在长期革命战斗中形成的

为人民服务思想是中国共产党在长期革命斗争实践中形成的一个根本思想。1940 年 1 月毛泽东在《新民主主义论》中指出，新民主主义的文化"应为全民族中百分之九十以上的工农劳苦民众服务"。这已经非常接近为人民服务的提法了。1942 年 5 月，毛泽东在《在延安文艺座谈会议上的讲话》中，完整地提出了"为人民服务"的命题。他强调指出："为什么人的问题，是一个根本的问题，原则的问题"。还说为什么人的问题，也就也就是为谁服务的问题。1949 年 9 月毛泽东在追悼张思德同志所作的著名演讲中，则把为人民服务明确为对我军我党和一切革命同志的普遍要求了。他指出："我们的共产党和共产党所领导的八路军、新四军，是革命的队伍。我们这个队伍完全是为着解放人民的，是彻底地为人民的利益工作的"。

毛泽东用简明而深刻的语言，概括了共产党人与人民群众之间的关系和为人民服务的宗旨。1945 年 4 月，毛泽东在《论联合政府》一文中再次指出："紧紧地和中国人民站在一起，全心全意为人民服务，就是这个军队的唯一宗旨"。除此之外，他还在其他一系列著作中，集中论述了全心全意为人民服务的思想，强调它是一个根本的问题、原则的问题，指出它是每个革命者一切言论和行动的出发点和归宿。

（二）"为人民服务"的基本内涵

理解为人民服务这一社会主义的道德核心，首先需要深刻理解"人民"的含义。对于马克思主义者来说，"人民"同所谓"人"或"人人"的意义是不同的。为人民的利益而工作，为人民的利益而献身，为人民的利益而英勇奋斗，是中国共产党在长期革命斗争中所形成的一个根本的思想。在民主革命时期，毛泽东同志曾说：人民就是"占全人口百分之九十以上的人民"。

为人民服务的思想包含了三个基本点：一是要为人民的利益而工作；二是一切言行以是否符合人民的利益为标准；三是始终和人民一道努力奋斗。这三个基本点，概括了为人民服务的深刻内涵。从内容上来说，为人民服务就是一切从人民的利益出发，以人民的利益为标准，为人民的利益而努力奋斗。这些内容归于一句话就是"为人民谋利益"。

为人民服务的思想，是同社会主义的基本政治制度和经济制度密切相联系的。它不仅有着深刻的含义，还有着非常丰富的内容：毫不利己、专门利人，是为人民服务；无私奉献、舍己为人，是为人民服务；顾全大局、先公后私，是为人民服务；关心他人、爱护他人，并给予他人以力所能及的帮助，是为人民服务；爱岗敬业、办事公道，努力做好本职工作，是为人民服务；遵纪守法、诚实劳动，获取正当的个人利益，同样也是为人民服务。

（三）坚持为人民服务为核心的重大意义

1. 为人民服务是社会主义道德要求的集中体现

在社会主义社会，要做一个有社会主义道德的人，就一定要有为人民服务、为社会献身的精神，就要时刻想到国家、集体和他人，想他人所需，为他人所益。近几年来，涌现出许许多多的模范人物，如徐虎的服务是随叫随到，不分昼夜，宁可一人脏，换来万家净；李素丽关心乘客，真诚地对待乘客；张海迪以自己的残病之躯给别人治病，在城关医院一年多，为五千人进行治疗。有人问她：你为什么能拖着病残的身子为人们做事？张海迪这样回答，马克思说过，能使大多数人幸福的人，他自己本身也是幸福，我想做这样的人。为人民服务是张海迪的生命支柱，支持着这个病残的青年在坎坷的生活中奋斗，支持这个三十多年不会走路的姑娘开拓出了一条广阔的生活道路，支持这个残存三分之一尚有活力的身躯，放射出光和热，成为一代楷模。从这些先进事迹中，人们可以清楚地看到，社会主义道德的核心，是由崇高的为人民服务精神所体现的。同时也看到，正是在这种不断地为人民服务中，这些先进人物的道德境界也不断得到升华，影响着更多的人向他们学习。

2. 为人民服务是由社会主义经济基础决定的，是建立新型人际关系的客观要求

为人民服务思想反映了社会主义社会的经济基础、政治制度的客观要求。我国社会主义经济，是以公有制为主体的多种所有制经济共同发展的经济，经济建设最终是要达到广大人民群众共同富裕的目的。我国目前虽然仍处于社会主义初级阶段，但是以社会主义生产关系为基础的社会关系已经建立。

在分配领域中，我国实行以按劳分配为主体、多种分配方式并存的个人收入分配制度。因此，为广大人民群众服务，特别是为工人、农民和知识分子服务，是我们的根本目的。强调社会主义道德建设的核心是为人民服务，就是要发挥社会主义道德的能动作用，关心人民、爱护人民、扶危济困、帮贫救难，以维护人民利益为最高要求，从而形成一种团结和睦的新型人际关系和热爱社会主义的氛围。

从社会政治制度看，我国是一个人民当家作主的人民民主专政的国家，人民才是历史的创造者和推动者，我们社会主义道德建设，必须同"国家富强，人民幸福"的奋斗目标紧密结合起来。可见，"为人民服务"既是我国社会主义经济制度的要求，也同我国社会主义民主政治的发展相一致。

在所有制的形式上，我国虽然实行以公有制为主体、多种经济形式共同发展的基本经济制度，但社会主义公有制经济是我国生产关系的主流和本质，它代表了社会主义的发展方向。在人与人的关系上，大家都是平等的，只有社会分工的不同，没有高低贵贱之分。每个人都既为社会、为他人劳动，也在为自己劳动，在劳动中结成了平等互助合作的关系。

3. 为人民服务是社会主义市场经济的本质要求

社会主义的市场经济，必须正确处理个人利益和集体利益的关系，而不允许个人利益以任何名义危害国家、集体和他人的利益。因此，社会主义市场经济的这一特征，反映到社会的道德关系中来，决定了在社会主义市场经济条件下必须要坚持为人民服务。

社会主义市场经济体制，是坚持为人民服务所必须做出的历史选择。建立市场经济的根本目的，就是更快更好地发展生产力，提高人民生活水平，增强综合国力。归结为一条，就是让人民拥护、人民满意、人民高兴、人民答应。当然，市场经济活动要遵循利益竞争、等价交换等经济法则，难以避免会产生个人利己主义的动机和行为。但是，为人民服务要求在正确对待国家利益、集体利益和个人利益的关系上，不仅肯定个人的独立自主权利，还同时规定个人对国家集体的义务；不仅肯定个人的主体意识，还强调个人的责任意识；不仅肯定个人利益之"利"，还强调个人必须遵守法律和道德之"义"，提倡"大义为先"、"先义后利"，这对于推动市场经济的健康发展有着非常重要的意义。

4. 为人民服务应坚持先进性要求与广泛性要求的统一

我们建设社会主义市场经济，非常需要提倡"为人民服务"的道德观念。但由于我国仍处于社会主义初级阶段，存在着不同利益的团体，人们的觉悟程度高低不一，认识水平参差不齐，因而"为人民服务"的要求不可能是完全一样的，应该有不同的层次。不能把针对共产党员特别是党员领导干部的道德要求，不切实际地用来约束全社会，而是要对为人民服务思想进行分层理解，既看到"先进性"这个层次，又看到"广泛性"这个层次，而后一点，正是为人民服务思想在新的道德建设形势下的新发展，也是为人民服务思想在道德实践中的进一步深化。

5. 为人民服务精神有利于形成和发展良好社会道德风尚

第一，用全心全意为人民服务的思想教育党员和干部，有利于搞好党风并带动民风。党是国家生活的领导、社会生活的核心。党风与群众生活、群众利益、群众情绪息息相关。党风与社会风气有着客观的道德联结，党风的好坏直接影响社会风气。如果党员和干部树立起全心全意为人民服务的共产主义理想和信念，自觉履行党员义务，增强对人民的责任心，实践共产主义道德，自觉地抵制拜金主义、享乐主义、极端个人主义等消极腐败现象的侵袭，在实践全心全意为人民服务道德方面率先垂范，就能在群众中加强个人与社会的思想联系，增强对祖国的责任感，形成普遍的良好的社会风尚。

第二，为人民服务的精神有利于树立服务人民、奉献社会的良好行业新风。社会主义职业道德建设归根结底要培养一种为社会公众服务的思想，即为人民服务。树立为人民服务的思想，有利于克服职业中的利己主义和小团体主义倾向，使职业利益和社会利益在集体主义道德原则的基础上统一起来，抛弃"人人为自己，上帝为大家"的旧习，形成"我为人人，人人为我"的新风；有利于克服职业服务过程中的虚伪、浮夸、以权谋私、以职谋私等行业不正之风；有利于消除职业门类上的等级尊卑陈见，自觉地端正劳动态度。只有为人民服务的职业道德意识增强了，才能在全社会形成服务人民、奉献社会的良好行业新风。

第三，为人民服务的精神有利于形成崇尚先进、学习先进的社会风气。先进人物之所以能够谱写出壮丽人生，做出光辉的业绩，为世人敬仰，其根本原因就是他们确立了全心全意为人民服务的价值观和人生态度，为广大党员、干部和群众树立了光辉的榜样。在大力宣传英雄模范人物的先进事迹过程中，不仅要使干部群众的心灵受到震撼，还要引导人们看到蕴含在先进人物感人事迹之中的全心全意为人民服务的崇高精神及其社会伦理价值，这样才能唤起人们崇尚先进、学习先进的长久热情。

三、社会主义道德建设要以集体主义为基本原则

在建设有中国特色社会主义的实践中，广大青年应当以国家利益、社会利益和民族利益为重，自觉地树立起社会主义集体主义的观念，坚持集体主义原则，从而促进自己成为社会主义的四有新人。

（一）弘扬集体主义

1. 集体主义的科学内涵

集体主义是指一切言论行动以合乎人民群众的集体利益为最高标准。其基本要求是，从最广大人民群众的根本利益出发，坚持集体利益高于个人利益；在保证集体利益的基础上，实现集体利益和个人利益的合理结合；当个人利益同集体利益发生冲突时，自觉地使个人利益服从集体利益，甚至牺牲个人利益来维护集体利益。科学的理解集体利益，必须抓住三个基本原则：

第一，坚持国家利益、集体利益高于个人利益。社会主义公有制的建立，为国家利益、集体利益和个人利益的真正结合和协调发展提供了根本保证。在社会主义条件下，国家利益、集体利益是个人利益的基础、源泉和保障，任何个人利益的实现和满足都离不开国家利益和集体利益的发展。为了处理好这三种利益的关系，在实践中要注意做到：把集体利益放在第一位，个人利益服从集体利益；当集体利益和个人利益不可避免的发生矛盾时，不仅个人利益要服从集体利益，必要时，还要牺牲个人利益来维护集体利益；正确处理好长远利益和暂时利益、整体利益和局部利益的关系。

第二，重视保障个人正当利益。集体主义在强调集体利益高于个人利益的前提下，同时也强调集体必须尽最大可能保障个体的正当利益。实践证明，国家、集体采取措施确实保障了社会个体的物质利益，精神利益和政治利益，使个体的价值和尊严得到实现，个体的主动性积极性就会得到很好的发展，从而推动集体、国家事业的发展，也真正维护了集体、国家的利益。

第三，促进集体和个人的不断完善。社会主义集体主义原则强调集体第一又同时兼顾集体和个人的道德准则，它要求能正确处理好集体和个人之间的辩证统一关系，在推动事业发展进步的过程中，使集体和个人都得到很好的发展和完善。

2．集体主义是我国社会主义的道德原则

社会主义市场经济体制的确立和发展，不仅不与集体主义相矛盾，反而为集体主义提供了新的发展契机。市场经济的运行体制使人与人之间处于一种互利的关系之中，从而更加紧密地把个人利益和集体利益结合起来。因此，在社会主义市场经济条件下，不是"淡化"集体主义，而是更应该发扬集体主义。

第一，集体主义是社会主义公有制经济的内在要求。在社会主义条件下，由于消灭了剥削阶级，实现了劳动者与生产资料的直接结合，国家、集体和个人之间的利益在根本上是一致的。社会主义商品生产者之间除了存在着各自的特殊利益外，还存在着作为生产资料的共同主人和联合劳动所创造的社会财富的共同主人的共同利益。正是这一点，从根本上决定了社会主义道德的价值取向只能是集体主义。另一方面，社会主义经济生产活动的根本目的是为了满足人民的需要，追求最大的社会效益，即追求社会大义。这说明，强调坚持集体主义的价值导向，是社会主义社会的必然要求。

第二，集体主义为社会主义市场经济的确立和发展提供了道德导向和舆论导向。个人利益服从集体利益，局部利益服从整体利益，暂时利益服从长远利益的原则有利于社会主义市场经济向良性发展。集体主义落实到每个人身上，最基本的表现是他对集体、社会和国家强烈的责任感，这实质上也是社会主义国家每个公民起码的素质。集体主义要求道德实践主体以主人翁态度对待工作，对事业、民族和国家要有敬业精神。这些精神无疑会对市场经济的负面效应进行有效控制，有利于市场经济条件下新型品质、新型观念的再造和重生。

第三，集体主义是共同致富的道德调控手段。实现共同富裕是社会主义本质的重要体现，也是我们的主要目标。但有些人对这个本质理解较为片面，以先富为由，只讲富，不讲帮；只管自己富，不管别人穷。有些人不但富了，还把富变成资本，无限制膨胀。因此，必须要对那些对"共同富裕"理解片面的人进行集体主义教育，使他们树立大局观念，坚持个人致富与奉献社会的统一。一方面积极为国家、为社会创造财富，依法、诚实地劳动，获取正当的个人利益；另一方面不忘记国家、集体和广大人民，走共同富裕的道路。

总之，在社会主义市场经济条件下，集体主义不但没有过时，而且应该并且能够成为我们社会的主旋律。社会主义市场经济与集体主义道德原则并不矛盾，而是有机的统一体。集体主义在新条件下弘扬光大，可以保证市场经济沿

着积极向上、健康发展的轨道胜利前进。

（二）反对个人主义

个人主义作为一种价值观念和思想的体系，是西方资本主义的产物，和工人阶级的集体主义是根本对立的。坚持集体主义和反对个人主义是同一件事情的两个不可分割的侧面。

1. 个人主义的基本内容

个人主义又称利己主义，是以个人私利为根本出发点和归宿的思想体系和道德原则。个人主义是资产阶级世界观的核心，是资产阶级道德的根本原则。个人主义的特征是：把个人价值看得高于一切，把个人的特殊利益凌驾于社会公共利益和他人利益之上，为达到个人目的，甚至不惜损害和牺牲社会公共利益和他人利益。个人主义作为一种价值体系，主要包括以下三个方面的内容：

第一，个人主义作为一种价值目标的理论，在个人与社会的关系上，特别强调个人本身就是目的，社会、集体、国家和他人只不过是达到个人目的的手段。

第二，个人主义作为一种政治思想，它强调个人的民主、自由和平等，并极力反对集体、社会和国家对个人的干预和限制。

第三，个人主义既是一种政治观念和价值导向，又被人们认同为一种财产制度。

2. 个人主义的危害

个人主义是随着资本主义生产关系发展而形成的一种价值观念，又是一种一切以个人为中心，一切从个人出发，并为了达到个人目的的一种思想体系，它同资本主义制度有着不可分割的联系，它同社会主义制度是根本对立的。它在现实生活中的危害主要表现在：

第一，个人主义鼓吹以个人为中心和人的本性是自私的观点，容易把人引向追求个人私利，满足个人私欲的错误倾向上。当前一些人之所以消极腐败、以权谋私、行贿受贿、贪赃枉法、腐化堕落，究其思想根源都和个人主义密不可分。

第二，个人主义把个人利益置于集体、民族、国家利益之上，为了个人私利，可以不惜损害以至牺牲集体、民族、国家的整体利益，干出损人利己、损公肥私，以至不顾人格、国格等类丑恶的事情。

第三，个人主义反映在政治上，表现为追求绝对的个人自由，无视组织纪律，不顾党纪国法，很容易发展成为无政府主义。

第四，在当前西方国际势力向社会主义国家推行"分化"、"西化"的图谋中，个人主义还可以成为实现这些图谋的社会基础和思想土壤，为从理论上反对四项基本原则、经济上搞私有化、政治上搞多元化、文化上搞全盘西化作思想理论上的准备。

3．批判个人主义

尽管个人主义作为资产阶级反对封建专制和宗教禁欲主义的思想武器起过历史上的进步作用，但个人主义理论一开始就是不科学的。它建筑在抽象人性的理论基础上，脱离一定的经济关系，抹杀人的社会本质，把单个人"趋乐避苦"的"自然需要"视为人的本性，这就不能不坠入唯心主义的窠臼。个人主义的弊端不在于对个人利益、尊严、个性的关注，而在于它是在与集体或社会整体利益相对立的立场上，以个人作为一切行为的出发点和坐标系。随着历史的发展，个人主义的局限性将愈益明显，并将会影响到社会的发展。

近几年来，个人主义思潮已经给我国的思想道德领域带来了严重的混乱。社会主义的集体主义精神强调集体利益高于个人利益，但它同时强调集体利益必须与个人利益相结合，包含着对个人权利、个人利益、个人价值的尊重、维护和保障。它反对只顾个人不顾集体的个人主义，但并不一般地否认私有观念，不否定个人正当利益和个人利益原则；相反，它本身就包含着个人利益原则。但是，如果将个人利益作为唯一的目的与至上追求，一切以个人为标准，甚至为了个人利益不惜牺牲国家、集体和他人利益，这就是通常所说的个人主义，是根本不适合我国的现实国情的。

第三节　树立和践行社会主义荣辱观

在社会主义市场经济条件下，坚持以为人民服务为核心、以集体主义为原则、恪守公民基本道德规范，进一步加强社会主义思想道德建设，就必须树立和践行社会主义荣辱观，推动和谐文化建设，巩固社会和谐的思想道德基础。

一、树立社会主义荣辱观

社会主义荣辱观是社会主义核心价值体系的重要组成部分，是当代中国社会最基本的价值取向和行为评价标准，对于大学生成长成才和培育文明道德风尚具有重要的规范、激励和指导作用。

（一）社会主义荣辱观的科学内涵

"荣"、"辱"是一对基本道德范畴，"荣"即荣誉，"辱"即耻辱，两者相比较而存在，相斗争而发展。荣誉是指社会对个人履行社会义务所给予的褒扬与赞许以及个人所产生的自我肯定性心理体验；耻辱是指社会对个人不履行社会义务所给予的贬斥与谴责以及个人所产生的自我否定性心理体验。荣辱观是人们对荣辱问题的根本看法和态度，是一定社会思想道德原则、规范的体现和表达。荣辱观具有时代性和阶级性，不同时代、不同阶级、不同利益集团都有自己的荣辱观。荣辱观对个人的思想行为具有鲜明的动力、导向和调节作用。正确的荣辱观，可引导人们明辨是非、善恶、美丑，形成正确的自我评价，树立正确的行为导向，产生正确的价值激励，推进自身全面发展和社会全面进步。

中国共产党人历来重视社会主义荣辱观教育。毛泽东要求共产党员无论何时何地都不应把个人利益放在第一位，个人利益要服从民族的和人民群众的利益。认为自私自利、消极怠工、贪污腐化、风头主义等是最可鄙的，而大公无私、积极努力、克己奉公、埋头苦干的精神才是最可尊敬的。邓小平提出中国人民应该以热爱祖国、贡献全部力量建设社会主义祖国为最大光荣，以损害社会主义祖国利益、尊严和荣誉为最大耻辱。江泽民强调每一个中国人都应不忘历史、牢记国耻，热爱祖国、热爱人民，志存高远、胸怀宽广，奉献社会、报效国家。在新的历史条件下，胡锦涛全面论述了社会主义荣辱观，教育广大干部群众特别是广大青少年要坚持"以热爱祖国为荣、以危害祖国为耻，以服务人民为荣、以背离人民为耻，以崇尚科学为荣、以愚昧无知为耻，以辛勤劳动为荣、以好逸恶劳为耻，以团结互助为荣、以损人利己为耻，以诚实守信为荣、以见利忘义为耻，以遵纪守法为荣、以违法乱纪为耻，以艰苦奋斗为荣、以骄奢淫逸为耻"。社会主义荣辱观对于加强社会主义思想道德建设，形成良好社会风尚，提高公民文明素质和社会文明程度，具有重大的现实意义和深远的历史意义。

社会主义荣辱观，贯穿社会生活各个领域，涵盖个人、集体、国家三者关系，是对社会主义思想道德体系全面系统、准确通俗的表达，为全体社会成员判断行为得失、作出道德选择提供了价值标准；体现了中华民族传统美德、优秀革命道德与时代精神的有机融合，应当成为全体社会成员普遍遵循的基本行为规范。社会主义荣辱观作为社会主义核心价值体系的重要组成部分，已经成为并将继续成为引领社会风尚的一面旗帜。

（二）社会主义荣辱观体现了社会主义道德建设的客观要求

社会主义荣辱观反映了社会主义道德的本质要求。道德是经济基础和现实生活的反映，而不是脱离历史发展的抽象观念。社会主义道德是社会主义经济基础和现实生活的反映。我国还处于并将长期处于社会主义初级阶段，多种所有制经济并存、多种分配方式并存，对外开放深入发展，人们的道德意识和价值取向越来越呈现出多样性和层次性，与此相适应，需要确立全社会人人皆知、普遍奉行的价值准则和道德规范，引领人们作出正确的道德选择。以"八荣八耻"为主要内容的社会主义荣辱观，继承了中国共产党对社会主义道德规范的认识成果，用许多新思想新认识丰富和发展了社会主义道德的内容，对社会主义道德体系作了全面系统、准确通俗的表达，是人们选择行为、评价善恶的普遍标准，也是衡量社会道德与精神文明发展水平的重要标尺。

社会主义荣辱观指明了社会主义道德建设的方向。以"八荣八耻"为主要内容的社会主义荣辱观，明确了我国在发展社会主义市场经济条件下的基本价值取向、道德规范和行为准则，是对与社会主义市场经济相适应、与社会主义法律规范相协调、与中华民族传统美德相承接的社会主义道德要求的系统总结，是促进社会主义市场经济健康发展的重要保障，在社会主义道德建设过程中起着重要的行为规范和价值导向作用。引导人们树立社会主义荣辱观就牢牢把握了社会主义道德建设的方向和目的。

社会主义荣辱观是引领社会风尚的一面旗帜。社会风尚主要指一个时期、一定范围内，人们自觉或不自觉地遵循的价值取向、心理习惯和行为方式。社会风尚同荣辱观紧密相连，互相影响、互相作用。一个社会有什么样的荣辱观，也必然有什么样的社会风尚；反过来，一个社会有什么样的社会风尚，生活于其中的人们也就可能形成什么样的荣辱观。以"八荣八耻"为主要内容的社会主义荣辱观，把中华民族的传统美德、中国共产党领导人民在长期奋斗中形成的革命道德同社会主义新时代的道德要求紧密结合起来，提炼和概括出八个方面最基本的道德规范，具有广泛的适用性和包容性，具有强大的整合力和引领力。要坚持用社会主义荣辱观引领社会风尚，深入推进社会公德、职业道德、家庭美德、个人品德建设，加强对青少年的德育培养，在全社会形成积极向上的精神追求和健康文明的生活方式。

二、践行社会主义荣辱观

践行社会主义荣辱观能够增强人们的道德荣誉感和道德判断力。荣与耻对比鲜明。只有知荣辱、辨善恶，一个人才能形成正确的价值判断，一个社会也才能形成良好的道德风尚。树立和践行社会主义荣辱观，既要明确何谓光荣，更要明确何谓耻辱。既要让人见荣知荣，更要让人见耻知耻。要把荣誉教育和耻感教育结合起来，在全社会形成褒扬真善美、贬斥假恶丑的鲜明导向和浓厚氛围，使人们自觉进行自我反省、自我批判、自我激励，更加注重自我教育、自我约束、自我提高，努力提升道德境界。

践行社会主义荣辱观对大学生的成长成才会产生重要的影响。道德规范只有内化为人们的道德修养，转化为人们的道德实践，才能成为改变社会风气的强大力量。同学们应深入领会树立和践行社会主义荣辱观的重大意义和深刻内涵，准确把握"八荣八耻"的基本要求，坚持知与行的统一，坚持自律与他律的统一，坚持知荣与明耻的统一，以"八荣八耻"为座右铭，时时处处对照检查自己的言行举止，自省自警、自珍自爱，知荣求善、知耻改过。经过反复的实践和逐步的养成，将社会主义荣辱观转化为自己内在的道德品质和行为习惯，成为自己生存发展的内在需要和为人处世的基本准则，在为家庭谋幸福、为他人送温暖、为社会作贡献的过程中，体验光荣、领悟崇高。

践行社会主义荣辱观，能够使社会成员自觉内化社会主义道德要求，强化道德自律意识，坚定道德意志和信念，明荣知耻、扬荣弃耻、提升人格、敦化风气，推动维系社会和谐的人际关系和道德风尚的形成。所以，应当把践行社会主义荣辱观贯彻到社会主义思想道德建设的全过程，融入公民道德建设和社会公德、职业道德、家庭美德、个人品德教育的各个方面，把社会主义荣辱观贯穿到市民公约、乡规民约、职业规范、学生守则等具体行为准则之中，拓展各类道德实践活动，大力倡导爱国、敬业、诚信、友善等道德规范，在全社会形成男女平等、尊老爱幼、扶贫济困、扶弱助残、礼让宽容的人际关系，形成知荣辱、讲正气、作奉献、促和谐的良好风尚。

第四节 社会公德

社会公德是社会共同利益的反映，社会公德水平的高低影响着社会秩序、社会风气、社会凝聚力，是一个社会文明程度的外部标志。在迈向现代化的进程中，社会公德比以往任何一个历史时代都更为重要。社会公德具有维护和保障社会生活正常进行的功能，对于培养人的高尚品质，养成良好的道德习惯，树立良好的社会道德风尚，创造安定团结的社会环境，促进精神文明建设的发展，都具有十分重要的意义。大学生应当自觉培养公德意识，养成遵守社会公德的良好行为习惯。

一、社会公德的含义及特点

社会公德是全体公民在社会交往和公共生活中必须共同遵循的行为准则，是社会普遍公认的最基本的行为规范。社会公德是人类社会文明成果的一种沉淀和积累。它具有以下几个特点：

（一）基础性

社会公德是社会道德体系的基础层次，在每一个社会都被看做是最起码的道德准则，是为维护社会公共生活的正常进行而提出的最基本的道德要求。遵守社会公德，是对社会生活中每个人的最低层次的道德要求，在此基础之上还有许多更高的道德标准和道德要求。社会公德水平的高低又昭示着一个社会道德风气好坏的程度。

（二）全民性

社会公德是社会全体成员都必须遵守的道德规范，具有最广泛的群众性和适用范围。在同一社会中，任何社会成员不管属于哪个阶级或从事何种职业，对于社会公共生活的简单规则，都必须遵守，否则就要受到社会舆论谴责。国家、社会团体、机关单位有时甚至可以以国家权力或行政权力、经济权力予以干预。

（三）相对稳定性

社会公德作为"多少世纪以来人们就知道的、千百年来在一切行为守则上反复谈到的、起码的公共生活规则"，是人类世世代代调整公共生活中最一般关系的经验的结晶。这种最一般的关系，在不同时代、不同社会形态里都存在着，因而，调整这种关系的社会公德在历史上比起其他各种道德分支来，具有更多地稳定性。而且社会公德总是随着社会物质文明和精神文明的发展，保存和发扬其进步的、合理的方面，剔除其落后的、不合理的部分。

二、社会公德的主要内容

社会公德是全体公民在社会交往和公共生活中应该遵循的行为准则，涵盖了人与人、人与社会、人与自然之间的关系。在现代社会，公共生活领域不断扩大，人们相互交往日益频繁，社会公德在维护公众利益、公共秩序，保持社会稳定方面的作用更加突出，成为公民个人道德修养和社会文明程度的重要表现。要大力倡导以文明礼貌、助人为乐、爱护公物、保护环境、遵纪守法为主要内容的社会公德，鼓励人们在社会上做一个好公民。

社会道德的内容是非常丰富的，在人与人之间关系的层面，社会公德主要包括：文明礼貌、助人为乐等；在人与社会层面，社会公德主要有爱护公物、遵纪守法等；在人与自然层面，社会公德主要是保护环境。

（一）文明礼貌

文明礼貌是中华民族的优良传统，是人类为维系正常生活共同遵守的基本道德规范。文明礼貌，首先是举止文明，待人接物要礼貌大方、和气、亲切、热情，但要适中，要懂规矩。其次，要平等地对待交往中的人，尊重他人的尊严、个性。不论自己地位高低，要注意平等待人。文明礼貌与我们每个人的日常生活密切相关。它是打开心扉的一把钥匙，是交流思想的窗口，是沟通感情的桥梁，它反映着个人的道德修养，体现着民族的整体素质。我们国家素有礼仪之邦的美誉，在今天倡导和普及文明礼貌，更是具有重要意义。

（二）助人为乐

助人为乐，一方面反映了人们希望在经济活动、社会生活中处于互助、互爱、互帮的人际关系的情感意愿；另一方面体现了人们对自己与他们良好社会关系的追求。邓小平周志所极力推崇的党的优良传统中的"先人后己"、"自我牺牲"、"大公无私"精神，与我们今天所提倡的助人为乐的美德是完全一致的，这些都应成为在改革开放的新的社会历史环境中的时代精神。助人为乐对于大学生来说显得尤为重要，养成助人为乐的美德和习惯，将是一生取之不尽、用之不竭的精神财富，正所谓"赠人玫瑰，手有余香"。大学生应当"以团结互助为荣、以损人利己为耻"，积极参与公益事业，力所能及地关心和关爱他人，在对他人的关心和帮助中获得人生的快乐。

助人为乐是为人民服务精神的直接体现。任何人都是社会的人，都不能脱离他人的帮助而存在，也不能脱离他人的关心而生活。人与人之间需要相互依存、相互关心、相互帮助。助人为乐，是中华民族优良传统之一，在以"和为贵"为中国传统伦理文化基本精神所体现的道德关系上，有力地维护着绵延数千年的中华民族的和谐统一。扬弃传统伦理道德观中夹杂的封建宗法成份，实现其中伦理关系在道德上的义务的要求，反映人们对和谐、融洽环境的追求。如今发展市场经济，讲究经济生活中的竞争，也离不开"助人为乐"美德的弘扬。这个社会会出现有些人在某些方面发生工作或生活的困难，会出现比较贫困的人群，在产业结构调整中也会出现相当数量的下岗失业者，这些人群都需要别人伸出援助的手。

（三）爱护公物

在社会主义社会里，一切公共财产和公共设施都是人民群众的劳动结晶，是建设社会主义的物质基础。公物是国家和人民的跟本利益所在，爱护公物集中反映了个人对国家、集体利益的关心，表现了青年热爱祖国的崇高道德品质。爱护公物是保证社会生活正常进行的前提条件，是维护社会公共利益的实际行动。爱护公物是个人履行对社会和国家的义务和责任的表现，是社会成员摆正自身与集体、社会和国家的义务和责任的表现。

（四）保护环境

热爱自然、保护环境是当今时代社会公德的重要内容。热爱自然、保护环境，从根本上说，是对全人类的生存发展利益的维护，也是对子孙后代利益的负责任。随着社会的日益扩大和自然环境开发的日益加快，使得如何对待周围自然环境的问题，成为直接关系着当今人类生活和未来人类生存的严重社会问题，并因而要求从包括道德在内的社会各个方面，去端正人们的态度和调节人们的行为。合理利用自然资源，保护生态平衡是市场经济规律、社会可持续发展的客观要求，也是人们在新形势下的迫切要求。如果人类再不高度重视，采取有力措施，保护自然环境，保护生态环境，走可持续发展道路，人们将会毁掉自己的美好生活环境，人类的生存就会受到威胁。

（五）遵纪守法

遵纪守法是社会公德最基本的要求，是维护公共生活秩序的重要条件。在社会生活中，每个社会成员既要遵守国家颁布的有关法律、法规，也要遵守特定公共场所和单位的有关纪律规定。纪律和法律作为规范系统，对个人来说，是一种约束行为的准则，并借助于一定的强制手段来推行，但同时也要靠人们的内在节制和主观的努力来维系。严格遵守国家法律和各种纪律、规章制度，是衡量一个公民是否自觉维护社会公共秩序，法制意识、纪律观念强不强的标尺。遵纪守法体现着一个公民的道德风貌，是保障社会健康有序发展的基础。

第五节　家庭道德

家庭是社会的细胞，是人类社会生活的基础组织形式。俗话说："家和万事兴"、"家齐平天下"。这里所说的"家和"、"家齐"，是指良好的家庭道德文化环境和氛围。家庭道德环境，不仅直接影响着成员个人的幸福和家庭的完美，还在很大程度上影响着社会稳定和文明进步。

一、家庭美德的含义

家庭美德是每个公民在家庭生活中应该遵循的行为准则，是调节家庭内部成员和家庭生活密切相关的人际交往关系的行为规范。涵盖了夫妻、长幼、邻里之间的关系。个人生活的幸福与否，不仅与社会的文明进步相关，还与是否拥有一个和睦、温馨的家庭密切相关；家庭担负着培养教育下一代的责任，家风直接影响着儿童和青少年的健康成长；家庭生活还与社会生活有着密切的联系。正确对待和处理家庭问题，共同培养和发展夫妻爱情、长幼亲情、邻里友情，不仅关系到每个家庭的美满幸福，也有利于社会的安定和谐。

社会主义的家庭美德，是社会主义道德在家庭生活中的具体体现。众所周知，为人民服务是社会主义道德的核心。它在家庭生活中的表现，就是每个家庭成员都要履行自己的道德责任和道德义务，都要有奉献精神，都要为他人服务，一人有难，全家相助，形成一个相互关心、相互帮助的和睦家庭。集体主义是社会主义道德的基本原则，在家庭生活中，每个成员都要关心家庭这个集体，共同治理好家庭，个人利益服从家庭的整体利益。"五爱"：即爱祖国、爱人民、爱科学、爱劳动、爱社会主义，是社会主义道德的基本要求，每个家庭成员都必须以"五爱"规范自己的行为。实行革命人道主义是社会主义的重要道德，每个家庭成员都要多一分爱心，要尊重人、爱护人，要尊老爱幼，男女平等，邻里团结，和睦相处。总之，每个家庭成员都要加强社会主义道德修养，才能建立美满、和谐、幸福的家庭，即建立真正具有美德的家庭。

二、家庭美德的主要规范

我国公民道德建设中的家庭美德，是以马克思主义、列宁主义、毛泽东思想和邓小平理论为指导，并从我国社会发展的现实出发，继承和发扬了中华民族的优良道德传统的美好的家庭道德。家庭美德具有丰富的内涵。

家庭成员之间应该努力营造一种和谐健康向上的关系。家庭关系就是生活在一个家庭内成员之间的人际关系，如夫妻关系、父母与子女的关系、兄弟姐妹关系等。它以血缘或婚姻为基本纽带，表现为家庭成员之间的相互依存，共同生活。社会主义国家在家庭关系上的道德包含有丰富的内容，它涉及到家庭各方面的关系，这种关系是血亲关系的体现，更是社会伦理的重要组成部分。

家庭美德建设的内容很多，《中共中央关于加强社会主义精神文明建设若干重要问题的决议》和《公民道德建设实施纲要》中强调，应大力提倡尊老爱幼、男女平等、夫妻和睦、勤俭持家、邻里团结的家庭美德。这是社会主义初级阶段我国家庭美德建设的纲领。

（一）尊老爱幼

尊老爱幼是我们中华民族的传统美德。"老无老及人之老，幼无幼及人之幼"的观念深入人心，这是中国自古以来以来就有的孝道。人们一直提倡"老有所终，幼有赡养"，这也是人生价值和人类不断发展价值的必然要求。

尊老爱幼是社会赋予每个公民的社会职责。家庭是构成人类社会的基本单位，是社会的细胞。人人都自觉地尊老爱幼，既能保证家庭的和睦，使所有的家庭成员感到温暖，又能保证社会的稳定和发展。但是，尊老爱幼不单纯是个人的私事，而是一种社会责任。同时，赡养父母、抚养子女也是共和国法律明文规定公民必须履行的一项义务。

（二）男女平等

男女平等是宪法赋予我国公民的一项基本权利，也是婚姻法中的一项重要原则。男女平等，指妇女和男子在政治的、经济的、文化的、社会的和家庭的生活各方面享有同等的权利。

（三）夫妻和睦

爱情是婚姻产生的基础，婚姻是家庭产生的前提，家庭是婚姻缔结的结果。由于男女双方构成婚姻关系，从而构成了最初的家庭关系，由此产生出父母子女、兄弟姐妹等其他家庭成员之间的关系。在家庭关系中，夫妻关系是最根本的关系。夫妻关系在家庭中起着核心的作用，是文明幸福家庭的基础。夫妻关系的好坏不仅关系着婚姻质量的高低，影响着下一代的健康成长，还与社会的安定团结也有密切关系。夫妻之间最基本的道德要求就是要互敬互爱。

（四）勤俭持家

勤俭持家即勤劳、节俭过日子，是中华民族的传统美德，是持家治家的法宝。一个善于当家理财的人，应当学会量入为出，计划开支，即使家庭收入不很富裕，也能把日子过得圆圆满满，全家人安定团结。如果家庭成员中有人盲目地追求个人享受，追求高消费，开支无计划，赶时髦，乱花钱，甚至到处借债购买高级消费品，就会使家庭正常生活受到影响，严重的还可能造成家庭不和，夫妻反目，甚至出现家庭关系的破裂。因此，勤俭持家关系到每个家庭成员的切身利益，是每个公民都应当遵守的家庭美德。

勤俭节约、艰苦奋斗是我国人民建设社会主义强国的根本方针和道德准则，也是家庭生活中的一个重要的道德规范。在革命战争年代，生活俭朴成为每个革命者所追求的美德。正是依靠这种道德力量，我们战胜了重重困难。

（五）邻里团结

俗话讲："远亲不如近邻"，良好的邻里关系，邻居间的互相关心，互相帮助,不仅有助于我们克服困难,还能为我们营造一个良好的生活环境。邻里团结是家庭美德的基本规范之一,按照邻里道德的要求来规范自己的行动,对于树立社会主义的社区新风有着重大意义。

三、家庭美德建设的重要意义

社会道德作为社会意识形态之一,是一个内容丰富的社会体系。家庭生活领域内的特殊道德要求,虽然并不对每个社会成员的全部行为都具有同等的指导性和约束力,但它是社会道德原则、规范和范畴在家庭领域中的具体贯彻,并对整个社会道德生活有着极大的影响。社会道德内容的丰富、具体化,社会道德的社会价值的实现等,都必须通过具体的道德形式去完成。社会道德要在家庭领域中体现出来并发挥作用,就要通过家庭美德加以解释、补充和丰富,具体化为家庭生活中自觉遵守的行为规范,并结合家庭本身的特点和规律,落实到家庭成员的实际行动中去。

家庭是社会的"细胞",是人类社会延续、发展的基础之一。美满的婚姻和幸福的家庭,给人们带来欢乐,给社会带来进步。婚姻家庭关系是人与人之间社会关系的重要方面,调节这种关系应该遵守婚姻家庭中的道德准则。家庭美德建设是社会主义公民道德建设的重要内容。家庭成员的道德意识和文明行为,对于社会公德和职业道德的形成有着直接的影响。我们应当大力加强公民的家庭美德建设,把它作为加强社会主义精神文明的一项重要工作来抓。

(一)家庭美德是维系家庭和谐、幸福的重要精神支柱

家庭的幸福与否,固然与家庭的物质生活水平相关,但更重要的还在于用什么样的价值观念来指导和调整家庭生活中的各种关系。由于家庭成员在年龄、辈分、性格、文化、理想、志趣等方面总是参差不齐的,故而家庭中的利益矛盾、兴趣冲突也就不可避免,这便有必要用家庭美德来规范、调节、约束家庭成员的行为。否则,家庭中就会矛盾冲突不断,甚至导致家庭破裂。可见家庭美德建设的好坏是现代家庭是否健康向上、和谐融洽的重要标志。

社会主义家庭美德是社会主义制度和伦理原则在家庭关系中的体现,是用以调节和处理家庭成员之间相互关系的新型道德规范,是迄今为止人类历史上最高尚、最完善的家庭美德。家庭美德的形成,使社会主义家庭伦理价值和人际关系发生了显著的可喜的变化。

（二）家庭美德是社会安定团结、健康发展的保障

家庭美德不仅对家庭起着至关重要的作用，还对社会也具有强烈辐射功能。家庭成员也是社会成员。家庭成员的道德意识和文明行为，对社会公德和职业道德的形成与维护有着重要的影响和作用，也直接关系到整个社会的安定和文明。

我国历代政治家和思想家都极为重视家庭伦理道德的作用，强调"修身"、"齐家"与"治国"、"平天下"的关系，所谓"教先从家始"、"家之不行，国难得安"、"整家而天下定矣"、"家和万事兴"等格言说的就是这个道理。文明幸福的家庭是社会问题的"减压阀"。相反，如果家庭关系处理不好，夫妻反目，婆媳相嫌，必将损害整个社会的安定局面，影响经济和整个社会的健康发展。

随着社会经济结构、生活方式和价值观念的变化，在家庭关系中男女平等、长幼平等、权利与义务平等等思想观念不断形成。家庭中的每一个成员都有自己的独立人格，并对封建的父权和夫权思想进行了有力的批判。男女之间、长幼之间，在平等的原则下相互学习、相互帮助、相互促进，形成了开放、民主、团结、和睦的新型家庭关系。

家庭美德的一个重要作用是它的认识作用。家庭美德在家庭生活中的认识作用是客观存在的。在家庭生活中，家庭美德总是从个人和家庭、个人与其他家庭成员的义务或利害关系上来认识或反映当时家庭的现实状况，并且借助于家庭道德观念、家庭道德准则、家庭道德理想等形式，来表达对社会的反映或认识的成果。家庭美德的这种认识作用，不仅提供了关于现实家庭关系状况的结果，还显示现实家庭的生命力和历史趋势，预测或预见家庭发展的远景。

同时，家庭美德又是社会稳定、经济发展的文明基石。社会的稳定和发展，有赖于家庭的稳定和文明。家庭美德建设搞好了，就能启动家庭成员的内动力，推动社会的发展。同时，家庭成员的道德意识和文明行为，对于社会公德和职业道德的形成有着直接的影响和促进作用。文明幸福的家庭不仅是社会的"解压阀"，还是社会文明发展的基本标志之一。因此可以说，文明幸福的家庭又是更好地从事职业活动的"蓄电池"和"加油站"。

（三）家庭美德是社会道德的有益补充

在家庭中，因为有了家庭美德的良好精神氛围，公民才能够在这个环境中

愉快的生活。通过感应其中的理想、信息及其美好的精神图景，荡涤个人的心扉，陶冶生活的情操，清除思想的污垢，整合离散的心灵，使人达到一种通彻明了、达观明悟的境界，进而完善和发展自我。另外，家庭美德还赋予了公民价值反思、是非判断的能力，并发展了人们的社会价值意识，从而能够更有效地对外部世界进行价值思维和价值判断，自觉地调控自己的行为，使自己成为遵纪守法的好公民。同时，又能使人学会选择，确定人生的目标，懂得如何满足自己的需要和实现自我的价值，使自己的人生充实、闪光和富有积极意义。这就是家庭美德的独特作用，是任何行政手段、法律和金钱激励所无法比拟的。

改革开放以来，随着社会经济体制的变革，我国的家庭越来越小型化。国家经济的迅速发展，给许多家庭带来了利益；社会主义精神文明建设的加强，促进了家庭美德的升华。由于紧张多变的生活节奏和复杂尖锐的人际关系，使得家庭作为一个"避风港"和"安乐窝"的价值更为突出，每个家庭成员都需要有一个温馨、宁静的港湾，作为栖息的场所。和谐幸福的家庭为家庭成员从事社会活动提供了强大的精神支柱，使人的精力能够得到休息和恢复，从而以更大的创造热情投入到新的工作中去。有位诗人说得好：家是什么？是爱心的殿堂，是避风的港湾，是休养生息的领地，是加油充气的驿站。一个和谐幸福的家庭，大家互敬互爱、互助互让，既讲爱情、亲情，又讲责任和义务，共同学习、共同创业，营造一个和睦团结、奉献社会的幸福家庭。

（四）家庭美德是公民个体道德化的摇篮

家庭从产生的那天起，就是人的社会化的基本单位。家庭是人来到世间后所置身的第一个社会群体，家庭成员之间直接的、面对面的接触，潜移默化的相互影响，耳濡目染的彼此教化，对人的社会化有极大的功用和效能。

家庭作为人类的初级社会群体，它是个体与社会的中介，是引导个体走上社会的桥梁。它在人的社会化过程中有着决定性的意义。其一是因为家庭是家庭成员的生活共同体，家庭成员在长期共同生活中密切接触，对家庭成员有着相互影响和潜移默化的作用；其二是家庭成员的根本利益是一致的，子女是父母生命的延伸，父母对子女进行教育的过程中具有高度的责任心和深厚的情感；其三是子女从小生活在家庭之中，心理上对父母有着强烈的依赖感和高度的信任感，易于接受父母的教育与培养。从这个意义上说，家庭美德是个体与社会发生联系的润滑机制，当家庭美德与社会公德、职业道德趋于一致时，个体道德的社会化就能沿着健康的轨道发展。

第六节　职业道德

职业道德是社会精神文明建设的重要内容，关系着各行各业、千家万户的切身利益，关系着我国改革开放能否顺利进行，关系着党和政府在群众中的威信和整个社会的安定团结，甚至还影响着我国在国际上的形象和地位。

一、职业道德及其基本要求

职业是人们在社会中从事的作为谋生手段的工作。职业道德是指所有从业人员在职业活动中应该遵循的行为准则，是一定职业范围内的特殊道德要求，即整个社会对从业人员的职业观念、职业态度、职业技能、职业纪律和职业作风等方面的行为标准和要求。

职业道德具有时代性和历史继承性，在不同的历史时期有不同的职业道德要求。社会主义制度的建立为职业道德的发展提供了更为广阔的空间，职业道德也进入了新的发展阶段。社会主义的职业道德继承了传统职业道德的优秀成分，体现了社会主义职业的基本特征，具有崭新的内涵，其基本要求是：

（一）爱岗敬业

爱岗就是热爱自己的工作岗位，热爱本职工作，做到干一行，爱一行、专一行。敬业，就是以积极负责的态度对待自己的工作。爱岗与敬业总的精神是相通的，是联系在一起的。爱岗是敬业的基础，敬业是爱岗的具体表现，不爱岗就很难作到敬业，不敬业也很难说是真正的爱岗。爱岗敬业是社会主义职业道德一切基本规范的基础。

爱岗敬业是社会主义市场经济条件下实现职业利益的必然要求，同时也是是发挥从业人员潜在能力，提高从业技能的重要保证。它要求从业人员对所从事的职业有强烈的责任感，荣誉感和兢兢业业的精神；要求每个从业人员在各自从事的职业活动中尽职尽责，努力学习，熟悉业务，掌握规律，勤奋高效地做好本职工作。努力钻研业务，做到精益求精，不仅是个技术水平问题，还也是职业道德高尚的表现。

（二）诚实守信

诚实守信是职业道德的基本准则，也是做人的基本准则。"信"的本意就是诚实不欺。诚实守信就是言行跟思想一致，不伪装，不虚假，说话、办事实事求是讲信用。诚实与守信二者有着密切联系，诚实是守信的思想基础，守信是诚实的外在表现，只有内心诚实，待人诚恳真挚，做事才能讲信用，有信誉。

诚实守信是市场经济的一个本质规定，是作为市场经济主体所必须遵循的规则，是企业的无形资产，可以为企业带来经济效益。同时，诚实守信也是大工业和市场发展到一定程度的必然产物，它对社会经济的发展起到了催动作用。那么我们怎样做到诚实守信呢？

诚实守信首先表现在从业人员忠诚于他们所属的企业，心中始终装着企业，把企业的兴衰成败与自己的联系在一起，愿意为企业的兴旺发达贡献自己的一份力量；诚实守信原则还要求每个从业人员都要自觉地维护企业信誉，良好的企业形象会给企业带来巨大的效益，因此要求每个从业人员树立产品质量意识，重视服务治理，树立服务意识；诚实守信原则还要求每个员工保守企业的秘密。

（三）办事公道

办事公道，是指在各种职业活动中待人处事要公正公平，公道正派，合情合理，这是职业交往中的一项重要原则。各行各业都要根据各自职业的特点，制定具体的工作、服务的规范或守则。每一个从业人员在各自的岗位上固然要办事公道，但对各行各业的领导者来说，更需要办事公道。因为各级领导干部手中都掌握着人民赋予的一定权力，他们如果办事不公道，就有可能给社会主义事业造成损失，影响党和人民群众的关系。为官从政者，要正确对待手中的权力，坚持按原则办事，反对人情风；要建立办事公开制度，政策公开、程序公开、结果公开，接受群众的监督，以提高我们政策的公信力。

领导干部要真正做到办事公道，廉洁奉公，必须坚持三个正确使用：一是正确使用权力，反对以权谋私；二是正确使用干部，摒弃用人上的不正之风；三是正确使用金钱，把有限的财力物力用到现代化建设上。办事公道还表现在用人问题上，如果真正做到公道，就应该坚持五湖四海，任人为贤，唯德唯才是举，并能胸襟坦荡，团结和自己意见不同的人一起工作，而不能任人唯亲，搞小圈子，拉帮结伙。

在社会经济条件下，办事公道更加重要。办事公道才能取信于人，以理服人，把事情办好，才有良好的社会秩序来建立社会主义市场经济，才能维护广大人民群众的意义。

（四）服务群众

服务群众，是在职业生活中一切从群众的利益出发，为群众着想，为群众办事，为群众提供高质量的服务。

人民群众是创造文明事业的根本力量，我们的一切是人们群众给与的。正是有了无数人民群众的需要，才有了我们从事的职业活动。我们应该感谢广大的人民群众，尊重人民群众，努力为群众服务。要做到这些应该做到：

第一，热爱人民，与人民群众建立深厚的感情，这是尊重人民群众的主人翁地位，实现为人民服务的前提。

第二，服务人民，甘为人民的勤务员。

第三，相信群众，支持群众的首创精神，不能站在对立面指手画脚，批评指责。

第四，尊重人民，虚心向人民群众学习。群众是社会实践的主体，一切真知都是从直接经验发源的。只有作群众的学生，才能作群众的先生。

第五，依靠群众，坚持走群众路线。群众路线是党的根本政治路线和组织路线，也是根本的领导方法和工作方法。

真正做到服务群众，还必须从观念上转变和思想上更新。每一个从业人员既有权利享受他人提供的服务，同时，也承担着为他人服务的义务。社会全体从业者相互服务，来达到社会发展、共同幸福、创造和谐社会的目的。

（五）奉献社会

奉献社会，就是全心全意为社会做贡献，是为人民服务精神的最高体现。有这种精神境界的人，他们把一切都奉献给国家、人民和社会。奉献，就是不期望等价的回报和酬劳，而愿意为他人、为社会或为真理、为正义献出自己的力量，包括宝贵的生命。奉献社会不仅有明确的信念，还有崇高的行动。发扬无私奉献精神有助于抑制极端利己主义和享乐主义的蔓延；发扬无私奉献精神有助于弥补市场经济力不能及之处；发扬无私奉献精神有助于弥补市场经济力不能及之处。

奉献社会精神与社会主义市场经济是统一的，其根本目的都是为实现共同富裕的目标。而且无私奉献精神是可以与市场经济共存的，它是从精神动力方面促进社会主义市场经济机制的运行。所以，在社会主义市场经济的条件下，无私奉献精神非但没有过时，而被赋予了更重要的现实意义。

奉献社会是一种人生境界，是一种融在一生事业中的高尚人格。与爱岗敬业、诚实守信、办事公道、服务群众这四项规范相比较，奉献社会是职业道德中的最高境界。同时也是做人的最高境界。爱岗敬业，诚实守信是对从业人员的职业行为的基础要求，是首先应当做到的。做不到这两项要求，就很难做好工作。办事公道，服务群众比前两项要求高了一些，需要有一定的道德修养做基础。奉献社会，则是这五项要求中最高的境界。一个人只要达到一心为社会做奉献的境界，他的工作就必然能做得很好，这就是全心全意为人民服务了。

二、加强职业道德修养

职业道德修养是从事各种职业活动的人员，按照职业道德基本原则和规范，在职业活动中进行的自我教育、自我锻炼、自我改造和自我完善，使自己形成良好的职业道德品质和达到一定的职业道德境界。

（一）职业道德修养

职业道德修养的实质，是个人自觉接受职业道德教育，提高职业道德评价和职业道德选择能力，消除消极道德的影响，自觉按照社会主义职业道德的要求指导自己的思想行为。这一实质，规定了它与职业道德教育、职业道德训练相区别的特点，这种特点主要表现为：

第一，与职业道德教育、职业道德训练主体和对象彼此分离的特点相区别。职业道德修养的主体和对象是统一的，从业者个体即是这种主体和对象的统一体，职业道德修养的重点就在于个人职业道德理想、职业道德品质、职业道德行为等方面的自觉修养。

第二，与职业道德教育、职业道德训练从外部进行教育、训练，带着灌输性、强制性特点不同。职业道德修养是从业者自觉主动的道德活动，是一种自我教育、自我陶冶、自我改造、自我锻炼的过程，具有主动自觉的特点。

第三，作为职业活动中的一种综合性、最深层次的活动，职业道德修养是一个认识和实践相统一的过程，具有特别强调社会实践的特点。这一特点有助于从业者在职业道德教育和训练的指导下，自觉改造、主动锻炼、反复认识、反复实践、不断追求、不断完善，形成较稳固的职业道德情操和职业道德概念，达到较高的职业道德境界。

（二）加强职业道德修养的必要性

充分认识职业道德修养的必要性，不仅是培养职业道德的首要环节，也是扫除一切思想障碍，努力提高从业者职业道德修养自觉性，促进社会主义事业全面健康发展的迫切需要。

第一，进行职业道德修养，是从业者自我实现、自我完善的需要。职业道德教育，职业道德训练只是形成从业者道德品质、完成他们自我实现的外在因素，个人自己的职业道德修养才是他们职业道德品质形成和提高的内在因素。外因是变化的条件，内因是变化的根据，外因必须通过内因才起作用。职业道德修养既是将外在的职业道德要求转化为从业者内在的深刻信念，并进而将这种内在信念转化为实际的道德行为的必由之路，也是联结职业道德自我评价和个人对职业道德理想的追求，使之成为完善个人道德品质的积极的、能动的力量源泉。因此，职业道德修养，是广大从业者自我实现、自我完善、全面发展的客观尺度和必经之路。

第二，进行职业道德修养，是改革开放新形势下培养造就合格的社会主义建设者和接班人，保证我们现代化事业的社会主义方向的实际需要。良好的社会风气是国泰民安的重要条件，这种风气的形成，除了靠政治的法律的手段以外，还要有健康的社会心理和良好的职业道德。整个社会职业道德水平的高低，又取决于从业者能否加强职业道德修养及其所达到的道德境界、道德品质的高低。从业者必须切实加强职业道德修养，清除自己身上存在的与社会主义职业道德要求相违背的道德内容和行为习惯，自觉抵制一切腐朽落后的道德观念的侵蚀。只有这样，才能把自己造就成合格的社会主义建设者和接班人，从而保证我们所从事的改革和建设事业永不偏离社会主义方向。

三、提高职业道德修养的途径与方法

马克思主义伦理学认为，道德修养之所以能够培养和提高人们的道德品质，就在于它不是单纯的内心体验，更重要的是它使人们在改造客观世界的斗争中改造自己的主观世界。社会主义职业道德修养的途径与方法，既不是要求从业者整天进行闭门思过式的自我检讨，也不要人们大搞坐而论道式的夸夸其谈，而是要求从业者在自己的职业工作实践中自觉加强自身的职业道德修养，把这种修养作为自身思想建设的主要内容，以积极参与社会道德建设为己任，少议论，多行动，从自己做起，从现在做起，共同营造人人讲道德的强烈氛围，共同形成社会主义道德建设的强大合力，推动社会主义精神文明建设不断向新的高度发展。

第一，提高职业道德认识，是职业道德修养的前提条件。理论是行动的向导，缺乏理论指导的行动必然是盲目的。职业道德修养是一种理智的、自觉的活动，它不仅需要科学的世界观作指导，也需要科学文化知识和职业道德理论作基础。因此，认真学习马克思主义、科学文化知识和职业道德基本理论，努力提高职业道德认识，是搞好社会主义职业道德修养的重要前提和必经途径。

马克思主义是无产阶级科学世界观和方法论的理论体系，是人们改造世界的强大思想武器。马克思主义哲学关于一切从实际出发、实事求是、矛盾分析法、归纳与演绎、分析与综合等思维原则和思维方法的科学阐述，更为我们建设、发展和不断完善社会主义职业道德提供了根本的思想路线和思维方法。

科学文化知识是关于自然、社会和思维发展规律的概括和总结，它对于从业者优秀职业道德品质和高尚职业道德风貌的形成有着不容忽视的作用。学习科学文化知识，有助于我们提高职业道德选择和评价能力，提高职业道德修养的自觉性；有助于我们形成科学的职业道德观、人生观和价值观，从而全面地、科学地、深刻地认识社会，正确处理社会主义职业道德关系。

第二，坚持理论联系实践，做到知行统一，是职业道德修养的根本途径。离开实践，道德的理论、认识乃至整个道德本身，就成了无本之本，无源之水，也必然毫无存在价值。正因为道德本身就是知与行的统一，决定了从业者进行职业道德修养的根本途径，是坚持理论联系实践，做到知行统一。从业者坚持理论联系实际的修养方法，首先必须积极实践，勇于实践和反复实践，在实践中学习掌握职业道德理论和知识，并认真加以体会、消化，形成正确的职业道德理论和知识，转化为高尚的社会主义职业道德品质。其次，必须切实提高在职业实践中进行职业道德修养的自觉性，积极地在改造客观世界的实践活动中，努力改造自己的主观世界。通过无产阶级的道德观同非无产阶级的腐朽落后的道德观的斗争，锻炼自己的社会主义道德和共产主义职业道德品质，自觉地进行自我改造、自我提高。

第三，坚持把职业实践作为检验自己职业道德修养的惟一标准，自觉地通过职业实践、社会实践来检查发现自己职业道德认识中的错误、职业道德品质上的不足，从而自觉主动地克服和改正一切不道德的思想和行为。

第四，充分认识职业道德知与行相统一的特点，认真贯彻职业道德修养理论和实践相结合、言行一致原则，身体力行，努力把社会主义职业道德的原则和规范运用到自己的职业实践活动中去，以自己正确的职业道德认识指导自己的生活、思想和工作，真正做到知行统一。

思考题

1．简述我国社会主义道德体系。

2．如何理解为人民服务是社会主义道德建设的核心，集体主义是社会主义道德建设的原则？

3．如何树立和践行社会主义荣辱观？

4．什么是社会公德？社会公德的主要内容是什么？

5．什么是家庭美德？家庭美德的主要规范要求有哪些？

6．什么是职业道德？职业道德的基本要求有哪些？怎么样才能作到诚实守信？

第四章　继承爱国传统，弘扬民族精神

爱国主义是中华民族的光荣传统，是推进中国社会前进的巨大力量，是各族人民共同的精神支柱，是社会主义精神文明建设的重要组成部分，同时也是社会主义建设者和接班人的基本要求。实现中华民族伟大复兴的中国梦，必须弘扬中国精神，这就是以爱国主义为核心的民族精神，以改革创新为核心的时代精神。

第一节　中华民族的爱国主义传统

中华民族是富有爱国主义光荣传统的伟大民族。爱国主义是中华民族最深厚的思想传统，是动员和鼓舞中国人民团结奋斗的一面旗帜，是推动我国社会历史发展的巨大力量，是各族人民共同的精神支柱。

一、爱国主义概述

中国是举世闻名的四大文明古国之一，中国民族有着五千多年的悠久历史和灿烂的文化。爱国主义作为一面旗帜，就以其蕴含的伟大的民族凝聚力，成为炎黄子孙纵向延续的纽带，成为中华儿女横向联结的灵魂，成为中华民族团结统一的共同的精神支柱。

一个国家的民族意识和民族觉悟的集中体现是爱国主义，而爱国主义作为一种强大的精神力量，又是一个民族赖以生存和发展的灵魂所在。中华民族是富有爱国主义光荣传统的伟大民族，在我国历史上，爱国主义从来就是动员和鼓舞人民团结奋斗的一面旗帜，在维护祖国统一、民族团结，抵御外来侵略和推动社会进步中，发挥了重大的作用。在爱国主义精神的激励下，我们的国家和民族自强不息，具有伟大的凝聚力、动员力和自强力。在新的历史条件下，继承和发扬爱国主义的优良传统，就必须深刻认识和评价爱国主义的力量及其作用。

爱国主义是民族团结的凝聚力，凝聚是亲密团结的象征。从爱国主义凝聚力产生的基础看，中华民族的形成过程就是由家庭开始，经过家乡、民族直到祖国的凝聚过程。亲人爱、家乡爱、民族爱、祖国爱、人民爱都是人们之间基于物质利益的同一性而形成的亲密精神关系，这种关系是人们之间休戚与共、和睦相处的心理条件。它象一种粘合剂，在一定社会环境中把人们连结在一起，形成一定的相对稳定的生活系统以及命运的共同体。所以家庭的巩固、乡亲的和睦、民族内部的团结是祖国统一的微观基础。

爱国主义对中华民族的凝聚作用，首先是通过劳动人民的努力实现的。各族人民在创造祖国物质文明和精神文明的过程中，彼此之间发生亲和、携手关系，产生强烈认同感，使家庭巩固、乡亲和睦、民族团结、祖国统一。其次，是在人与祖国价值关系实现中实现的。从个人与祖国的关系看，爱国主义的凝聚力又表现为向心力。按照价值原理，物质利益可以使人亲近祖国，也可以使人离异祖国。但对爱国者来说，不论物质利益朝哪个方向变化，他的心永远向着祖国的。不管民族地位如何，在国际竞争中处于优势还是劣势，他的爱国信念始终是坚定的。正是这种力量，能够使人摆脱苟且之心、畏苦之情的缠绕，自觉地把个人的追求与祖国的命运紧紧连结在一起；能够使祖国母亲把千千万万华夏儿女团结在自己的周围；能够将中华民族千千万万个个体力量集合为整体力量。改革开放、建设有中国特色的社会主义，为形成更强的"凝聚力"创造了良好的环境条件，在爱国主义感召下，一批批爱国华侨、杰出华人积极支持和参与现代化建设，反映出中华民族爱国主义的巨大凝聚力，表现出中华儿女永远心向祖国的"母子情"。

二、爱国主义的科学内涵

爱国主义体现了人民群众对自己祖国的深厚感情，反映了个人对祖国的依存关系，是人们对自己故土家园、种族和文化的归属感、认同感、尊严感与荣誉感的统一。爱国主义主要表现在人们长期生活和实践中形成的对自己祖国的大好河山、悠久历史、优秀传统的无限热爱，树立为国立功的坚强信念；对自己祖国的忠诚，为保卫祖国、反抗外来侵略者而英勇斗争得精神；对自己祖国命运和前途的关心，具有高度的民族自尊心和自信心；对自己祖国怀有深厚的思想感情，具有坚定的意志和崇高的历史使命感和责任感。因此说，爱国主义是人们忠诚、热爱、报效祖国的一种情感、思想和意志于一体的社会意识形态和社会实践行为。

首先，爱国主义是一种情感，表现为对养育自己的美丽国土、锦绣家园、富饶土地的眷恋感，对伟大祖国的悠久历史、灿烂文化、传统美德的钦佩感，对中华民族的辉煌事业、为世界所作的伟大贡献的自豪感，对中国人民在各种困难环境下都具有强大的生存力、发展力的自信心，对维护国家国格、民族成员人格的自尊感，对各族人民和骨肉同胞的亲和感、尊重感、归属感，对建设伟大国家、维护国家独立、主权和领土完整的责任感、义务感、献身感。

其次，爱国主义是一种思想观念。人们长期生活在这片国土上，自然就产生一种热爱、建设、保卫这片土地的思想观念。这种思想观念，作为群体意识，凝聚着人们对国家及其根本利益的整体认识，对祖国前途命运的理性审视和把握，对建设祖国的理想和筹划，具体表现为民族自尊意识、民族自强意识、民族自觉意识、民族忧患意识，竞争参与意识等。作为个体意识，潜在于人们的内心深处，包括对自己祖国的亲身体验和间接认识，对祖国传统文化的评价，对国家利益的认同等，从而形成个体的特定的祖国观。这种思想观念，有一股强大的向心力和凝聚力，把人们吸引在爱国主义的旗帜下，形成万众一心建设祖国的决心，众志成城捍卫祖国的力量。

再次，爱国主义是一种行为规范。爱国主义是人们在社会生活中必须遵守的基本道德规范和重要政治原则。作为道德规范，主要调整个人与国家利益在利益上的关系，强调个人利益、小团体利益服从国家利益，要求人们把爱国、报国、兴国、强国、救国看作是爱国主义的高尚美德，把卖国、辱国、祸国、乱国、叛国看作是对祖国对民族不道德的丑恶行为。作为政治原则，它主要调整个人与国家在政治上的关系，强调个人对国家的政治责任、政治义务，要求人们按照法律的规定，履行维护国家统一、安全、荣誉和利益，维护民族团结，保卫祖国，抵御侵略等法律义务。当然，爱国主义的道德规范与爱国主义的政治原则是紧密联系，相辅相成的。如果一个人为了祖国的独立、富强和尊严，英勇奋斗，顽强拼博，无私奉献出自己的一切甚至生命，这样的人，不仅是一个道德高尚的人，也是一个政治立场坚定、政治觉悟高的人。

三、爱国主义的优良传统

中华民族的爱国主义优良传统源远流长，并随着时代的变化而变化。爱国主义的情感和思想通过各种形式世代流传下来。这种爱国传统，是祖先留下的宝贵的遗产，在久远的历史发展中形成的中国爱国主义传统有独特的内容。

第一，不畏艰险，开拓进取，不断创造物质财富和精神财富，为人类文明做出自己的贡献。自古以来，中华民族以勤劳勇敢、富于创造著称于世，为人类的文明做出了重大的贡献。文明于世的中国古代四大发明，不仅为世界科学技术的进步作出了贡献，还推动了世界历史的向前发展。在思想方面，中国历史上有许多伟大人物以及杰出的成就和贡献，促进了世界精神文明的发展。孔子的教育理论，庄子的哲学思想，孙子的军事学说，司马迁的史学巨著，李白、杜甫的诗歌，关汉卿的戏剧等，都是中国人民的伟大创造，都是中华民族对世界文明的重大贡献，五千年来，中华民族在这块土地上劳动和生活，各族人民相互团结，相互学习，用自己的勤劳和智慧共同改造着祖国的大好河山，创造了灿烂的中华文明，涌现出许多伟大的思想家、政治家、军事家、科学家、文学家和艺术家。中华民族不仅对东方产生了深远的影响，还为整个人类文明做出了不可磨灭的贡献。

第二，反对民族分裂和国家分裂，维护各民族的联合、团结和祖国的统一。中华民族维护祖国统一和民族团结的爱国主义传统，是在祖国的统一和分裂不断交错、民族融和和冲突不断发展的过程中形成的。春秋战国时代，诸侯割据，战争不断，秦始皇适应历史的发展要求，结束了诸侯割据混战的局面，建立了中国历史上第一个统一的多民族的中央集权的国家。这不仅带来了社会经济文化的巨大发展，同时也能使民族融和和团结。在中国的历史上，凡是顺应历史潮流，为维护民族团结和祖国统一、促使国家繁荣富强的人，就受到了广大人民的敬仰和爱戴。反之，那些蓄意制造分裂，割据一方，或压迫奴役其他民族的人，就会遭到各族人民的唾弃和反对。

第三，在外敌入侵面前，团结对外，奋起抵抗，坚决维护祖国领土完整和主权独立。在中国历史上，中华民族内部的民族关系是以民族融合为主题的，但也存在着民族的冲突。由于各民族统治阶级的驱使，有时也会出现民族间的争斗与压迫。各族人民在反抗民族压迫的斗争中形成了维护独立和尊严，讲风骨、重气节、正气浩然的爱国主义传统，出现了许多反抗民族压迫的英雄典范，千百年来一直受到人民的称颂和敬仰。

第四，反抗一切阻碍历史发展的反动势力，推进祖国前进与社会进步。在封建社会里，广大农民对阻碍社会进步的封建势力进行了英勇的反抗与斗争，沉重打击了当时的封建统治，因而也就或多或少地推动了祖国的前进与进步。在我国历史上，当社会矛盾尖锐到发生政治、经济危机时，在统治阶级内部也曾经产生过一些主张革新弊政的政治家、改革家，他们主张社会改革，寻求振兴国家之路。尽管他们的目的是维护统治阶级的利益，但在一定程度上缓和了社会矛盾，在客观上有利于社会的安定和经济的发展，符合人民和祖国的利益。因此，他们同样是爱国志士。

四、爱国主义的时代价值

（一）爱国主义是维护祖国统一和民族团结的纽带

在中华民族的发展史上，爱国主义精神对于维护祖国统一和民族团结起到了十分重要的作用。什么时候团结统一，国家就强盛安宁；什么时候分裂内乱，国家就积贫积弱。千百年来的历史经验，已铭刻在中华儿女的心灵之中。团结统一始终代表了中国社会历史的发展方向，代表了中国各族人民的共同心愿。

维护国家主权和领土完整，是国家的核心利益。在反对分裂、维护国家统一这个重大原则问题上，中国人民从未有丝毫犹豫和退让。骨肉分离和纷争，是让亲者痛、仇者快的事情，只有骨肉团聚、祖国统一，才是各族人民的共同企盼和福祉。

（二）爱国主义是中华民族继往开来的精神支柱

在历史发展过程中，中华民族表现出了强大的生命力。鼓舞中华民族艰苦奋斗、继往开来的重要精神支柱，就是千百年来深深融入民族意识之中的爱国主义优良传统。

在新的历史条件下，致力于中华民族的伟大复兴，必须在爱国主义的伟大旗帜下，建立最广泛的爱国统一战线，集中整个民族的智慧和力量来谋求国家的发展和民族的振兴。正如胡锦涛所说："包括大陆同胞、港澳同胞、台湾同胞、海外侨胞在内的全体中华儿女，都应该为自己是中华民族的成员而感到无比自豪，都应该承担起实现中华民族伟大复兴的历史责任，都应该以自己的努力为中华民族发展史续写新的光辉篇章。"

（三）爱国主义是实现中华民族伟大复兴的动力

辉煌灿烂的中华古代文明，曾经长期处于世界领先地位，并且远播海外，为人类文明的发展作出了重要贡献。进入近代以后，长期的内忧外患，外国列强的侵略和奴役，阻碍了中国的发展，导致山河凋敝、国力日衰，几乎到了亡国的边缘。无数爱国志士发愤图强，努力探索和寻求民族复兴的道路。在中国共产党的领导下，中国人民以马克思主义为思想武器，经过艰苦卓绝的长期奋斗，实现了民族独立和解放，建立了社会主义新中国，为中华民族的伟大复兴奠定了坚实的基础。新中国成立，特别是改革开放以来，中国人民的爱国主义热情空前高涨，爱国主义在推动祖国的全面发展和进步方面，发挥着越来越重要的作用。

新世纪，各国之间综合国力的竞争日趋激烈。在激烈的国际竞争中，中华民族立于不败之地的一个重要保障，就是高扬爱国主义旗帜，最大限度地团结全国各族人民、港澳台同胞以及广大海外侨胞，激发起爱我中华、建我中华、强我中华的爱国热情。"人心齐，泰山移"，中华儿女万众一心，奋发图强，艰苦奋斗，就一定能战胜任何艰难险阻，多少代人所企盼的中华民族伟大复兴的目标就一定会实现。

（四）爱国主义是个人实现人生价值的力量源泉

爱国主义体现了每一个中华儿女对祖国的责任，这种责任是社会发展的客观要求，也是每个人自身发展的客观需要。一个人能够成为什么人，应该成为什么人，在很大程度上要依赖于社会，依赖于生于斯、长于斯的祖国。祖国给个人的成长发展创造条件，对个人创造的成果作出评价，为个人实现人生价值提供舞台、指明方向。伟大的人生目标往往产生于对祖国深厚的爱。一个人对祖国爱得越深，历史责任感就越强烈，人生目标就越明确，人生信念就越坚定。古往今来，彪炳中华民族史册的，无一不是忠诚的爱国者。他们之所以能作出一番事业，使自己的人生有价值、有意义，根本原因在于对自己的祖国和人民有一颗滚烫的赤子之心。

第二节 新时期的爱国主义

新时期中华民族的爱国主义，既承接了爱国主义优良传统，又体现了鲜明的时代特征，内涵更加丰富。在经济全球化条件下，必须继续坚持和弘扬爱国主义精神，坚持爱国主义与爱社会主义的统一，弘扬以民族精神和时代精神为主要内容的中国精神，献身于建设中国特色社会主义现代化和促进祖国统一的伟大事业。

一、爱国主义的时代内容

党的十一届三中全会以来，我国以经济建设为中心，坚持改革开放、建设一个社会主义现代化强国，我国进入了社会主义建设的新时期。

建设有中国特色社会主义和实现中华民族的伟大复兴是新时期爱国主义的主题，是对中华民族几千年来爱国主义优良传统的继承和发展。我们今天开展爱国主义教育，不仅要发扬光大中华民族爱国主义的优良传统，更要把人民群众和青年学生的爱国热情引导和凝聚到建设有中国特色社会主义事业上来，引导和凝聚到建设有中国特色社会主义伟大事业上来，引导和凝聚到建设富强、民主、文明的社会主义现代化强国上来。在经济全球化加快发展的条件下，增强国家意识和民族观念，维护国家主权、国家利益和国家安全，是新时期爱国主义教育要求的现实体现。

我国人民经过几十年的艰苦奋斗，建立了以生产资料公有制为基础的社会主义经济制度、人民民主专政的社会主义政治和马克思主义在意识形态领域中的指导地位，我国的经济制度和马克思主义在意识形态领域中的指导地位，我国的经济、科学、文化事业取得了巨大的成就，人民的生活有了普遍的提高，我国已经初步形成为繁荣昌盛的社会主义国家。但是我国目前仍处于社会主义的初级阶段，经济、技术、文化水平还比较低；由于人口众多，人均国民生产总值仍居于世界后列；社会主义制度还不购成熟、不够完善；资产阶级、小生产者思想的影响还存在。因此，逐步摆脱贫困落后，使我国由农业国逐步变成现代化工业强国，建设一个富强、民主、文明的社会主义现代化国家，实现中华民族的伟大复兴和腾飞，已经成为今天全国各族人民的迫切愿望，成为社会主义必须完成的历史任务。

中国共产党深刻反映和集中了全国各族人民的爱国要求，从社会主义初级阶段的实际出发，提出了建设有中国特色社会主义的基本路线：以经济建设为中心，坚持四项基本原则，坚持改革开放，自立更生，艰苦创业，为把我国建设成为富强、民主、文明的社会主义现代化强国而奋斗。这条基本路线从总体上指明了我国社会主义初级阶段国富民强的必由之路，规定了新时期社会主义爱国主义的鲜明主题。

二、新时期爱国主义的基本特征

当前我国正处在一个新的历史时期，全国各族人民在中国共产党的领导下，正朝着建设有中国特色社会主义现代化强国的伟大目标前进。爱国主义与社会主义有机的统一在建设有中国特色社会主义的伟大实践中，集中表现在热爱社会主义祖国，保卫祖国的主权和领土完整，为实现四个现代化而贡献自己的行动中。邓小平指出："中国人民有自己的民族自尊心和自豪感，以热爱祖国、贡献全部力量建设祖国为最大光荣。"

新时期我国爱国主义的基本特征主要包括以下几个方面：

第一，热爱祖国与热爱社会主义的统一。我国宪法明确规定："社会主义制度是中华人民共和国的根本制度。"历史告诉我们，只有建立了社会主义制度，才能使人民摆脱了阶级剥削和压迫，使祖国属于全体劳动人民；也只有坚持社会主义制度，才能振兴中华，进一步解放和发展生产力，不断满足人民群众日益增长的物质和文化生活的需要，为将来实现共产主义奠定物质基础。我国社会主义建设所取得的巨大成就有目共睹。社会主义制度是中国人民经过长期的寻求、探索所做出的历史选择，使中国走向现代化的必由之路。作为社会主义中国的公民，必须自觉地把热爱祖国和热爱社会主义制度结合起来，把自己的命运和社会主义祖国的命运联系在一起，积极投身于建设有中国特色社会主义的伟大实践，努力促进社会主义现代化建设的伟大事业向前发展。

第二，热爱祖国与热爱中国共产党的统一。中国共产党是中国工人阶级的先锋队，同时是中国人民和中华民族的先锋队，是中国特色社会主义事业的领导核心，代表中国先进生产力的发展要求，代表中国先进文化的前进方向，代表中国最广大人民的根本利益。社会主义在中国的实现和胜利前进，是与中国共产党的密切领导联系在一起的。没有共产党就没有新中国。建国以来，中国共产党克服了种种挫折和失误，排除了国内外的种种干扰，领导全国人民在政治、经济、文化、教育等方面发生了翻天覆地的变化。历史证明中国共产党是一个成熟的马克思政党，只有她才能领导全国各族人民取得更大的胜利。因此，拥护和热爱中国共产党的领导，是社会主义爱国主义不可缺少的要求。

第三，热爱祖国与坚持人民民主专政的统一。我国的人民民主专政政权，对少数敌对分子实行专政，对广大人民来说，则是一种民主参与和管理机器，是人民利益的忠实保护者和捍卫者。有了人民民主专政，广大人民群众的利益才能得到充分保障，而失去这种国家机器，不但人民群众的利益得不到保障，而且整个国家和社会也失去发展的基础。爱人民民主专政不仅表现在对人民民主专政制度的热爱，还表现在对国家主权和尊严的热爱。人民民主专政制度是我国国权、国格的保障，失去了人民民主专政政权，我们不仅不可能有国权、国格，也不可能有人权、人格。因此，在社会主义条件下，爱国与爱人民民主专政有着内在的一致性。

第四，热爱祖国与坚持马克思主义的统一。马克思主义是我们认识和改造世界的强大思想武器，是指导中国革命、建设和改革的行动指南。历史发展的实践证明，在中国，如果没有马克思主义理论的指导，就不可能有社会主义制度的建立，就不可能有改革开放的伟大成就。在新世纪新阶段，要在中国特色社会主义现代化建设中实现中华民族的伟大复兴，就必须坚持马克思主义的指导地位，坚持毛泽东思想和中国特色社会主义理论体系。这不仅是社会主义爱国主义区别于以往各种爱国主义的一个重要标志，也是社会主义爱国事业不断取得胜利的重要保证。

三、新世纪爱国主义的时代主题

21 世纪给中国带来了难得的机遇和严峻的挑战，推进社会主义现代化建设，完成祖国的统一大业，维护世界和平与促进共同发展，是我们在新世纪肩负的三大历史任务，它构成了新世纪爱国主义的时代主题。

（一）建设有中国特色的社会主义现代化

历史告诉我们落后就要挨打，只有加紧社会主义现代化建设，才能使我们的祖国更加繁荣富强，使人民的物质文化生活不断得到改善，使社会主义制度不断得到巩固。新中国成立以来，特别是改革开放的 20 年以来，社会主义生产力迅速发展，综合国力大大增加，人民生活水平迅速提高，各方面的成就令人瞩目。尽快建设有中国特色的社会主义现代化，实现中华民族的伟大复兴，这是当前和今后一个相当长的时期内中国人民最大的政治任务，也是新时期爱国主义最核心的内容。党的十六大已经为全国人民绘制了 21 世纪的宏伟蓝图，我们完全有信息实现社会主义现代化的宏伟目标。我们每一个中国人都必须在自己的岗位上，艰苦奋斗，励精图治，大胆改革，勇于创新，为早日建成有中国特色社会主义现代化贡献自己的力量。

（二）努力完成祖国的统一

反对民族和国家的分裂，维护民族团结和祖国统一，历来是中华民族爱国主义的光荣传统，早日实现包括台湾在内的祖国统一更是新世纪爱国主义赋予当代炎黄子孙的神圣使命。邓小平的"一国两制"的伟大构想和成功实践，已使香港、澳门相继回到祖国的怀抱，为解决台湾问题创造了条件。台湾自古就是中华民族不可分割的一部分，早日完成祖国统一，是中国各族人民的共同心愿。无限期地拖延统一，是所有爱国同胞不愿意看到的。中华民族伟大的革命先行者孙中山先生曾经说过："统一是中国全体国民的希望。能够统一，全国人民便享福；不能统一便要受害。"我们呼吁所有中国人团结起来，高举爱国主义的伟大旗帜，坚持统一，反对分裂，全力推动两岸关系的发展，促进祖国统一大业的完成。中华民族现代发展进程中这光辉灿烂的一天，一定会到来。

（三）维护祖国的利益、维护世界和平

当前的国际环境中，冷战思维依然存在，霸权主义和强权政治依然是威胁世界和平与稳定的重要根源。每一个中国人都应该把自觉争取和维护祖国的利益、尊严和荣誉奉为自己的神圣职责，绝不能做有损于国格、人格和祖国利益的事，当祖国的利益受到威胁时，应毫不犹豫地为维护国家利益而斗争。与此同时，对于一切国家事务，我们都要从中国人民和世界人民的根本利益出发，根据事情本身的是非曲直，决定自己的立场和政策，不屈从任何外来压力，始终不渝地奉行独立自主的和平外交政策。中国人民要继续坚持自己的原则立场，坚守自己的承诺，坚决反对霸权主义，维护世界和平，为建设社会主义现代化强国和实现祖国和平统一创造一个良好的国际环境，为促进世界和平与发展的崇高事业，做出不懈的努力。

四、大力弘扬和培育民族精神

中华民族精神，是在中华民族五千多年的历史发展中形成的。它既植根于我国优秀的民族文化传统之中，又同中国共产党领导人民在长期革命、建设和改革中形成的优良传统和时代精神结合在一起，是中华民族生生不息、发展壮大的强大精神动力。建设和发展中国特色社会主义事业，是一项充满艰辛、充满创造的壮丽事业。伟大的事业需要并产生崇高的精神，崇高的精神支撑和推动着伟大的事业。面对世界范围内各种思想文化的相互激荡，我们必须大力弘扬和培育民族精神。

弘扬和培育民族精神，既要弘扬中国古代的民族精神，更要大力弘扬和培育近代以来中国人民在争取民族独立和人民解放、实现国家富强和人民共同富裕的历史进程中形成的伟大民族精神。中国共产党在领导人民进行革命、建设和改革的伟大实践中，形成了自己的优良传统，培育出了井冈山精神、长征精神、延安精神、抗战精神、西柏坡精神、雷锋精神、"两弹一星"精神、大庆精神、抗洪精神、抗击"非典"精神、载人航天精神、抗震救灾精神、北京奥运精神等。这些精神是伟大的中华民族精神的发扬光大，是中华民族长期形成的民族精神在现当代历史中震撼人心的新表现，为中华民族精神增添了富于时代精神的新内涵，使中华民族精神进入一个崭新的发展阶段。

弘扬和培育民族精神，要立足于中国特色社会主义建设事业的伟大实践，反映社会主义初级阶段的基本特征，反映完善社会主义市场经济体制的现实需要，反映发展社会主义先进文化的前进方向。要以人民群众创造历史的火热生活为源泉，批判地继承中国古代的传统文化和道德，吸收和借鉴外来文化和道德的积极成果，坚持古为今用、洋为中用、以我为主、为我所用的原则，不断丰富民族精神的时代内涵，使民族精神得到大力弘扬。

第三节　做忠诚的爱国者

爱国主义包含着情感、思想和行为三个基本方面。其中，情感是基础，思想是灵魂，行为是体现。爱国情感是人们对祖国的一种直接感受和情绪体验；爱国思想是人们对祖国的理性认识；爱国行为是指人们身体力行、报效祖国的实际行动，是爱国主义精神的落脚点和归宿。只有做到爱国的情感、思想和行为一致的人，才是真正的爱国者。爱国主义不仅代表了人们对自己祖国的深厚情感，更体现为现实的义务和责任。脚踏实地，做忠诚的爱国者，应当成为每一个中华儿女的基本追求。

一、爱国者的概念和特征

凡是遵循社会历史发展的客观规律，维护中华民族的根本利益，具有爱国思想和爱国行为的中华民族的成员，都可以称为爱国者。

（一）爱国者是推动历史前进的进步力量

伟大的革命先行者孙中山是爱国者，因为他首先喊出了"振兴中华"的口号，开创了完全意义上的近代民族民主革命，为中国的进步打开了闸门；伟大的人民领袖毛泽东是爱国者，在以毛泽东为代表的中国共产党人的领导下，中国人民彻底推翻了帝国主义、封建主义、官僚资本主义"三座大山"，开创了中国社会主义的道路，实现了民族的彻底解放和独立。

中国改革开放的总设计师邓小平是爱国者，以他为核心的党的第二代中央领导集体，成功地走出一条建设有中国特色社会主义的新道路，使社会主义在中国显示了蓬勃的生机和活力；那些在各行各业默默奉献的工人、农民、知识分子、解放军官兵也都是爱国者，他们以自己辛勤的劳动为祖国的富强添砖加瓦，创造了中华腾飞的伟大业绩。

古往今来，一切真正的爱国者总是代表着推动社会历史前进的进步力量。而那些逆历史潮流而动，违背人民根本利益的人就根本不能称为爱国者。那些赞成搞民族分裂的人，当然不是爱国者；那些在国内制造动乱后，逃到国外充当国际反华势力的马前卒，企图仰仗西方人的鼻息，反华反人民的"民运"分子、李洪志等、"法轮功"分子，都是彻头彻尾的卖国者。

（二）爱国者是具有最大广泛性的人民群体

中华民族的各个阶级、各个阶层、各个地域的人（包括生活在海外的华人）只要具有爱国的思想和行动，就可以称为爱国者，就可以在爱国主义的旗帜下最广泛地联合起来，组成广泛的爱国统一战线。

在中国近代史上，中华民族为了实现一定时期的某一目标，曾在爱国主义的旗帜下实现过几次广泛的大联合。例如大革命时期和抗日战争时期的国共合作。这种联合的广泛性就体现为"爱国不分先后，爱国就是一家"。也是在爱国主义，我们实现了"一国两制"下香港和澳门的回归，这是包括港澳同胞在内的无数爱国者共同努力的结果。

（三）爱国者具有历史性和层次性

在不同的历史阶段，爱国主义的内涵和外延不尽相同，判断爱国者的标准也不尽相同，对历史上的爱国者必须作历史的具体的分析。如戊戌维新时期，主张和支持维新变法的康有为、梁启超是爱国者，但是到了辛亥革命时期，他们却继续鼓吹改良，反对革命，违背了历史的潮流，这时，他们就不再是爱国者了。

同时，我国社会是由不同层次的群体构成的，爱国者也有不同的层次既有著名的爱国者、革命的先进分子，也有普通的劳动者。对不同层次的爱国者，有不同的要求。邓小平说："港澳、台湾、海外的爱国同胞，不能要求他们都拥护社会主义，但是至少也不能反对社会主义的新中国，否则怎么叫爱祖国呢？至于对中华人民共和国领导下的每一个公民，每一个青年，我们的要求当然要更高一些。"

二、维护祖国统一

热爱祖国，维护祖国统一，是中华民族的光荣传统，也是我国公民的基本义务。保持香港、澳门长期繁荣稳定大好形势，坚决反对"藏独"和"疆独"分裂势力，解决台湾问题、实现祖国完全统一，是不可阻挡的历史进程，是全体中华儿女的共同心愿，是中华民族的根本利益所在。为了早日实现祖国统一，中国共产党人和中国人民作出了不懈努力。和平统一最符合包括台湾同胞在内的中华民族的根本利益。实现和平统一首先要确保两岸关系和平发展。必须坚持"和平统一、一国两制"方针，坚持发展两岸关系、推进祖国和平统一进程的八项主张，全面贯彻两岸关系和平发展重要思想，巩固和深化两岸关系和平发展的政治、经济、文化、社会基础，为和平统一创造更充分的条件。

我们要始终坚持一个中国原则。两岸双方应恪守反对"台独"、坚持"九二共识"的共同立场，增进维护一个中国框架的共同认知，在此基础上求同存异。对台湾任何政党，只要不主张"台独"、认同一个中国，我们都愿意同他们交往、对话、合作。

我们要持续推进两岸交流合作。深化经济合作，厚植共同利益；扩大文化交流，增强民族认同；密切人民往来，融洽同胞感情；促进平等协商，加强制度建设。双方共同努力，探讨国家尚未统一特殊情况下的两岸政治关系，作出合情合理安排；商谈建立两岸军事安全互信机制，稳定台海局势；协商达成两岸和平协议，开创两岸关系和平发展新前景。

我们要努力促进两岸同胞团结奋斗。两岸同胞同属中华民族，是血脉相连的命运共同体，理应相互关爱信赖，共同推进两岸关系，共同享有发展成果。凡是有利于增进两岸同胞共同福祉的事情，我们都会尽最大努力做好。要切实保护台湾同胞权益，团结台湾同胞维护好、建设好中华民族共同家园。

我们要坚决反对"台独"分裂图谋。中国人民绝不允许任何人任何势力以任何方式把台湾从祖国分割出去。《反分裂国家法》的制定和实施，表明了全中国人民坚决反对"台独"、捍卫国家主权和领土完整的共同意志和坚定决心。"台独"分裂行径损害两岸同胞共同利益，必然走向彻底失败。

大学生要自觉做维护祖国统一的模范，努力学习掌握党和国家实现祖国统一的方针、政策及相关法律，为推动两岸关系和平发展、实现祖国统一作出自己的贡献。

三、增强国防观念

国无防不立，民无防不安。强大的国防是国家生存发展的保障。在当今时代，维护世界和平，保证国家安全，实现民族振兴，促进国家统一和发展，需要建立强大、巩固的国防。

国防是国家为抵御外来侵略与颠覆，捍卫国家主权、领土完整，维护国家安全、统一和发展而进行的军事以及与军事有关的政治、经济、科技、文化、教育等方面的建设和斗争。

国防观念是指一个国家和民族对国防建设的目的、内容、途径和重要性等问题的认识，它主要包括国防忧患意识、国防目标意识、国防价值意识、国防责任意识、国防法制意识和国防献身意识等。在我国，国防观念鲜明地反映了全国人民对防御外来侵略、捍卫祖国统一、维护民族和国家根本利益的自觉关注。增强国防观念，不仅是保障国防安全的需要，也是增强民族凝聚力和向心力的"黏合剂"。

国防是国家生存与发展的安全保障。历史证明，国防与国家的兴衰、国民的安危密切相关。国防力量强大能为国家、民族的生存发展提供有力的保障，而国防力量赢弱则会使国家、民族面临受凌辱甚至被侵略的灾难。

新中国成立后，党和国家非常重视国防建设，反复强调加强国防教育，增强全民的国防观念。要认真贯彻落实国防教育法，深入开展以爱国主义为核心的国防教育，不断增强全民的国防意识，增强关心国防、热爱国防、建设国防、保卫国防的荣誉感和责任感，更加自觉地履行国防义务。

大学生增强国防观念，要体现在日常学习、生活和社会实践的方方面面，学习国防知识，参加院校军训，提高国防意识，关心国防事业，积极支持军队和国防建设。

四、增强国家安全意识

国家安全问题事关国家安危和民族存亡。在国家安全问题越来越复杂的今天，大学生要增强国家安全意识，对境内外敌对势力的渗透、颠覆、破坏活动保持高度警惕，切实履行维护国家安全的义务。

（一）确立新的国家安全观

国家安全一般是指一个国家不受内部和外部的威胁、破坏而保持稳定有序的状态。新的国家安全观不仅包括传统的政治安全和国防安全，还包括经济安全、科技安全、文化安全、生态安全、社会公共安全等。

政治安全和国防安全是国家安全的支柱与核心。没有政治安全和国防安全，就根本不可能有国家安全。政治安全是指国家的政治制度和政治形势保持稳定，不受国内外敌对势力的破坏和颠覆。国防安全是指国家的领土、领海和领空安全，不受外来军事威胁或侵犯。经济安全、科技安全、文化安全、生态安全、社会公共安全是国家安全的重要内容。经济安全是国家安全的基础，是指国民经济能够抗御国内外各种经济风险而保持平稳有序运行的态势，包括金融安全、能源安全、贸易安全、粮食安全等。科技安全是指国家的科学技术系统能够有效地应对来自内部和外部的威胁，维护和实现国家利益的能力和状态。文化安全是指一国人民能够独立自主地选择自己的价值观念、文化制度，独立自主地控制和利用自己的文化资源。由于科技发展和经济全球化趋势带来的影响，网络安全、信息安全问题变得非常突出，要保证国家的文化安全，必须特别重视网络安全和信息安全。生态安全是指国家所处的自然生态环境能够维系其经济、社会的可持续发展。社会公共安全是国家预防、控制、处理各种违法犯罪活动和突发灾害事故，以维护社会治安，保障社会正常的工作和生活秩序，保护国家和人民生命财产的安全。社会公共安全不仅包括传统意义上的社会治安，还包括越来越重要的生产安全、公共卫生安全和食品药品安全等。

（二）自觉履行维护国家安全的义务

自觉维护国家安全是每一个公民的神圣义务。大学生作为中华人民共和国的公民，应自觉遵守国家安全法律，履行维护国家安全的法律义务。我国宪法明确规定了公民维护国家安全的基本义务，国家安全法、保守国家秘密法、国防法、兵役法等法律明确规定了公民维护国家安全的各项具体的法律义务。大学生维护国家安全的主要义务有：依照法律服兵役和参加民兵组织的义务，保守国家秘密的义务，为国防建设和国家安全提供便利条件或其他协助的义务，在国家安全机关调查了解有关危害国家安全的情况下如实提供有关证据的义务，及时报告危害国家安全行为的义务，不得非法持有、使用专用间谍器材的义务等。对每一项责任和义务，每个大学生都应当勇于担当，尽职尽责。

五、做坚定的爱国者

爱国主义是一面伟大旗帜，对人生的追求发挥着巨大的引导作用。自古以来，爱国主义就是无数英雄儿女人生奋斗的精神动力，如今仍是当代青年成长的精神源泉。做新时期坚定的爱国者，是当代大学生的必然选择。大学生只有以强烈的爱国之情、崇高的报国之志，投身于社会主义现代化建设的实践中去，用实际行动去报效祖国，才能成长为一名真正的爱国者。

（一）培养爱国之情

爱国之情是人们对伟大祖国山河、历史、文化、人民等客观现实的无比自豪、赞许的心理反应，是献身祖国的巨大动力和感情基础。这种感情是崇高的但不是可望不可及的，它存在于我们每个人的日常生活和工作当中。没有这种爱国的热情就不会有爱国的行动，也就不能成为一个真正的爱国者。因此，当代大学生要成为坚定的爱国者，首先必须培养热爱祖国的深厚感情。具体来说应从以下四个方面入手：

第一，认真学习和深刻了解我国的历史，尤其是近现代史。我们的祖国是一个历史悠久的文明古国，是人类起源和发展的摇篮之一。长期以来，雄伟壮丽的河山、光辉灿烂的文明、自强不息的爱国主义传统，培育了中华民族高昂激扬的民族自尊心和民族自豪感。在近代，中国变成了一个半殖民地半封建社会。中国共产党领导全国人民经过 28 年的艰苦斗争，终于建立了新中国，从此，中华民族的历史翻开了新的篇章。了解中华民族从屈辱、苦难和危亡中奋起，谋求独立和腾飞的历史，能提高我们的民族自尊心和自信心，激发热爱祖国的情感，增强民族复兴的历史责任感。

第二，热爱和弘扬辉煌灿烂的中华民族文化。中华民族有着源远流长、博大精深、影响深远的传统文化。中华民族文化是一个丰富博大的有机整体，是世界文化宝库中璀璨的瑰宝。我们要以科学的眼光分析中华民族的传统文化，要采取批判地继承的态度，剔除其糟粕，吸收其精华。我们更应该注意的是，要珍惜、保护和发掘中华民族的优秀文化遗产，在继承的基础上有所创造、有所发展，使之成为中国特色社会主义文化的深厚土壤。深入了解和研究中华民族文化，在继承和弘扬其精华的基础上，努力建设中国特色的社会主义文化，是我们这一代人的责任。

第三，了解和熟悉爱国主义的光辉典范。在旧中国的漫漫长夜里，在新中国的艰苦创业中，在改革开放的奋力拼搏中，涌现出了无数忠诚儿女。他们为了民族的独立和解放，为了祖国的发展与进步，赤胆忠心，英勇无畏，鞠躬尽瘁，死而后已。

第四，坚信社会主义中国的美好未来。尽管与西方发达国家相比，甚至与某些发展中国家相比，中国在经济、文化、科技、教育等许多方面还存在着相当大的差距，我国的人均国民生产总值仍居世界第 100 位之后。但是，我们也不能妄自菲薄，要充满对建设中国特色社会主义的信心，应该看到新中国建立 50 多年来我们的社会主义事业取得举世瞩目的巨大成就和光明的未来。从二十世纪中叶到二十一世纪中叶的一百年间，中国人民的一切奋斗，则是为了实现祖国的富强、人民的富裕和民族的伟大复兴。这个历史伟业，我们党领导全国人民已经奋斗了五十年，取得了巨大的进展，再经过五十年的奋斗，也必将胜利完成。在新的世纪，在邓小平理论的指导下，中国特色的社会主义建设事业必将取得更大的成就。

（二）掌握报国之才

报国之才是报效祖国应具备的基本能力与技能，即报国的本领。爱国之情是献身祖国的感情基础，而在此基础上确立的为祖国繁荣昌盛而奋斗的人生目标就是报国之志。爱国之情和报国之志是学习和掌握报国之才的巨大动力，掌握报国之才是落实爱国之情、实现报国之志必不可少的手段和条件，只有掌握报国之才，爱国之情和报国之志才能化作报国之行。对于大学生来说，做坚定的爱国者，就是要把培养的爱国之情、确立的报国之志，最后落实在掌握报国之才上，使自己成为中国特色社会主义的建设人才，将来为实现社会主义现代化，为中华民族的伟大复兴做出应有的贡献。

因此，我们要认清历史使命，明确学习的任务和责任。把自己的学习活动与祖国建设、民族振兴的宏伟大业联系起来，把自己的学业同祖国的前途命运挂起钩来，树立为祖国富强而发奋学习的学习目的。而不能把自己的学习仅仅看成个人的私事，把学习的好坏看成个人的得失，否则就会丧失祖国和人民这个强大的力量源泉而动力不足，就不可能成为祖国需要的有用之才。

（三）从爱国主义走向共产主义

从爱国主义出发，投身革命运动，在实践中逐步接受社会主义、共产主义，直至成为一名共产主义者，这是自中国共产党成立以来，许多老一辈革命家和先进分子共同走过的道路。老一辈革命家和先进分子的成长历程昭示出爱国主义者的三种依次递进的境界：把个人的命运、前途同祖国的命运、前途紧紧联结起来，为祖国的繁荣富强而奋斗；把个人的命运、前途同社会主义祖国的命运、前途紧紧联结起来，为建设富强、民主、文明的社会主义现代化强国而奋斗；把个人的命运、前途同实现共产主义的前途紧紧联结起来，为全人类的解放而奋斗。这指明了一条从爱国主义走向社会主义、共产主义的发展之路。

实现共产主义是一个非常漫长的历史过程，在我国社会主义初级阶段，做一个坚定的共产主义者，并不是所有爱国主义者都必须达到的一致目标，但应该成为大学生中先进分子应有的人生奋斗目标。这是关系到我们的社会主义、共产主义事业是否后继有人，关系到党和国家的前途、民族兴衰的百年大计。这也是社会主义大学培养目标的题中之义。

由爱国主义到共产主义，既是一个深刻的政治转变和世界观的转变，又是一种深层次的思想转变。一个爱国主义者不可能自然而然地成为共产主义者，当代大学生要实现这一转化，必须努力学习马克思主义的科学理论，树立辩证唯物主义和历史唯物主义世界观，通晓社会发展的客观规律，坚信共产主义是人类社会发展的必然归宿，把强烈的爱国之情升华为实现共产主义的坚定信念。还必须积极参加社会主义现代化建设实践活动，在实践中运用马克思主义的立场、观点、方法去观察客观现实，分析社会问题，在改造客观世界的同时，改造自己的主观世界，树立起无产阶级的世界观、人生观，把祖国和人民的利益放在至高无上的地位，作为自己一切行动的出发点，当祖国和人民需要的时候，能够自觉牺牲个人的利益直至生命。只有做到了这些，才能成长为一名真正的共产主义者。

思考题

1. 什么是爱国主义？简述其科学内涵。
2. 如何理解爱国主义是我国的优良传统？
3. 新时期爱国主义有哪些主要内容？
4. 如何做到一个真正的爱国者？

第五章　树立正确的人生价值观

大学时代，是大学生形成正确人生观的关键时刻。在这个事情，大学生应该学习人生观理论，结合个人实际和社会现实，深入思考"人的本质是什么"、"人生为了什么"、"怎样的人生更有意义"等问题，要明辨是非、善恶、美丑等的界限。

第一节　人生价值的基本知识

人生价值是一个人在一生中对人类社会的延续与发展所做出的贡献和所起的作用。人生的价值不仅包括社会对个人的尊重和满足，还包括个人对社会的责任和贡献。随着社会主义经济体制的逐步健全和改革开放的不断深入，我国经济基础和上层建筑的各个领域发生了巨大的变化。新旧观念的交替、中西文化的碰撞与交流，直接影响了当代大学生的人生价值取向。

一、人生价值的内容

人生价值包含了多方面的丰富内容，几乎涉及人生所有的重要方面：自我价值与社会价值、物质价值与精神价值、内在价值与外在价值、现有价值与应有价值。

（一）自我价值与社会价值

自我价值是指他人、社会对个人和个人自己对自身生存与发展之意义的评价和肯定，包括社会、他人、自己对自身生命存在的肯定，对自己人生的承认与尊重，以及个人的自我完善等。正确认识人生的自我价值能够培养人的独立、自主意识，促进人的发展和社会进步。

人生价值是自我价值与社会价值的辩证统一。第一，无论自我价值还是社会价值，都是人的本质力量的表现，即都是人的知识、智慧、才能和品质对象化的结果，二者互为存在的前提。第二，自我价值是实现社会价值的必要条件。

任何人自我价值的实现，都必须有物质条件和精神条件为基础。如果不能满足个体正常的物质需要和精神需要，就会影响个体为社会做贡献的主动性和积极性。另外，自我需要包含在社会成员需要的总和中，自我价值包含在社会价值中，是社会总价值中用来满足自我需要的那部分。第三，社会价值是人生价值的实质和核心。人的本质理论告诉我们：人是社会的人，社会为个人提供了生存的物质条件和精神条件，个人的需求可以从社会中得到满足。没有社会，就没有个人；没有社会的发展，也就没有个人的全面发展。因此，离开人生的社会价值谈人生价值就失去了基础。

社会价值是指个体的人生实践活动对于社会和他人的意义，主要表现为个体通过自己的实践活动为满足他人或社会物质的、精神的需要所做出的贡献。人的社会价值的大小，取决于个人对社会所作贡献的多少。人的一生对社会和他人的贡献越大，对社会和他人需要的满足程度越大，其价值就越大。如果有损于他人和社会，就只有负价值，就会被他人和社会所否定。

（二）物质价值与精神价值

物质价值是指人生活在物质方面的有用性。精神价值是指人们的精神性劳动所具有能够满足社会和自身精神需要的有用性。

物质价值和精神价值是统一的，二者互为条件、互为目的、相互依赖、相互促进。一方面，物质价值是创造精神价值的基础，为精神价值的创造提供了物质条件和实践经验。人们在改造物质世界的同时，也改造了自己的精神世界，在物质价值的实践过程中必然会产生新的思想、新的精神、新的知识、新的道德观念，这无疑会促进价值的发展。另一方面，精神财富对物质价值的实现提供了强大推动力和正确的方向，如邓小平理论就为中国的社会主义现代化建设提供了强大的精神动力。邓小平指出："光靠物质条件，我们的革命和建设都不可能胜利……过去我们党无论怎样弱小，无论遇到什么困难，一直有强大的战斗力，因为我们有马克思主义和共产主义信念。有了共同的理想，也有了铁的纪律，无论过去，现在和将来，这都是我们真正的优势。"因此，精神价值是不可忽略的，一个真正有价值的人应该是物质价值和精神价值相统一的载体。

（三）内在价值与外在价值

人生的内在价值，是指个人对社会做出贡献之前所具有的潜在创造力或劳动能力。这种能力包括知识、技能、思想品德以及身体的心理素质等。人的这些能力和素质在未发挥出来之前，只能是创造社会价值的潜在力量，所以我们把它们叫做人生的内在价值。人生的外在价值，是指个人通过劳动和创造对社会和他人所做的贡献。外在价值是内在价值的显化，人们把潜在创造力发挥出来，转化为现实的创造力，为社会创造物质财富和精神财富，满足他人和社会的需要，并通过社会和他人的评价予以肯定。这种价值是客观化、对象化和外在化的，因此被称为外在价值。

人生的内在价值是人生价值实现的准备状态，而人生的外在价值是人生价值的实现状态。人生价值是内在价值和外在价值的统一，两者密切相联、相互依存，没有脱离内在价值的外在价值，也没有脱离外在价值的内在价值。内在价值是外在价值的基础和前提，没有潜在的创造力，也就不可能有现实的创造力，也就不可能有外在价值。外在价值是内在价值的体现和发挥，内在价值必须通过行为表现出来，当它转化为外在价值时，才能得到证实。人的内在价值和外在价值，既相互促进又相互转化。人生的内在价值，通过实践发挥出来，不断转化为外在价值，外在价值又反过来丰富、充实、提高人生的内在价值。

（四）现有价值与应有价值

人生价值的实现是一个动态过程，根据人生价值的实现程度不同，可以将人生价值分为现有价值和应有价值。现有价值是指人生已经实现和正在实现的价值，是人生进步的起点。应有价值是由人生的最高价值目标所规定的理想化的人生价值，是前进的目标和动力。

人生现有价值和应有价值是辩证统一、相辅相成的有机整体。现有价值是应有价值的基础；应有价值是现有价值的发挥和升华，是人们实现价值追求的目标和动力。现有价值只是进步的起点，应有价值才是奋斗的目标。

二、人生观的科学内涵

人生观是人们在实践中形成的对于人生目的和意义的根本看法，它决定着人们实践活动的目标、人生道路的方向，也决定着人们行为选择的价值取向和对待生活的态度。因此，有什么样的人生观就会有什么样的人生。人生观主要是通过人生目的、人生态度和人生价值三个方面体现出来的。人生目的，回答人为什么活着；人生态度，表明人应当怎样对待生活；人生价值，判别什么样的人生才有意义。这三个方面相互联系、相辅相成，有机统一为一个整体。其中，人生目的是人生观的核心。有什么样的人生目的，就会有什么样的人生态度，就会追求什么样的人生价值。

人生观是世界观在对待人生问题上的具体体现，是世界观的重要组成部分。作为人们对生活在其中的世界以及人与世界的关系的总体看法和根本观点，世界观决定人生观，有什么样的世界观，就有什么样的人生观。正确的世界观，是正确的人生观的基础，人们对人生意义的正确理解，需要建立在对世界发展客观规律正确认识的基础之上。作为人们对生活在其中的世界以及人与世界的关系的总体看法和根本观点，在这个意义上可以说，人生观从属于世界观，没有正确的世界观，也就不可能有正确的人生观。人生观是世界观在对待人生问题上的具体体现，是世界观的重要组成部分。作为人们对生活在其中的世界以及人与世界的关系的总体看法和根本观点，世界观决定人生观，有什么样的世界观，就有什么样的人生观。

三、人生价值的基本特征

（一）客观性

人生价值的客观性首先表现在任何人生价值和创造都离不开一定的社会历史条件。马克思说："人们自己创造自己的历史，但是他们并不是随心所欲地创造，并不是在他自己选定的条件下创造，而是在直接碰到的、既定的、从过去继承下来的条件下创造。"马克思所揭示的这种客观必然性，说明不论什么样的人生价值观都是一定历史条件和社会关系的产物，是社会存在的反映。在阶级社会，人们的人生价值与人们的阶级性、阶层性有着密切联系，无论什么样的人生价值都带有鲜明的阶级性和阶层性的烙印，任何抽象的价值观都是不存在的。其次，人生价值是一种被意识到的社会存在。人们的实际生活过程，就是人们的社会实践过程。因此，一个人的人生价值，要在他的客观实践活动中去寻找。一个人要实现自己的人生价值，就必须用自己的实际行动为社会发展和人类进步做出贡献。离开这个客观标准，仅凭个人主观认定人生价值的有无和大小是缺乏客观依据的，也是无实际意义的、荒谬的。

（二）社会性

人总是生活在一定的社会关系中，人是社会的人，一刻也不能离开社会，人的本质就是社会关系的总和。人生价值就存在于个人与他人、个人与社会的需要和满足需要的关系中，并且通过这种关系表现出来。人们既以自己创造的成就来满足他人和社会的需要，同时又得到他人和社会对自己需要的满足，而这种满足是个人实现人生价值的必要保证和条件。如果离开他人和社会的需要，孤立的个人就无所谓"价值"。也就是说，个体的人生价值的存在以及人生价值的大小，主要是看个体人生实践是否为他人、集体、社会做出贡献以及贡献的大小，主要是看个体所创造的社会价值及其价值大小，这表明任何人生价值评价活动都是在一定的社会关系中，都是以社会价值尺度为标准。另外，任何人生价值的创造都是在以往提供的既定的社会条件下，在与他人、集体和社会相互联系中完成的。要受到社会环境、社会关系的影响和制约，被牢牢打上社会关系的烙印，这就使人生价值具有了社会性特征。

（三）创造性

人的实践是能动的，有创造性的，人在实践中不仅可以能动地认识世界，还可以改造世界。社会的一切财富都是劳动创造出来的，不论物质形态的价值客体还是精神形态的价值客体，都离不开人的能动创造力。人的能动创造力满足了人类本身存在和发展的需要。因此，人创造性的实践活动，是人生价值的第一特征。人生价值就意味着创造，没有创造就没有人生价值。个体只有把自己的潜在能力创造性地发挥出来，为社会发展和人类进步贡献物质形态或精神形态的财富，充分发挥自己应有的积极作用，这时才能真正在个体身上体现出人生的价值。

四、社会主义经济条件下青年学生的人生价值取向

当前，我国经济在积极推进"两个根本性转变"，它给社会带来了空前广泛而巨大的影响，使青年学生摆脱了一系列陈旧思想的禁锢，产生了许多适合时代需要的新观念，思想得到了进一步的解放。同时，青年学生的人生价值取向在悄然变化，这种变化既受制于特定的社会环境影响，又受到青年学生自身年龄特征和心理状态的制约，其主流是积极、乐观、向上的。然而，市场经济

的建立与发展，一方面促使人们的思想大解放，产生了许多有利于社会进步的新观念；另一方面也有消极的影响和负面效应，主要原因在于一部分人把商品经济中的等价交换原则引入了思想道德领域，从而产生金钱至上，权钱交易等腐败现象。市场经济的双重效应使青年学生的价值取向表现出一定的复杂性、多样性。

（一）当代大学生的价值取向分析

价值取向是指主体对价值追求、评价、选择、认同的一个倾向性态度，也就是指一个人以什么样的人生态度来对待社会价值和自我价值，并做出相应的选择。随着社会主义市场经济体制的建立和逐步完善，当代大学生的自我意识已逐渐增强，对自我需要的尊重，对自我价值实现的关注与追求，对自我价值主体地位的确认等，已成为当代大学生价值取向的重要因素。当代大学生由于受市场经济的冲击，他们的生活中无处不体现着竞争二字，从而使竞争意识和效益意识增强。与此同时，大学生崇尚民主、法制社会，并逐步学会用法制武器维护自身的合法权利。

（二）大学生现代价值观念的培养

当代大学生价值观念体系重建的过程中，应该重建如下的现代价值观念：

1. 集体合作的价值观念

首先，集体主义强调，集体和国家应该尽最大努力调动人民群众的积极性，发挥个人的主动性、创造性，实现个人的全面自由发展。以人为本的科学发展观，就是充分肯定，社会发展建立在社会每一个个体健康协调发展的基础之上。集体主义决不是，也不应当成为限制个性发展，束缚个人才能的桎梏，更不是实现个人价值的障碍。其次，社会主义集体主义坚决反对个人主义。集体主义强调集体利益高于个人利益，强调个人对集体、对国家、对社会的义务感和责任心。集体主义强调社会与个人相比，是更重要和更根本的存在，只有国家和社会兴旺发达，每个人才能够得到更好的发展。

2. 崇尚科学的价值观念

在现代社会，科学的价值与日俱增，知识经济已渐露端倪。从某种意义上说，哪个国家掌握了现代尖端科学技术，它就占领了社会发展的制高点。因此，大学生应该树立尊重科学文化、尊重知识的价值观念，努力塑造自己追求真理，反对愚昧,塑造自己勤勉、严谨、求实、创新的现代科学精神。

3. 勇于开拓创新的价值观念

创新是社会发展的不竭动力,唯有树立开拓创新的价值观念,才能不断地开拓现代化建设的新局面。我国的现代化事业是前所未有的事业,在现代化进程中,大量新的领域需要开发、无数新的课题需要解答,各项新的事业需要不断发展,如果拘泥于传统的中庸守旧价值观,"不为天下先",不求进步,不求发展,不愿接受新事物,那么,我们的现代化事业就会停滞不前。国家的繁荣富强和中华民族的伟大复兴,需要数以千万计具有创新精神的优秀人才,当代大学生树立开拓创新的价值观念责无旁贷。

第二节 人生价值的评价与选择

一、人生价值的正确评价

人生价值的评价是人生价值观中的一个核心问题。不同的人,不同的阶段,不同的社会制度对人生价值有不同的评价标准。用什么样的标准去评价人生价值,直接反映了人们的人生价值观。

(一)人生价值的评价标准

毛泽东在领导中国革命和建设的过程中,总结了中国共产党人的革命实践经验,提出了正确评价人生价值的客观标准:全心全意为人民服务,以"合乎最广大人民群众的最大利益,为最广大人民群众所拥护为最高标准。"全心全意为人民服务,是毛泽东的人生观的精髓和核心,也是毛泽东关于评价人生价值的根本标准。它主要包括:第一,把人民群众的根本利益作为行动的出发点和归宿,坚持动机和效果的统一。第二,把对人民的贡献作为评价的尺度,坚持责任和贡献的统一。第三,人生价值在于对人民对社会的贡献,而不在于索取和占有。

评价一个人的价值,应该看他对人民、对社会贡献是什么,而不应看他取得什么。今天,我们在改革开放和社会主义现代化建设中,应当摆正贡献与索取在人生价值中的位置,全心全意为人民服务,努力为促进社会生产力的解放和发展，为社会的进步、国家的发展和人民群众生活水平的提高多做贡献。只有这样，才能创造有价值的人生。

掌握了人生价值评价的科学标准，我们就可以回答前文的疑问。见义勇为既是中华民族的传统美德，也是世界各国人民所崇尚的高尚准则。张华选择了奋不顾身，这无疑是崇高的，值得赞赏的。张华所创造的精神价值是无价的。人生价值恰恰体现在人的具体的实实在在的行为过程之中，而不在于夸夸其谈和花言巧语。爱因斯坦在评价居里夫人时说过这样一句话："第一流人物对于时代和历史进程的意义，在其道德品质方面，也许比单纯的才智的成就方面还要大。即使是后者，它们取决于品格的程度，也远超过通常所认为的那样。"

（二）人生价值的评价原则

客观、公正、准确地评价社会成员人生价值的大小，除了掌握科学的评价标准，还应该掌握一定的原则。

第一，坚持动机与效果的统一。动机是指具有一定目的性的主观愿望，所谓效果是指人们实践活动的客观结果。动机和效果是人们在统一的社会实践过程中的两个不可分割的方面。动机是主观的东西，效果是客观的东西，动机必须转化为效果才能使人生有价值。一个人如果只有美好和善良的动机，但却没有实际行动，没有效果，这样的人生是无价值的。我们在评价人生价值时，要把动机和效果统一起来，特别要注重奉献的实效。

第二，坚持责任与贡献的统一。在衡量人生价值时，必须把一个人是否对社会尽职尽责与他对社会所做的贡献统一起来，如果一个能力较大的人和一个能力较小的人，他们都各尽所能，为社会做出了贡献，社会就会承认他们都实现了人生价值。如果能力大的人只尽了一半的能力就做出了比能力小的人用尽了所有的能力方能做出的贡献，那么社会就会认为能力小的人实现了全部人生价值，能力大的人并没有实现全部人生价值。这就是人生价值评价的辩证法。

第三，坚持物质贡献与精神贡献的统一。人对社会的贡献，既有物质性的贡献，也有精神性的贡献，一般说来，物质性的贡献是可以计量的，容易被人们发现和承认，而精神性的贡献却往往难以计量，容易被人忽视。其实，精神性的贡献，特别是优秀人物的道德思想和道德行为，对社会的影响更深刻，对社会进步具有无法估量的价值。

正确认识人生的物质贡献与精神贡献的关系，对于青年学生在人生历程中做出有益于社会、有益于人民的价值选择是十分重要的。

二、人生价值的科学选择

一个人的人生价值实现与否，对人类发展有利与否，社会是有一把标尺来衡量的。为什么有的人实现了人生价值，有的人却没有完成其使命，这其中就涉及到人生价值的科学选择，它是人生价值成败与否的一个重要前提。

人生价值的科学选择包括两个方面，即人生正确价值目标的确立和最优价值目标的选择。犹如现代企业的发展，在众多的目标中，哪个目标是最优价值目标，其确定可能在很大程度上决定了企业发展的前景以及经济效益和社会效益的实现。著名数学家华罗庚曾在应用数学领域提出"优选法"理论，为解决实际问题提供了一种非常有参考价值的模式，取得了很好的效果，企业如此，人当然也不例外。人生价值的选择直接影响了一个人一生的作为和贡献。

人生价值目标可分为个人价值目标和社会价值目标。所谓个人价值目标是指个体对人生价值目标的追求，有较强的个体色彩。社会价值目标则是指一定社会形态下全社会所推崇和追求的价值目标，反映的是社会大众的意愿和主流方向，代表一定的社会集团的价值追求。一方面，马克思主义并不否认个人有自己的合理需要和利益，并不反对和抹杀个人价值追求。社会主义社会制度下的社会价值目标包含了个人价值目标，反映了千百万个人价值目标的要求和愿望。社会价值目标的实现需要大家的共同努力和实践。没有个人价值目标，全社会的共同的价值目标也就失去了基础。另一方面，个人价值目标不能脱离社会价值目标而存在，因为个人价值目标的实现不能脱离和违背广大人民的根本利益，否则个人价值目标的实现是不可想象的。在很大程度上，社会价值目标决定着个人价值目标。个人的活动必然要同社会联系在一起，在共同利益满足共同需要的同时，才能真正满足自己的需要。

在实现人生价值的追求和奋斗中，我们应该按照社会价值目标的要求，正确处理个人与社会的关系，摆正自己的位置，找准前进的方向，在符合社会需要，符合事物发展的客观规律，符合人民大众的利益的前提下，实现个人价值目标的最优选择。

三、树立为人民服务的人生观

尽管在人类历史长河中涌现过形形色色的人生观，但只有以为人民服务为核心内容的人生观，才是科学高尚的人生观，才值得同学们终生尊奉和践行。

一个树立了为人民服务人生观的人，就能对人生目的有更为深刻的理解，时时处处为人民着想，助人为乐，造福人民，成为受人民群众欢迎的人。一个人的能力有大小、职业有不同、职位有高低，但只要科学认识人生目的，切实把人民利益放在首位，以人民利益为重，坚持把实现个人追求与实现党和国家的奋斗目标、人民利益紧密联系起来，不为狭隘私心所扰，不为浮华名利所累，不为低俗物欲所惑，就能够不断实践高尚的人生价值。全心全意为人民服务的精神，毫不利己、专门利人的精神，应当成为我们时代最崇高的精神。

一个树立了为人民服务人生观的人，就能以正确的人生态度对待人生、对待生活，始终对祖国和人民具有高度的责任感，在服务人民、奉献社会中实现自己的人生价值。人的一生总会遇到各种各样的境遇，有得意有失意、有顺利有挫折、有成功有失败，只有树立起为人民服务的人生观，才能以积极的心态看待人生的意义，把个人的努力与人民的事业结合起来，胸怀远大理想，积极投身社会实践，热爱生活、珍视生命，用坚忍不拔的意志勇敢战胜生活、学习和工作中的种种困难和挫折，在不断开拓人生更高境界中领会生活的美好。

树立为人民服务的人生观，要坚决抵制各种错误思想的影响。由于受国内外各种错误思潮、腐朽观念的影响，现实中还存在拜金主义、享乐主义和极端个人主义等对人生目的的错误看法。这些错误的思想观念容易侵蚀大学生的纯洁心灵，不利于大学生树立科学高尚的人生观和价值观。同学们要认清这些错误思想观念的实质，警惕和自觉抵制它们的侵蚀。

第三节　人生价值的创造与实现

人生的意义需要从人生价值的角度进行审视和评价。人们只有找到了自己对生活意义的正确答案，才会自觉地朝着选定的目标努力，以全部的情感、意志和信念去创造有价值的人生。

一、实现人生价值的主客观条件

人生价值实现是人们以自己的人生实践活动不断改造外界物，创造社会财富，满足社会和自身需要的过程。这种创造活动不是随心所欲的，它既受制于一定的社会历史条件，又取决于个人主观努力与奋斗的程度。

（一）实现人生价值的客观条件

首先，实现人生价值要从社会客观条件出发。随着社会的进步，随着我国新中国以来的建设成就，我们今天所具备的社会客观条件大大改善，不论是满足生存的衣食住行，还是满足发展的精神文化条件、政治条件都有了大大提高。虽然仍有不尽人意的地方，而我们作为有文化有思想有远见的大学生，我们应该做的不是抱怨、吹毛求疵、旁观批判，而是善于利用目前社会所达到的条件水平，变不利为有利，充分实现自己的人生价值。

其次，人生价值目标要与符合社会发展规律、具有客观真理性的主导价值目标相一致。我们的主导价值目标则是：建设中国特色社会主义，内含"人民利益高于一切"的意蕴，最终指向的是实现中华民族伟大复兴的伟业。我们只有确立了与此一致的人生价值目标，我们的人生道路才可能走向光明，否则将会走弯路，甚至是歧途。

（二）实现人生价值的主观条件

任何优越的客观条件，亦始终只是为个体实现人生价值提供一个可能条件，它不能代替人们创造自身价值的实践活动。客观条件始终是外因，人的主观努力和奋斗才是内因。客观条件的有利与不利，不是个人成长、实现人生价值的决定因素，它们在人生价值的实现中起着怎样的作用，关键在于实现人生价值的主观条件。

第一，具备自觉选择的能力。人生的历程离不开选择，人只要活着，各种各样的选择就无所不在，是积极主动的选择，还是消极被动的选择？这对人生价值的实现具有至关重要的意义。首先，人生需要具备自觉选择意识。如果人生缺乏选择意识，生活往往显得盲目和被动，往往处于随波逐流的状态，从而大大影响了人生价值的实现。大学生们要在纷繁复杂的多种人生价值追求中，有目的有意识地、主动自觉地做出选择。其次，人生需要正确的价值选择。前面我们已经讲过，人生正确的价值选择包括：树立科学的人生价值观、确立最优的人生价值目标、坚持正确的人生价值取向。人生价值选择的正确与否决定着人生价值能否实现以及实现的程度。大学生只要自觉做出正确的人生选择，才能拥有正确的人生道路和方向，才可能创造和实现美好的人生。

第二，提高内在价值。内在价值是人生价值的基础，一个人的知识、能力、水平、素质、修养、涵养等是内在价值构成的基本内容。提高人的内在价值作为人生价值实现的基础和条件，需要从自身打牢知识基础，增强实践创新能力，具备良好的综合素质做起。

首先，打牢知识基础。大学生作为一支向深层次科学文化领域进军的生力军，应当认识到，丰富而又扎实的知识就是自己未来为社会服务的最基本手段。因此，大学生在掌握知识方面要对自己高标准、严要求，下决心利用宝贵的学习时光打下牢固的知识基础。大学生应当做到专博相济，专深博广，专而不死，博而不滥，为自己奠定合理的知识结构。

其次，增强实践创新能力。创新能力指个人提出新理论、新概念或发明新技术、新产品的能力。就表现形式来说，创新能力就是发明和发现，就是人类创造性的操作化。大学生应当从以下几个方面来培养自己的创新能力：一是培养创新兴趣。兴趣是人对事物带有积极情绪色彩的认知活动倾向。兴趣是个体行动的巨大动力。创新能力的发展与创新行为的做出，都是建立在创新兴趣和欲望的基础之上的。没有创新兴趣和欲望，一个人就不会去开发自己的创新潜能，也无意进行创新探索。二是训练创新思维。冲破僵化思维和习惯性思维定势，经常对问题进行深层次、多角度或逆向性思考，富有怀疑精神。三是培养创新观念。解放思想，开拓进取，思考前人之所未想，探求前人之所未见，保持与众不同，始终富有新意和创意。四是锻炼创新毅力。毅力是个体克服各种困难，坚持实现自己目标的心理过程。在从事创新活动时，面对新事物出现的新问题和困难，要知难而上，做艰苦细致的工作，而不能见难就收，虎头蛇尾，随意放弃。五是培养创新所需的观察力。观察是个体预定目的主动了解事物的感知过程，是感知活动的高级形式。一切创新都是建立在观察基础之上的。要注意观察的速度和广度、观察的整体性和概括性、观察的计划性和灵活性等方面。

最后，具备良好的综合素质。健康的标志有两个方面：一是生理性健康，具有健康的身体和健全的体魂；二是心理性健康，能动地适应社会、环境和人际关系。在良好的综合素质中生理健康是大学生成才的硬件，在人才成长与成功过程中起着基础性的作用。每一个大学生应充分认识健康的价值，积极参加体育活动，锻炼得法，运动适度，劳逸结合，生活规律。心理健康是大学生成才的软件，在人才成长与成功过程中同样发挥着重要的作用。大学生只有做好充分准备，为创造和实现人生价值打牢内在基础，才能在人生实践中充分施展自己的才华，挖掘自己的潜能，最大限度地实现自己的人生价值。

第三，承担社会责任。人生所肩负的责任是多方面的，但在所有的人生责任中，社会责任是最重要的。人生的社会责任是个体对人类、对社会、对祖国、对民族的繁荣和进步所承担的职责和使命。这是因为人类、社会、国家、民族的存在和发展客观地要求每个人去履行自己的责任，而且个体只有在履行对人类、社会、国家、民族的责任中才能实现人生价值。

二、实现人生价值的基本途径

大学生辉煌的人生价值，只有在全面建设小康社会、开创中国特色社会主义事业新局面的征程中，通过竞争能力和创造能力的锻炼，具备继承和发扬艰苦奋斗精神，才能真正实现。

（一）提高竞争能力和创造能力

一个人需要通过提高竞争能力和创造能力，对社会尽职尽责做贡献，才能满足自我、他人、群体和社会的需要，才能得到社会的充分肯定和高度评价，人生的价值才能实现。每个人进行劳动实践创造的努力程度，是与他的人生价值的实现程度成正比的，劳动实践能力发挥得越充分，贡献越大，其人生的创造价值就越大；如果劳动创造力没有完全发挥或完全不发挥，对社会的贡献就小或者没有贡献，其人生价值的实现就无从谈起。劳动实践是创造人生价值的首要的、基本的途径。

第一，充分提高竞争能力。在大学校园中，勤工俭学是普遍的现象，这些同学以勤工俭学的形式，或者以自己创业的形式创造物质财富，发挥自己的劳动创造能力，在创造和实现着自己人生的物质性贡献价值。自 1998 年 5 月清华大学大学生科技创业者协会发起并举办了首届清华大学创业计划竞赛起，大学生创业一时成为热点，各种创业计划大赛如火如荼，激发大学生们的创业意识和创业行为。

第二，提高创造能力。大学生作为青年知识分子，应当成为先进文化的代表，在学习期间就可以也应该充分提高创造能力，参与各种活动锻炼和提升自己的综合能力，积极创造和实现人生价值。大学生精神旺盛，学习热情高，学习劲头足，能够营造良好的学习氛围，推动"全民学习、终身学习的学习型社会"的形成；大学生崇尚科学、反对迷信，科学文化素质高，通过做家教、扫盲、文化宣传等活动，能够提高全社会的科学文化水平；大学生可以根据专业特长创作文学、音乐、绘画等各种艺术作品，能够传播健康文化；大学生热爱祖国，拥护祖国统一，反对霸权和战争，能够积极弘扬以爱国主义为核心的团结统一、爱好和平、勤劳勇敢、自强不息的伟大民族精神；大学生带头遵纪守法、遵守社会公德，能够弘扬社会主义道德精神、法治精神等等。总之，有知识有文化的大学生，在推动社会主义精神文明建设和社会主义先进文化发展的过程中是大有用武之地的，能够充分地发挥自己的积极作用，做出自己应有的贡献。

（二）发扬艰苦奋斗精神

人只有发扬艰苦奋斗的精神，才能战胜困难和挫折，取得劳动实践的成功，充分实现人生价值。古今中外，一切实现了人生价值的人，都是艰苦奋斗的结果，一切拥有巨大人生价值的人，莫不是艰苦奋斗的典范。

大学生为了实现自己的人生价值，发扬艰苦奋斗精神应当做到两点：一是大学生要明白人生就是一个不懈的奋斗过程，要脚踏实地，努力实现自己的人生价值，不能急功近利，一劳永逸。明白了这一点，当代大学生发扬艰苦奋斗精神，就是要利用宝贵的时间勤奋学习，努力攀登科学文化高峰，把自己培养成德智体全面发展的社会主义建设者和接班人，为今后更好地创造和实现自己的人生价值做准备。二是大学生要明白人生的道路不可能一帆风顺，面对来自自然、社会、自我的困难和挫折，要有进行艰苦斗争的毅力和耐力才能实现人生价值。大学生面对困难和挫折，要用自己的毅力和耐力战胜困难、反败为胜，才能实现更大的人生价值。大学生们只有顽强地与各种困难和挫折作斗争，不懈地朝着选择的目标奋斗，人生价值的实现才可能由理想变成现实。

三、在实践中创造有价值的人生

美好的人生价值目标要靠社会实践才能化为现实。人生价值目标的实现是一个实践的过程，人生价值的评价就是对实践及其成果的评价。社会实践是人生价值真正的源头活水，是实现人生价值的必由之路。对于大学生而言，在实践中创造有价值的人生具有特殊的要求。

（一）走与人民群众相结合的道路

人民群众是历史的创造者，是国家的主人。大学生要在为人民群众服务、实现人民群众利益的过程中实现人生价值。只有走与人民群众相结合的道路，向人民群众学习，从人民群众中吸取营养，做中国最广大人民利益的维护者，才能使自己的人生大有作为。

（二）走与社会实践相结合的道路

社会实践是科学理论、创新思维的源泉，是检验真理的试金石，也是青年锻炼成长的有效途径。当今世界，科技进步日新月异，知识更新步伐加快，我国现代化建设呼唤大批高素质人才。同学们要把勤奋学习作为人生进步的重要阶梯，把深入社会实践作为成长成才的必由之路。

当前，全面建设小康社会、开创中国特色社会主义事业新局面的伟大实践为当代大学生提供了实现人生价值的广阔舞台。我们只有投身于这个伟大的实践，充分发挥自己的劳动创造能力，发扬艰苦奋斗精神，才是实现人生价值的必由之路。

第四节　科学对待人生环境

所谓人生环境，就是人们的社会实践活动所赖以展开的各种关系的总和。科学对待人生环境，主要就是要促进自我身心的和谐、个人与他人的和谐、个人与社会的和谐、人与自然的和谐等。

一、促进自我身心的和谐

每个人都有身和心两个基本方面。身指人体的生理组织以及身体的机能；

心指人的心理或称精神活动，通常用知、情、意来概括。身心关系不仅历来是哲学、心理学、医学、教育学等学科关注的问题，也是人们在生活实践中经常碰到的问题。人们经常用"身心健康"或"身心疲惫"来形容身心的状态。一般说来，身是心的物质基础，心为身的精神机能，两者相互作用，作为有机统一体对人的生活实践产生影响。大学生应自觉地调适心理、保持心理健康是现实的迫切需要。

（一）树立正确的世界观、人生观、价值观

正确的世界观、人生观、价值观，能够使大学生正确认识社会发展规律，认识国家的前途命运，认识自己的社会责任，从而为大学生的人生提供导向，也为其心理活动提供定位系统，为培养良好的心理素质奠定基础。同时，正确的世界观、人生观、价值观也直接为大学生提供思想和行为的价值标准、程式、规范，能够使大学生在困难的时候看到成绩、看到光明，转逆境为顺境，化阻力为动力。因此，正确的世界观、人生观、价值观有助于大学生坚定自信心，并产生悦纳自我的价值情感体验，在积极进取中锻炼自己的意志品质，获得承受挫折和适应环境的能力，从而提高心理素质，保持心理健康。

（二）掌握心理问题的应对方法

人一旦遇到心理困惑或问题，就要敢于正视它们，切不可采取逃避应付的态度，这就需要学会客观地认识问题、分析问题，从而正确地解决问题。首先要掌握科学的思维方法。这样，当面对众多困难和挫折时，才能分清轻重缓急、先后主次，抓住主要矛盾及矛盾的主要方面，各个击破，而不至于焦虑彷徨、手足无措，甚至对自己失去信心，对前途感到渺茫。其次要学习心理健康知识，提高心理健康意识，自觉维护自身的身心健康。实践证明，系统学习心理健康知识，能够更有效地进行自我心理调节与保健。同学们可以通过听心理健康课或讲座、阅读心理卫生书刊以及寻求心理咨询人员的帮助等途径，学习心理健康知识，并将其运用于自己的生活之中。对于心理障碍较严重甚至出现心理疾病的同学来说，不能讳疾忌医，应及时进行心理治疗。

（三）积极参加集体活动，增进人际交往

集体活动可以锻炼大学生的组织能力、表达能力、创造能力和交际能力，

大学生可以通过集体活动增进同学之间的相互了解和理解，并在此基础上获得友情。健康的人际交往有利于交往各方的学习进步、个性完善和情绪稳定。同时，健康的人际关系也可以使同学们获得一个社会支持系统，当遇到个人一时解决不了的心理问题时，就可以及时向他人求助。

（四）合理调控情绪

兴奋、愉悦等情绪有助于提高人们学习、工作的效率和生活的质量，而不满、抱怨、悲伤等情绪易使人消沉，降低学习和工作效率。长期处于焦虑、抑郁等情绪中还会消磨自己的意志，甚至降低人的免疫力，容易导致心因性疾病的发生，影响身体健康。因此，同学们在产生心理困惑时，首先要弄清自己的情绪状态，对不良的情绪和生活中的烦恼要及时合理地宣泄或转移，积极进行自我心理调适。

二、促进个人与他人的和谐

个人与他人的关系，在本质上是社会关系尤其是社会利益关系的表现形式。人类要生存，首先必须满足各种需要。任何需要都是一定主体在一定的生产关系的基础上，在一定的客观条件下，对一定对象的需要，都必然通过一定的社会关系才能实现。因此，处理个人与他人的关系，关键是要处理好个人与他人的利益关系。

在社会主义市场经济条件下，人们的竞争意识普遍增强。大学生在个人与他人的关系上与社会上的人们一样，也面临着一个共同的课题，即如何处理好竞争与合作的关系。同学们要在思想上正确地认识竞争与合作的关系，更要在行动上正确地处理竞争与合作的关系，使公平竞争与友好协作相得益彰。

（一）正确认识竞争

在社会生活中，竞争有多种表现形式，体育比赛、智力竞赛是竞争，学校里的考试、评优、人才的选拔也是竞争。一般说来，竞争是具有积极意义的，它有助于激发竞争主体的进取心，有助于竞争主体客观地评价自我、扬长避短、展现才华、不断提高，从而有助于推动社会的发展。竞争也可能产生消极的影响，比如，在竞争中经常遭遇失败就可能使人们产生自卑感和挫折感，而在竞争中经常获胜又容易滋长骄傲自大的情绪。尤其值得注意的是，采取不正当的手段进行的恶性竞争，既是人际交往的大忌，也是个人品德修养的大忌。同学之间的竞争绝不可以不择手段，绝不可以通过损害对方来达到自己的目的。大家在竞争中要有规则意识，要守法守德，要讲风格、讲合作，不能把竞争与合作对立起来。

（二）正确认识合作

一个人、一个群体的力量总是有限的。"众人拾柴火焰高"，真正伟大的力量在于团结协作。团结有力量，团结能制胜。社会越发展，人们合作的范围越广大，合作的形式也越多样。在当今社会竞争日益加剧的形势下，如何进行合作日益成为一个突出的问题，大学生应当高度重视合作精神的自觉养成问题。在学习的过程中要讲究合作，在日常生活中也要讲究合作，在今后的工作中还要讲究合作。如果一个大学生只掌握了某些文化知识和技能，而不懂得如何与他人合作，那么他掌握的知识和技能再多，也无法在工作中充分施展。

（三）正确处理竞争与合作的关系

从形式上看，竞争与合作是对立的，而从本质上看，二者又是相互伴随、相互统一的。竞争离不开合作，竞争获得的胜利，通常总是某一群体内部或多个群体之间通力合作的结果；合作也离不开竞争，没有竞争的合作就缺乏活力。竞争促进合作的广度和深度，合作又增强竞争的实力，正是这种竞争中的合作和合作中的竞争，推动着人类社会不断发展和进步。要鼓励竞争、提倡竞争、保护竞争，同时又要提倡合作，提倡互相关心、互相爱护、互相帮助。

三、促进个人与社会的和谐

个人与社会既是对立的又是统一的。只有科学地把握个人与社会的辩证关系，促进个人与社会的和谐，才能为人生价值的实现创造良好的社会环境。促进个人与社会的和谐，关键在于把握个人在社会中的定位。

（一）正确认识个体性与社会性的统一关系

人具有个体性，总是从自己特有的角度去认识和评价外界事物，表现出自己的个性和独立性。人又具有社会性。人是社会的人，处于一定的社会关系之中，在社会中获得生存和发展的条件。任何个人的个体性都打上了深深的社会性的烙印。人的个体性与社会性是辩证统一、相辅相成的。人的个体性中蕴含着社会性。人以个体的形式存在，同时又以社会的形式存在。在生物本能上，人只有在社会中才能获得生命生存和延续的条件；在自身价值的实现上，也只有在社会关系中才能找到途径和可能。人的这种社会性，意味着人必须经过充分的社会化的洗礼，使个体性与社会性统一起来，才能获得自我发展、自我完善的基本条件。人的个体性和社会性的统一在人的发展中具有重要意义。

（二）正确认识个人需要与社会需要的统一关系

人作为独立的个体存在，有维持个体生存和发展的基本需要。人的需要的满足，只能借助于社会，凭借一定的社会关系，通过一定的社会方式实现。因此，个人需要不纯粹是个人的，它或多或少是社会需要的反映，受社会物质和精神文化发展水平的制约。社会需要也不是脱离个人需要独立存在的，社会需要是个人需要的集中体现，是社会全体成员带有根本性、全局性需要的反映。孤立地、不联系社会需要来考虑个人需要，将使个人需要失去基础和条件，还可能导致个人欲望、个人需要的无限膨胀，最终不仅不能使个人需要得到满足，甚至还可能使个人走上危害社会、违法犯罪的道路。

（三）正确认识个人利益与社会利益的统一关系

个人与社会的关系，归根到底是个人利益与社会整体利益的关系。个人与社会都有生存和发展的需要，个人生存和发展的需要体现在社会关系中就是个人利益，社会生存和发展的需要体现在社会关系中就是社会整体利益。在社会主义社会中，个人利益与社会整体利益在根本上是一致的，社会利益离不开个人利益，个人利益也离不开社会利益。社会整体利益不是个人利益的简单相加，而是所有人利益的有机统一。它体现了作为社会成员的个人的根本利益和长远利益，是个人利益得以实现的前提和基础，同时它也保障着个人利益的实现。个人应自觉维护社会的整体利益。当个人利益与社会利益发生矛盾时，个人利益要自觉服从社会利益。

（四）正确认识享受个人权利与承担社会责任的统一关系

享受个人权利与承担社会责任是统一的，但是承担社会责任并不与享受个人权利简单对应，在道德要求上，不应把是否享受个人权利作为承担社会责任的先决条件。承担社会责任，为社会作贡献，是社会存在和发展必不可少的前提。只有人人承担起自己应尽的责任，为社会多作贡献，社会的财富才能不断增加，才能为人们享有权利提供雄厚的基础。在我们社会主义社会里，既尊重个性、承认物质利益，更倡导互助友爱、崇尚奉献精神。一个人如果不能正确处理集体和个人、奉献和索取的关系，片面强调个人设计，过于追求个人利益，他的人生道路只会越走越窄。一个人只有勇于担当、甘于奉献，才能真正体验到人生的快乐和幸福，成为品德高尚、精神充实的人，自我价值也才能得到充分体现。

四、促进人与自然的和谐

在漫长的物种进化过程中，人从自然界脱颖而出，成为当之无愧的万物之灵。但无论人如何进化，都改变不了这样的事实：人来源于自然界又依存于自然界，人永远是自然界的有机组成部分。物质资料的生产和再生产以及人自身的生产和再生产，都是以自然界的存在和发展为前提条件的，没有自然界就没有人本身。

（一）科学把握人对自然的改造活动

人与其他自然存在物不同，人是有意识、有意志、能动的自然存在物，人并不是消极地依赖自然界生活，而是根据自身的需要利用和改造自然，人类本身也在对自然的改造活动中不断发展自己。但是，人对自然的改造也有两面性，即人类在推进工业化过程中，一方面创造了丰富的物质财富，另一方面也存在掠夺自然资源，只考虑当前需要而忽视后代利益、先污染后治理、先开发后保护等问题。人类改造自然的目的在于使人的生活更加美好，但事与愿违，大自然早已在无情地报复人类。人类如果再不改善与自然的关系，必将遭受更大的灾难。因此，促进人与自然的和谐，在促进经济发展的同时保护好人类赖以生存的自然环境，是人类以及人类的每个个体持续、健康发展的重要条件。

（二）自觉珍爱自然，保护生态

党的十八大报告明确指出：我们一定要更加自觉地珍爱自然，更加积极地保护生态，努力走向社会主义生态文明新时代。生态文明是人类在社会发展过程中保护和改善生态环境形成的文明成果，它表现为人与自然和谐程度的进步。

全面建成小康社会，努力实现社会主义现代化，一定要以科学发展观为指导，牢固树立尊重自然、顺应自然、保护自然的生态文明理念，把生态文明建设摆在突出地位。我们每个人都要从自身做起，以自己的实际行动，努力营造保护生态环境的良好风气，促进形成合理消费的社会风尚，从源头上扭转生态环境恶化趋势，为人民创造良好的生产生活环境，为全球生态安全作出贡献，给子孙后代留下天蓝、地绿、水净的美好家园，努力建设美丽中国。

思考题

1. 简述人生价值的内涵及其基本特征。
2. 简述人生观的科学内涵。
3. 怎么对人生价值作出正确的评价?人生价值的评价标准有哪些?
4. 简述人生价值的实现主观和客观条件。
5. 如何在实践中创造有价值的人生?
6. 如何科学对待人生环境?

第六章　中国特色社会主义法律体系

大学生既要具备良好的思想道德素质，也应具备良好的法律素质。不仅要从一般原理的角度了解法律的概念，领会社会主义法律精神，还要进一步提高对我国宪法规定的基本制度的认识，从整体上把握中国特色社会主义法律制度。

第一节　法律的基本知识

什么是法？对于这个问题，在不同的历史时代和不同的国家法学家给了不同的定义。有的把法说成是神的意志，有的认为法是正义或者理性的体现，还有的说成是公共意志的体现。这个问题，就我们现实社会是经常遇到而且不能回避的。按照马克思主义的观点，法是国家意志的体现。具体而言，法是国家制定或认可，并由国家强制力保证实施的具有普遍效力的行为规范体系。

法律是由国家制定或认可并依靠国家强制力保证实施的，反映由特定社会物质生活条件所决定的统治阶级意志，规定权利和义务，以确认、保护和发展有利于统治阶级的社会关系和社会秩序为目的的行为规范体系。

一、法律的特征

法律的特征是指法律之所以成为法律而与其他事物相区别的质的规定性。

（一）从特点上讲，法律是具有概括性、普遍性、严谨性的行为规范

法律首先是指一种行为规范，所以规范性就是它的首要特性。规范性是指法律为人们的行为提供模式、标准、样式和方向。法律同时还具有概括性，它是人们从大量实际、具体的行为中高度抽象出来的一种行为模式，它的对象是一般的人，是反复适用多次的。法律还具有普遍性，即法律所提供的行为标准是按照法律规定所有公民一概适用的，不允许有法律规定之外的特殊，即要求"法律面前人人平等"。法律规范不同于其他规范的另一个重要特征是它的严谨性。它有特殊的逻辑构成。构成一个法律的要素有法律原则、法律概念和法律

规范。每一个法律规范由行为模式和法律后果两个部分构成。行为模式是指法律为人们的行为所提供的标准和方向。

法律是具有普遍约束力的特殊规范，在国家权利管辖或法所界定的范围内，任何人的合法行为都要受到法律保护，任何人的违法行为都要受到法律的制裁，任何人都要遵守法律。

（二）从来源上讲，法律是国家制定或认可的行为规范

法律作为统治阶级意志的体现，是由国家制定的行为规范，并由国家强制力保证实施。法律体现了国家对人民行为的评价，它不同于其他社会规范。宗教教规、道德规范、风俗礼仪等虽然都具有一定的规范性，但是由于它们不是国家或者以国家的名义制定或者认可的，因而不具有国家意志的属性。

制定或认可是国家创制法律的两种方式。制定，是指有权制定法律的国家机关在其权限范围内按一定的法定程序创制不同的规范性文件。认可，是指有权利的国家机关把社会上已经存在的，有利于统治阶级利益的行为规范赋予一定的法律效力。

（三）从内容上讲，法律是国家规定权利和义务的行为规范

通过规定人们的权利和义务来实现统治阶级的意志，来维护统治阶级的社会关系和社会秩序。法律是社会关系的调整器，而社会关系经过法律调整之后就上升为一种法律关系，即一种权利义务关系。权利和义务是法律的最核心的内容和要素，是贯穿于法律的各个领域、环节、法律部门和整个法律的运动过程的法律现象。

权利是指国家通过法律规定对法律关系主体可以自主决定做出某种行为的许可和保障手段。义务是指国家通过法律规定，对法律关系主体的行为的一种约束手段，是法律规定人们应当做出和不得做出某种行为的界限。权利体现着人们合法行为的自由，义务则体现着与行为自由相对立统一的社会责任，体现了社会对个人，国家对公民提出的社会的、政治的、法律的和道德的要求。

可以从三个方面理解法律权利和法律义务的性质。首先，法律权利和义务一般都来源于法律的明文规定，或者法律虽未文明规定，但可以从中推导出来。其次，法律权利意味着人们可以依法做或不做一定行为，可以依法要求他人做或不做一定行为。法律权利使人们获得某种合法的利益或自由。法律义务包括

作为义务和不作为义务两种。作为义务要求人们必须依法做出一定行为。法律义务使人们承受某种约束或负担。第三，法律权利和义务都有明确的界限。法律规定的权利和义务的种类及范围，受社会物质生活条件，政治文明程度以及文化发展水平制约，以社会承受能力为限度。无论是形势权利，还是履行义务，都应当在法定界限内进行。

权利与义务各有其独特的，总体上又是相互补充的功能。法律义务以其强制某些积极行为发生、防范某些消极行为出现的特有约束机制而更有助于建立社会秩序；法律权利以其特有的利益向导和激励机制而更有助于实现人的自由法律权利和法律义务共同构成完整的司法系统，维持和谐的社会秩序，我们在实际生活中要学会使用法律，自觉承担相应的义务，合法行使自己的权利，给自己营造一个和谐的生存环境。

（四）从实施和保障上讲，法律是国家强制力保证实施的行为规范

法律的实施要由国家强制力保证实施且必须依法定程序进行，这是不同于其他社会规范的一个显著特征。所谓国家强制性，是指法律依靠国家的强制力（军队、警察、法庭、监狱等）来保证其实施，强迫人们去遵守。任何一种社会历史类型法律都有国家强制力作为后盾保证其实施，只是其强制力的性质、目的和基础不同而已。不管人们的主观愿望如何，必须遵守法律，否则将要招致国家强制力的干涉，受到应有的法律制裁。

二、法律的本质

（一）法律是统治阶级意志的体现

法律首先和主要体现的是统治阶级的意志，这一本质表现了法律的阶级性。法律体现的阶级的意志是代表和体现统治阶级的整体的、长远的和根本的利益。所以那些危害这些利益的统治阶级中的个别成员自然也要受到法律的制裁和惩处。

法律是否反映被统治阶级的意志和利益，对于这个问题要具体问题具体分析。首先，法律反映或者主要反映统治阶段的意志和利益，对于被统治阶级的利益和意志在一般情况下是不会反映和体现的。但是，当统治阶级不予答应或者不予以让步被统治阶级的某些要求，就会危及到整个统治阶级的统治，统治

阶级从自身根本的和长远的利益考虑，也会与被统治阶级达成某种妥协，这最终并没有违背统治阶级的意志和利益。实际上，在资本主义国家中，随着社会的发展和进步，公民权利事实上都有所扩大或者有一种扩大的趋势，不能以此就认为这些法律不反映统治阶级的意志和违背其根本利益，或者认为法律真的就是"全民意志"了。统治阶级的共同意志和利益，不是他们各个成员个人意志和利益的简单相加，而是作为一个整体的统治阶级意志和利益的体现。

（二）法律是上升为国家意志的统治阶级的意志

法律是统治阶级意志的体现，但并不是说统治阶级的意志都是法律。只有以国家意志表现出来的统治阶级的意志才是法。统治阶级的意志是以多种形式表现出来的，道德规范、政治观点、哲学思想等等，这些都是为了服务于统治阶级的政治经济。法律上升为国家意志，就是由国家的权利机关通过一定的立法程序，把统治阶级的意志规定为国家意志，并由国家强力保证实施，任何人都不得违背。

（三）法律最终决定于统治阶级所处的社会物质生活条件

法律所表现的统治阶级的意志不是统治阶级头脑中固有的，也不是统治阶级任意制造的，而是统治阶级赖以存在和发展的物质生活条件决定的，主要是由物质资料生产方式中的生产关系决定的。在一般情况下，统治阶级首先要利用和遵循客观经济规律去制定法律。这样说，并不是客观经济规律本身就是法律。规律是指客观存在的不以人们的主观意志为转移的必然过程；而法律是主观作用于客观的结果，是人们有意识的主观的创造制定。法律要反映和利用客观规律，但是法律绝对不是客观规律本身。如果法律制定的好，就说明它比较正确地反映和利用了客观规律，如果该项法律制定的不好，那就可以说该法律没有正确地反映和利用客观规律。

在社会物质生活条件中，主要和决定因素是社会经济基础，即社会生产关系。社会生产关系中的核心和关键因素是生产资料的所有制形式，它决定了一个社会制度性质的根本因素，也是决定法律的社会性质的关键因素。统治阶级有什么样的物质生活条件就有什么意志作为法律的内容，被统治阶级只能从客观存在的物质生活条件出发，并受其制约。任何统治阶级在立法时都要注意现实的经济条件以及相应的经济规律，不能随意立法。

第二节　我国社会主义法律

我国制定和实施的是中国特色社会主义法律，社会主义法律精神贯穿于法律制定和运行的始终。领会社会主义法律精神，就是要正确认识我国社会主义法律意识，深刻理解我国社会主义法律的运行机制。

一、社会主义法律意识

法律意识作为社会意识的一种特殊形式，是关于法律现象的心理、思想、观点、知识和理论的总称。法律意识是人们对社会存在的客观法律现象的主观反映，是人们在社会活动和家庭生活中采取合法行为或违法行为的出发点和个体心理上的初始因素之一。

法律意识包括法律感性认识和法律理性认识。法律感性认识就是指对法律的心理、态度和情感，如法律信仰属于法律意识的低层次。而理性认识是指人们对法的认识的高级形态，是人们关于法律的理论和知识的总和，要通过自觉的系统的学习才能形成。

（一）法律意识的作用

法律意识的作用首先表现在立法方面，这主要是通过人们在对法这种社会现象具有一定认识的条件下而产生对它的需要和完善的观念而体现出来。当人们认为社会中需要法和现有的法应该进一步完善时，立法的动机也随即产生了，即立法活动中的两个重要方面——法的制定和法的修改便在法律意识的这种思想和心理基础的作用下产生了。

法律意识的另一作用表现在司法方面，这要求司法人员只有具备了这种意识，才能在办理具体案件的过程中正确地理解法，真正把握法律规范的精神实质，进而正确地适用于具体的案件和当事人。否则，如果司法人员没有培养较强的法律意识，在法律意识水平低下的情况下，即便有好的法也难以发挥它应有的良好的社会效应，甚至会使"良法"起到不应有的坏作用。

法律意识的第三个作用表现在守法方面。显而易见，社会生活中人们普遍的对法有一个较好的认识，就会自觉地拥护它、遵守它。很难想象现在一个社会法律意识水平低下、人们普遍地对法缺少一定的了解和认识甚至是文盲充斥的社会里，自觉地遵守法会成为良好风尚。

因此，积极推进普法教育，培养人们普遍的法律意识水平，对国家的安定、法治的建立、健全、经济有序地发展和社会整体水平的提高，都具有相当重要的作用。

（二）培养社会主义法律意识

社会主义法律意识的形成，不是自发的。自发形成的法律意识只是处于低级认识阶段的法律心理。在社会主义法律意识形成中，其主导作用的是体现时代精神的法律体系。对于大学生来说，法律意识的培养尤为重要。

1. 培养法律意识是依法治国的客观要求

法治社会是现代国家的重要标志。现代法治社会的根本特征是法律权威的至上性，而法律权威的确立，必须以良好的法律意识作为前提和基础。法律只有赢得全社会普遍的心理认同，才会化为人们的内心自觉。一个成熟的法治社会，至少应具备两个因素：一是良好的法律；二是普遍的服从，也即完备的法律制度和积极的守法精神。如果没有社会公众对法律的信仰和尊重，那么，再完善的法律制度也无法促成一个国家法治精神的形成。

2. 培养法律意识是市场经济条件下大学生思想政治教育的重要目标

市场经济是法治化的经济，经济活动的主体精神就是法治化的利益精神。它以利益为取向，要求的不是"重义轻利"的道德观，而是以义为镜、合法取利的法治观。市场经济的价值取向，必然要求大学生对公平、公开、竞争等主体精神的认同，及由此决定的对法治精神的呼唤。市场经济的抉择预示着民族精神的价值取向由道德本位向法治本位转型。与之相适应，现代高校德育在内容、形式和对象上都发生了明显的变化。由单纯的思想品德教育发展到思想品德、心理健康、法律意识三位一体的综合性德育。为此，当前大学生思想政治教育应体现时代的这一要求，把学生法律意识的培养放到一个相当重要、相当突出的战略高度上来认识，突出其应有的地位。

3. 培养法律意识是传统道德教育获得有力支持的重要保障

我国传统的思想政治教育强调对大学生进行道德观、价值观、人生观教育，这是我党长期以来形成的政治优势，是宝贵的精神财富，具有极大的传承的价值意义。不仅不能放弃，而应与时俱进，继续坚持并发扬光大。但同时我们还应看到，在市场经济的今天，由于利益主体的多元化及社会利益分配的市场化，一方面激发了人们的创造性，另一方面又容易诱发人们的贪欲，加之，传统的道德规范因缺乏强有力的制约机制，而使之呈现出了弱化的趋势。

当代大学生道德认识和行为背离现象增多的事实表明，仅仅依赖传统的思想政治教育已无法适应客观现实的需要。为有效地规范他们的行为，必须在加强思想政治教育的同时，重视对大学生法律意识的培养，使传统精神由此获得新的力量的支撑。

4. 培养法律意识是维护大学生合法权益和适应社会发展的需要

从社会的维权角度来看，加强大学生法律意识的培养，能够使其增强自我保护的能力。学生唯有具备一定的法律意识，才会明白自己的权利和义务。在具体的法律活动中，明白什么是可以做的，什么是不可以做的，什么是法律所禁止的，什么是法律所要求的，尤其是在自己的合法权益受到侵犯时，如何通过法定程序维护自己的正当利益。另外，随着市场经济的逐步建立以及我国成功加入世界贸易组织，我国的对外交往日渐加强，可以预见，中国的未来将不可避免地更加紧密地与世界连为一体，这种新形势对我国的高等教育的发展提出了更高的要求。大学生在注重专业知识的学习的同时，尚需具备相应的法律素质，唯有如此，才能应对经济全球化的挑战。

二、我国社会主义法律的制定

法律的制定，是指国家制定机关依据法定的权限和程序制定、修改或者废止法律、法规的活动，建成法律的立、改、废。社会主义法律的制定，就是社会主义国家机关遵循工人阶级领导下的全体人民的意志，依据法定权限和程序，制定、修改或者废止法律以及规范性法律文件的活动。社会主义法律制定的过程，实际上就是工人阶级领导下的全体人民意志转化为社会主义国家的国家意志的过程。

（一）我国社会主义法律制定的基本原则

从根本上讲，当代中国的社会主义立法必须体现和坚持四项基本原则，坚持以马列主义、毛泽东思想和中国特色社会主义理论体系为指导，坚持中国共产党在社会主义初级阶段的基本路线和"依法治国，建设社会主义法治国家"

的根本方针。

1. 坚持从实际出发，实事求是的原则

社会主义法治的制定必须从我国国情出发，考虑民族传统和风俗习惯、社会和经济发展水平，从社会主义现代化建设、改革开放和建立社会主义市场经济体系的发展需要出发，从大多数人的利益出发，而不能将自己的主观愿望作为立法的依据。深入群众，深入实际，认真调查研究，把主观需要与客观可能性统一起来，制定反映人民意志，代表人民利益，符合客观规律的法律。

2. 坚持原则性和灵活性相结合的原则

原则性，就是指我国社会主义法的制定工作必须坚持以建设中国特色社会主义理论为指导，以马克思主义立法思想为指导，坚持党的基本路线以及各项方针、政策，决不能有所偏离。所谓灵活性，就是要结合实际情况，找到实现原则所必须和许可的各种具体形式、方法和步骤。在原则性必须要坚持，灵活性要服从原则性，否则制定的法律就会失去社会主义性质。但是在贯彻实现这些原则时，必须根据我国的具体历史条件以及我国政治、经济、文化和生产力的发展水平，采取不同的步骤和形式，做出不同的规定，否则，原则性也就无法实现。

3. 坚持法律的相对稳定性和连续性原则

法律作为一种衡量人们行为合法与否的行为规范，稳定性也是其中的一个重要的属性。稳定性是指法律已经制定、生效，就应当在一定时期在保持相对不变，不得随意修改、废止，更不得朝令夕改，否则，不仅有损社会主义法律的严肃性和权威性，还会使人们无所适从，从而影响社会生产的发展和社会秩序的安定。但是，法律的稳定性不是绝对的、无条件的，而是相对的、有条件的。法律必须随着经济、政治、文化和社会关系的发展变化而变化，适时地进行废、改、立。法律的连续性是指立法机关在制定新法或废除、修改旧法时，应该始终注意保持新旧法律之间的继承关系，在新的法律没有制定出来之前，原有的法律不应随意中止效力，新法生效后，对发生在之前的行为，一般应适用原来的法律来调整，除非法律有例外规定。新法应在旧法基础上加以修改、补充，保持新、旧法律之间的衔接。法律的稳定性和连续性是一致的，它的基本精神就是法律制定工作既要积极又要稳妥，既要以改革的精神对待，又要扎扎实实的工作，不能急于求成。

4．坚持群众路线，坚实领导和群众相结合的原则

社会主义国家是人民当家作主的国家，人民是国家的主人，民主的主体，也是法制建设的主体。在法律的制定工作中，要积极主动地、广泛的吸取人民群众的意见，并吸收他们参加法律的制定工作。只有这样制定的法律才能充分体现人民的意志，人民才能更加拥护和遵守法律。同时也要倾听法律专家的意见，充分发挥专家的作用，经过反复的论证，提高法律的质量。法律的制定是国家机关的专有活动，必须充分发挥立法机关的作用，必须严格按照法律程序进行，在发扬民主的基础上，立法机关要适当的、正确的集中，贯彻法制统一原则。

5．坚持总结吸收我国历史经验和借鉴国外经验相结合的原则

法律文化是人类的共同的财富。我国法的制定工作，既要总结我国自己的经验，注意吸收我国历史上那些好的立法经验，又要结合我国的实际情况，根据建立和完善社会主义市场经济发展的需要，有鉴别有选择的借鉴外国的立法经验，处理好"古与今"、"中与外"的关系，使其为我所用。同时涉外经济立法还应该注意和考虑国际上的有关规定和和国际经济活动惯例，以利改革开放，积极探索，建立具有中国特色的社会主义法律体系。

（二）法律制定的程序

法律的制定程序，是指享有立法权的国家机关制定、认可和修改、废止规范性文件的方法、步骤和手续。我国最高权力机关的立法的程序主要有以下四个阶段：

1．法律议案的提出

法律议案的提出，是立法的第一环节，它指依法享有提案权的国家机关或个人向立法机关提出有关法律议案或关于制定、修改、补充、废止某项法律的建议。根据我国宪法的规定，全国人民代表大会代表 30 名以上联名，全国人民代表大会常务委员会、国务院、最高人民法院、最高人民检察院、最高军事委员会等有提出法律议案的权利。

2．法律议案的审议

法律草案的审议是立法的第二环节，它指立法机关对已列入立法日程的法律议案进行审查和讨论。我国对法律议案的审议分为专门委员会的审议和立法

机关全体会议的审议两个阶段。具体说，就是先将法律草案提交全国人大法律委员会同意审议，由其他委员会向法律委员会提出意见和建议，有的还要交由各地区、各机关和人员进行反复讨论和修改。在反复修改后才提交全国人大或其常委会进行立法程序意义上的讨论。

3. 法律议案的表决

法律议案的表决是指立法机关对于经过审议的法律议案进行表决，正式表示同意或不同意的活动。我国宪法规定，法律由全国人民代表大会的全体代表的半数通过，宪法的修改则由全国人民代表大会的全体代表的 2/3 以上的多数通过。

4. 法律的公布

法律的公布是指立法机关将表决通过的法律依法定形式公之于社会的一个法定程序。我国宪法（1982 年）第八十条规定，中华人民共和国主席根据全国人民代表大会的决定和全国人民代表大会常务委员会的决定，公布法律。只有正式公布的法律才能产生法定效力。

三、我国社会主义法律的实施

法律实施是指国家的法律在社会生活中被人们实际施行，包括执法、司法、守法和法律监督。法是一种行为规范，法在被制定出来后，付诸实施之前，只是一种书本上的法律，处在应然状态；法律的实施，就是使法律从书本上的法律变成行动中的法律，使它从抽象的行为模式变成人们的具体行为，从应然状态到实然状态。

社会主义法律实施的主要方式有两种。一种是社会主义法的遵守，这是社会主义法实施的主要的、基本的、大量的方式，是由社会主义法律的阶级性、人民性决定的；另一种是社会主义法的适用，这种方式同样很重要。

（一）社会主义法律适用的特点

社会主义法律的适用实质是社会主义国家机关及其工作人员和国家授权的社会组织依照法定的职权和程序，运用国家权力，把法律运用到具体人或组织，用来解决具体问题的一种行使权力的专门活动，它使具体的当事人之间发生一定的权力义务关系或对违反法律者使用法律制裁。我国社会主义法律的适用有以下特点：

（1）法律的适用是国家机关及其工作人员按照法定职权实施法律的专门活动，它不同于一般公民和社会组织实现法律的活动。

（2）法律适用是在说服教育的基础上依靠国家强制机关作为后盾，以此来保证法律在社会生活中得到实现，因此它具有很大的强制性。

（3）法律适用具有严格的程序性，它是按照法定的程序进行的。

（4）法律适用一般都要求做出法律适用的文件，适用法律的文件对有关的人具有约束力，它可以引起具体法律关系的产生、变更和消灭。

（二）法律适用的基本要求和基本原则

我国法律适用的基本要求是：正确、合法、及时、合理、公正。

正确，就是指在适用法律规范时，要对事实的调查与认定要绝对的准确，处理得当。合法，就是指在适用法律规范时，要合乎国家的法律规定，严格依照法律的规程办事，树立法律的权威，不得另立章法，随意办案。及时，是指在法律的适用范围内，严格遵守法定的时效期限，提高办案效率，做到及时办案，及时审案，及时结案。合理和公正，是指法的实用活动要符合社会主义道德的要求，符合社会主义的公平正义观念，符合适用法的根本目的。

为了保证社会主义法律适用的正确、合法、及时、合理、公正，要遵循以下原则：

第一，坚持以事实为根据，以法律为准绳的原则。以事实为依据，以法律为准绳的原则，是我国多年来法的适用的基本经验总结。以事实为依据，就是指国家机关处理一切案件只能以案件的客观事实作为唯一证据，要求国家机关及工作人员在处理案件的时候，要弄清案件的事实真相，掌握全部的有关材料，把案件的处理和判决建立在尊重客观事实的基础上。以法律为准绳，就是指国家机关办理案件要严守法律标准，重证据，重调查研究。法律是衡量案件是非曲直的标准和尺度，严格区分合法与违法、犯罪与非罪、此罪与彼罪、守法与违约、故意与过失等的界限，依据国家法律规定，严格履行法律手续。

第二，坚持公民在法律面前一律平等的原则。公民在法律面前人人平等的原则，是社会主义法律适用的一项基本原则，也是社会主义法律制定的一项重要原则，是"坚持以事实为根据，以法律为准绳"原则的必然要求。坚持公民在法律面前一律平等的原则要做到三点：①在我国，法律对于全体公民，不分民族、性别、种族、职业、宗教信仰、经济状况、社会出身等都是统一适用的，绝不能因人而异。②对任何公民都享有同等的权力和承担相同的义务。对公民享有的权力要平等的保护，对违反义务的公民，法律要一视同仁的给予制裁。③对任何违法的公民，都要依法追究法律责任，任何人不得有凌驾于法律之上的特权。

第三，坚持司法机关依法独立行使职权的原则。国家的司法权只能由国家机关统一的独立的行使，这是保障社会主义法律得以实现的基本措施之一。人民检察院行使检察权，人民法院行使审判权，其他行政机关、社会团体、政党、企事业单位和个人都无权行使司法权。司法机关处理案件时必须符合法律的规定，充分发挥人民检察院和人民法院的检察和审判职能，防止特权和抵制不正之风。

第四，坚持专门机关工作和群众路线相结合的原则。人民法院、人民检察院和公安机关是法的适用的专门机关，必须高度重视它们，充分发挥它们的作用。而群众路线是国家机关一切工作的根本路线，司法工作更要走群众路线。查明案情，要深入群众，调查研究；审理案件，要吸收群众参加，充分发挥人民陪审员的作用保证案件判决合法、合情、合理。只有专门机关工作与群众路线相结合，才能保证准确地使用法律。

第五，坚持实事求是，有错必纠的原则。实事求是、有错必纠要求法律的适用必须置于法律规定的监督之下，发现在法的适用中有错误必须坚决纠正，维护法律的公平和正义，保障公民的合法权益，促进社会安定团结。目前，我国已经形成了比较完善的"纠错"制度，并建立了申诉制度、错案负责制度和国家赔偿制度，充分体现我国法律的正义性和严肃性。

（三）法律的效力

法律效力，是法律规范所具有的以国家强制力为后盾保证其实施的普遍约束力。通常，法律效力可以分为规范性法律文件的效力和非规范性法律文件的效力。规范性法律文件的效力，即狭义的法律效力，指法律的生效范围或适用范围，即法律对什么人、什么事、在什么地方和什么时间有约束力。本处所讲的法律效力即指狭义的法律效力。非规范性法律文件的效力，指判决书、裁定书等，这些文件经法定程序后也针对特定对象具有约束力，但不具有普遍约束力。

狭义的法律效力可以分为四种：对人的效力、对事的效力、空间效力、时间效力。在这四个效力范围中,对人和对事的效力范围应先于空间与时间效力范围。

法律对人的效力,指法律对谁有效力、适用于哪些人。由于历史发展阶段和国情的不同,各国在法律对人的效力方面先后确立过不同的原则。法律对事的效力,指法律对什么样的行为有效力,适用于哪些事项。法律的时间效力,指法律何时生效、何时终止效力以及法律对其生效以前的事件和行为有无溯及力。法律溯及力,也称法律溯及既往的效力,是指法律对其生效以前的事件和行为是否适用。如果适用,就具有溯及力;如果不适用,就没有溯及力。法律是否具有溯及力,不同法律规范之间的情况是不同的。就有关侵权、违约的法律和刑事法律而言,一般以法律不溯及既往为原则。但这一原则不是绝对的。我国刑法采取"从旧兼从轻"的原则,即新法原则上不溯及既往,但是新法不认为犯罪或者处刑较轻的,适用新法。

四、社会主义法律的运行

法律的运行是一个从创制、实施到实现的过程,主要包括法律制定(立法)、法律执行(执法)、法律适用(司法)、法律遵守(守法)等环节。法律制定是国家对权利和义务,即社会利益和负担进行的权威性分配;法律的遵守、执行、适用则是把法定的权利和义务转化为现实的权利和义务,把文本上的法律转化为现实中的法律。

(一)法律制定

法律制定就是有立法权的国家机关依照法定职权和程序制定规范性法律文件的活动,是法律运行的起始性和关键性环节。根据我国宪法、立法法等法律的规定,全国人民代表大会及其常务委员会行使国家立法权。国务院有权根据宪法和法律制定行政法规。国务院各部门可以根据宪法、法律和行政法规,在本部门的权限范围内,制定部门规章。省、自治区、直辖市的人民代表大会及其常委会根据本行政区域的具体情况和实际需要,在不同宪法、法律和行政法规相抵触的前提下,可以制定地方性法规。较大的市的人民代表大会及其常委会根据本市的具体情况和实际需要,在不同宪法、法律、行政法规和本省、自治区的地方性法规相抵触的前提下,可以制定地方性法规,报省、自治区的人民代表大会常委会批准后施行。省、自治区、直辖市、较大的市的人民政府可以根据法律、行政法规和本省、自治区、直辖市的地方性法规，制定地方政府规章。自治区、自治州、自治县的人民代表大会可以根据当地民族的具体情况制定自治条例和单行条例。特别行政区立法机关有权根据特别行政区基本法自主地制定本行政区的法律。

（二）法律执行

在广义上，法律执行是指国家机关及其公职人员，在国家和公共事务管理中依照法定职权和程序，贯彻和实施法律的活动。在狭义上，法律执行则是指国家行政机关执行法律的活动，也被称为行政执法。行政执法是法律实施和实现的重要环节，必须坚持合法性、合理性、信赖保护、效率等基本原则。

我国大部分的法律法规都是由行政机关执行的，行政执法是最大量、最经常的工作。行政执法的主体通常是国家行政机关及其公职人员。在我国，行政执法的主体大体分为两类：一类是中央和地方各级政府，包括国务院和地方各级人民政府；另一类是各级政府中享有执法权的下属行政机构。此外，法律授权的社会组织、行政机关依法委托的社会组织可以在一定范围内执行法律。

（三）法律适用

法律适用是指国家司法机关及其公职人员依照法定职权和程序适用法律处理案件的专门活动。在我国，司法机关是指国家检察机关和审判机关。人民检察院代表国家行使法律监督权，人民法院代表国家行使审判权。其他任何国家机关、社会组织和个人，不得行使国家司法权。人民法院和人民检察院根据法律法规，公正司法，保护公民、法人和其他组织的合法权利，解决法律纠纷，惩治违法犯罪行为，从而捍卫法律权威，维护法律秩序。司法的基本要求是正确、合法、合理、及时。司法原则主要有：司法公正；公民在法律面前一律平等；以事实为依据，以法律为准绳；司法机关依法独立行使职权。

（四）法律遵守

法律遵守是指国家机关、社会组织和公民个人依照法律规定行使权力和权利以及履行职责和义务的活动。人们通常把守法仅仅理解为履行法律义务。其实，守法意味着一切组织和个人严格依法办事的活动和状态。

依法办事包括两层含义：一是依法享有并行使权利；二是依法承担并履行

义务。在法律运行过程中，守法是法律实施和实现的基本途径。在社会主义国家，一切组织和个人都是守法的主体。我国宪法明确规定："一切国家机关和武装力量、各政党和各社会团体、各企业事业组织都必须遵守宪法和法律。""任何公民享有宪法和法律规定的权利，同时必须履行宪法和法律规定的义务。"

第三节　中国特色社会主义法律体系

形成中国特色社会主义法律体系，保证国家和社会生活各方面有法可依，是全面落实依法治国基本方略的前提和基础。大学生要深刻理解中国特色社会主义法律体系形成的标志及其重大意义，准确把握中国特色社会主义法律体系的构成和特征，进一步增强对社会主义法律制度的认同感。

一、中国特色社会主义法律体系形成的标志

中国特色社会主义法律体系是在中国共产党领导下，适应中国特色社会主义建设事业的历史进程而逐步形成的。经历了一个从无到有、从初步形成到基本形成再到形成、然后经过不断完善趋于更加成熟的过程。

1949 年中华人民共和国成立，实现了中国从几千年封建专制制度向人民民主制度的伟大跨越，彻底结束了旧中国半殖民地半封建社会的历史，人民成为国家、社会和自己命运的主人。新中国成立 60 多年来特别是改革开放 30 多年来，中国共产党领导中国人民制定宪法和法律，经过各方面坚持不懈的共同努力，我国立法工作取得了举世瞩目的巨大成就。涵盖社会关系各个方面的法律部门已经齐全，各个法律部门中基本的、主要的法律已经制定，相应的行政法规和地方性法规比较完备，法律体系内部总体做到科学和谐统一。一个立足中国国情和实际、适应改革开放和社会主义现代化建设需要、集中体现党和人民意志的，以宪法为统帅，以宪法相关法、民法商法等多个法律部门的法律为主干，由法律、行政法规、地方性法规等多个层次的法律规范构成的中国特色社会主义法律体系已经形成，国家经济建设、政治建设、文化建设、社会建设以及生态文明建设的各个方面实现有法可依。

二、中国特色社会主义法律体系的特征

中国特色社会主义法律体系，是新中国成立以来特别是改革开放 30 多年来经济社会发展实践经验制度化、法律化的集中体现，是中国特色社会主义制度的重要组成部分，具有十分鲜明的特征。

（一）体现中国特色社会主义的本质要求

一个国家法律体系的本质，由这个国家的法律确立的社会制度的本质所决定。中国是工人阶级领导的、以工农联盟为基础的人民民主专政的社会主义国家。在社会主义初级阶段，中国实行公有制为主体、多种所有制经济共同发展的基本经济制度，这就决定了中国的法律制度必然是社会主义的法律制度，所构建的法律体系必然是中国特色社会主义性质的法律体系。中国特色社会主义法律体系所包括的全部法律规范、所确立的各项法律制度，有利于巩固和发展社会主义制度，充分体现了人民的共同意志，维护了人民的根本利益，保障了人民当家作主。中国制定哪些法律，具体法律制度的内容如何规定，都坚持从中国特色社会主义的本质要求出发，从人民群众的根本意志和长远利益出发，将实现好、维护好、发展好最广大人民的根本利益作为根本出发点和落脚点。

（二）体现改革开放和社会主义现代化建设的时代要求

中国新时期最鲜明的特点是改革开放。中国特色社会主义法律体系与改革开放相伴而生、相伴而行、相互促进。一方面，形成中国特色社会主义法律体系，是改革开放和现代化建设顺利进行的内在要求，是在深入总结改革开放和现代化建设丰富实践经验基础上进行的。另一方面，中国特色社会主义法律体系的形成，为改革开放和社会主义现代化建设提供了良好的法制环境，发挥了积极的规范、引导、保障和促进作用。同时，中国特色社会主义法律体系妥善处理了法律稳定性和改革变动性的关系，既反映和肯定了改革开放和现代化建设的成功做法，又为改革开放和现代化建设的进一步发展预留了空间。

（三）体现结构内在统一而又多层次的国情要求

一个国家的法律体系如何构成，一般取决于这个国家的法律传统、政治制度和立法体制等因素。中国是统一的多民族的单一制国家，由于历史的原因，各经济社会发展很不平衡。与这一基本国情相适应，我国宪法和法律确立了具

有中国特色的统一而又多层次的立法体制，这就决定了中国特色社会主义法律体系内在统一而又多层次的结构特征，这既反映了法律体系自身的内在逻辑，也符合中国国情和实际。与其相适应，中国特色社会主义法律体系以宪法为统帅，由法律、行政法规、地方性法规等多个层次的法律规范构成。这些法律规范由不同立法主体按照宪法和法律规定的立法权限制定，具有不同法律效力，都是中国特色社会主义法律体系的有机组成部分，共同构成一个科学和谐的统一整体。

（四）体现继承中国法制传统和借鉴人类法制文明成果的文化要求

各国的法律制度基于本国历史文化传统和社会现实情况不断发展，也随着经济全球化趋势的增强而相互沟通、交流、借鉴。中国特色社会主义法律体系的形成，始终立足于我国国情，坚持将传承历史传统、借鉴人类文明成果和进行制度创新有机结合起来。一方面，注重继承中国传统法制文化优秀成分，适应改革开放和社会主义现代化建设需要进行制度创新，实现了传统文化与现代文明的融合；另一方面，注意研究借鉴国外立法有益经验，吸收国外法制文明先进成果，但又不简单照搬照抄，使法律制度既符合中国国情和实际，又顺应当代世界法制文明时代潮流。这个法律体系具有很强的包容性和开放性，充分体现了它的独特文化特征。

（五）体现动态、开放、与时俱进的发展要求

一个国家的法律体系通常是对这个国家一定历史发展阶段现状的反映。随着经济社会的发展，法律体系需要不断丰富、完善、创新。中国处于并将长期处于社会主义初级阶段，整个国家还处于体制改革和社会转型时期，社会主义制度还需要不断自我完善和发展，这就决定了中国特色社会主义法律体系必然具有稳定性与变动性、阶段性与连续性、现实性与前瞻性相统一的特点，决定了中国特色社会主义法律体系必然是动态的、开放的、发展的，而不是静止的、封闭的、固定的，必将伴随中国经济社会发展和法治国家建设的实践而不断发展完善。

三、中国特色社会主义法律体系的层次

（一）宪法

宪法是中国特色社会主义法律体系的统帅。宪法是国家根本大法，是国家长治久安、民族团结、经济发展、社会进步的根本保障。在中国，各族人民、一切国家机关和武装力量、各政党和各社会团体、各企业事业组织，都必须以宪法为根本的活动准则，并负有维护宪法尊严、保证宪法实施的职责。我国宪法在中国特色社会主义法律体系中具有最高的法律效力，一切法律、行政法规、地方性法规的制定都必须以宪法为依据，遵循宪法的基本原则，不得与宪法相抵触。

（二）法律

法律是中国特色社会主义法律体系的主干，我国宪法规定，全国人大及其常委会行使国家立法权。全国人大及其常委会制定的法律，是中国特色社会主义法律体系的主干，解决的是国家发展中带有根本性、全局性、稳定性和长期性的问题，是国家法制的基础，行政法规和地方性法规不得与法律相抵触。全国人大及其常委会制定的法律，确立了国家经济建设、政治建设、文化建设、社会建设和生态文明建设等基本的法律制度，构成了中国特色社会主义法律体系的主干，也为行政法规、地方性法规的制定提供了重要依据。

（三）行政法规

行政法规是中国特色社会主义法律体系的重要组成部分。国务院根据宪法和法律，制定行政法规。这是国务院履行宪法和法律赋予的职责的重要形式。行政法规可以就执行法律的规定和履行国务院行政管理职权的事项作出规定，同时，国务院对应当由全国人大及其常委会制定法律的事项，可以根据全国人大及其常委会的授权决定先制定行政法规。行政法规在中国特色社会主义法律体系中具有重要的地位，是将法律规定的相关制度具体化，是对法律的细化和补充。

（四）地方性法规

地方性法规也是中国特色社会主义法律体系的重要组成部分。有立法权的

地方人大及其常委会积极行使地方立法职权，从地方经济社会发展实际出发，制定了大量地方性法规，对保证宪法、法律和行政法规在本行政区域内的有效实施，促进改革开放和社会主义现代化建设，发挥了重要作用。

思考题

1. 什么是法？法律的特征和本质是什么？
2. 我国社会主义法律制定的基本原则是什么？
3. 我国法律制定有哪些程序？
4. 简述我们社会主义法律的运行。
5. 如何理解中国特色社会主义法律体系？

第七章　中国特色社会主义法律体系的部门

第一节　宪法

宪法是一个国家的根本大法，它集中体现统治阶级的意志和利益，规定国家的根本制度，规定公民的基本权利和义务，具有最高的法律效力。宪法在国家生活、社会生活以及公民权利保障中发挥着根本的调整和规范作用。

一、宪法的基本知识

我国宪法规定了我国人民民主专政的国家性质，人民代表大会制的政权组织形式，统一的多民族国家的国家机构形式，以社会主义公有制为主体的经济制度和以社会主义精神文明建设为核心的文化制度等基本内容。

（一）宪法的基本特征

宪法作为国家的根本法，既具有法的一般特征，又具有自己的鲜明特征。具体表现在以下三个方面：

1. 宪法内容具有根本性

宪法的内容涉及一个国家的政治、经济、文化、社会、外交等各方面的重大的原则性问题，涉及国家的根本制度、基本制度及根本任务问题。其内容具有根本性、宏观性和全面性的特点。而普通法律所规定的内容只涉及国家生活或社会生活的某一方面的问题，它是宪法某一方面规定或某一项规定的具体化，其内容具有具体和微观的特点。

2. 宪法的效力高于普通法律

宪法是普通法律的立法依据或立法基础，宪法是一个国家的根本大法，是法律的法律，普通法律没有宪法的依据就无从产生，因此人们也形象地称宪法为"母法"。国家立法机关在制定普通法律的时候必须以宪法作为依据。当然有的法律公开宣称"根据宪法制定本法"，有的法律虽不明确宣称，但也是以宪法作为立法基础的。普通法律与宪法不相抵触的原则是指：如果普通法律的规定、原则、精神同宪法的规定、原则、精神相抵触，那么它应该被撤销、改变或宣布无效。宪法是一国最高的和最根本的活动准则，一切宪法主体都必须遵守它，将它奉为行动的最高准则。我国宪法序言规定："全国各族人民、一切国家机关和武装力量、各政党和各社会团体、各企事业组织，都必须以宪法为根本的活动准则，并且负有维护宪法尊严、保证宪法实施的职责。"

3. 法的制定和修改程序比普通法律严格、复杂

由于宪法所规定的内容是一个国家最根本的制度、原则，是其它法律赖以建立的依据，为了保证宪法的尊严和相对稳定性，绝大多数国家在制宪和修宪程序上作了严格的要求。与普通法律相比，宪法的制定、修改程序往往更为严格和复杂。在我国，"宪法的修改，由全国人民代表大会常务委员会或者1/5以上的全国人大代表提议。"除了这两个特定的主体以外的一切组织和个人都无权向全国人大提出有效的修宪议案。在修改程序上，我国现行宪法第六十四条规定："宪法的修改，是由全国人民代表大会常务委员会或者1/5以上的全国人民代表大会提议，并有全国人民代表大会以全体代表的2/3以上的多数通过。

（二）宪法基本原则

宪法基本原则是指人们在制定和实施宪法过程中必然遵循的最基本的准则，是贯穿立宪和行宪的基本精神。我国宪法的基本原则是：人民主权原则，保障公民权利原则，法治原则和民主集中制原则。

1. 人民主权原则

主权是指国家的最高权力。人民主权是指国家中绝大多数拥有国家的最高权力。我国宪法体现了人民主权原则，强调国家的一切权利属于人民。这一原则在宪法的多方面是有体现的。宪法通过确定我国人民民主专政的国家性质，保障了广大人民群众在国家中的主人翁地位；通过确定以公有制为主体、多种所有制经济共同发展的基本经济制度，为人民当家作主奠定了经济基础；通过确认人民代表大会制度为核心的的政治制度，为人民当家做主提供了组织保障；我国宪法还赋予公民管理国家事务和社会事务的广泛的民主权利，从而使人民当家作主贯彻于国家和社会生活的各个领域，真正体现了一切权利属于人民的宪法原则。

2. 保障公民权利原则

我国宪法中规定的公民参与国家政治生活的权利和自由、公民的人身自由和信仰自由、公民社会经济文化方面的权利等等，就是基本人权的主要内容。同时，我们说社会主义国家政权的本质特征就是人民当家作主，而公民基本权利和自由则是人民当家作主最直接的表现，因此，如果宪法不对此加以规定，那么人民当家作主就只能是抽象的原则。

3. 法治原则

我国宪法明确规定了依法治国，建设社会主义法治之国家的社会主义法治原则。现行宪法明确规定：国家维护社会主义法制的统一和尊严，一切国家机关和武装力量、政党和各社会团体、各企业事业组织都必须遵守宪法和法律，任何组织或者个人都不得有超越宪法和法律的特权；公民在法律面前一律平等，任何公民享有宪法和法律规定的权利，同时必须履行宪法和法律规定的义务。宪法的这些规定充分体现了宪法的社会主义法制原则，为我国建设社会主义法治国家提供了法律保障。

4. 民主集中制原则

民主集中制原则是我国国家生活中的一项基本原则，确定这一原则是由我国人民当家作主的国家性质决定的。与资本主义国家的"三权分立"相比，民主集中制原则更能保证我国人民集中统一地行使国家权利。国家权力统一由全国人民代表大会和地方各级人民代表大会行使，全国人民代表大会和地方各级人民代表大会选举产生，对人民负责，受人民监督。广大人民的共同意志通过这种民主形式集中起来并通过各种法定程序上升为国家意志。国家行政机关、审判机关、检察机关都是由人民代表大会产生，对它负责，受它监督。中央和地方国家机构职权的划分及其活动，遵循在中央统一领导下，充分发挥地方的主动性和积极性原则。

二、我国的基本制度

国家制度是一个国家的统治阶级通过宪法、法律规定的有关国家性质和国家形式方面的制度的总称。它不仅体现国家政权特定的阶级本质，还为国家政权的运转、国家职能的实现提供了保障。我国的国家制度主要包括人民民主专政制度、人民代表大会制度、中国共产党领导的多党合作和政治协商制度、民族区域自治制度和基本经济制度等。

(一) 人民民主专政制度是我国的国体

国体是国家性质或者国家阶级本质的反映，它确定社会各阶级在国家中的地位。国体问题也就是谁掌握国家统治权的问题，是国家政权建设的首要问题。我国宪法第一条规定："中华人民共和国是工人阶级领导的以工农联盟为基础的人民民主专政的社会主义国家。"这表明，我国的国体是人民民主专政。

第一，工人阶级是我国的领导阶级，工农联盟是我国的政权基础。工人阶级之所以成为国家的领导阶级，是由工人阶级的阶级性质和它肩负的历史使命所决定的。工农联盟是工人阶级和农民阶级的联盟，是我国的政权基础。以工农两个阶级的联盟为我国政权的基础，是由我国的基本国情决定的。工农联盟代表了我国人口的绝大多数，不但构成了人民民主专政的坚实基础，而且表明了人民民主专政政权充分的民主性和广泛的代表性。

第二，人民民主专政是无产阶级专政在我国的一种实现形式。人民民主专政是中国共产党领导中国各族人民在长期的革命斗争中的一个伟大创造，是对马克思主义的重大发展。人民民主专政这种提法更确切地反映了我国的阶级状况和政权的广泛基础。两者在本质上是一致的。因此，我国宪法序言规定："工人阶级领导的、以工农联盟为基础的人民民主专政，实质上即无产阶级专政"。

第三，人民民主专政是对人民民主和对敌人专政的结合。人民民主专政是对人民民主和对敌人专政的结合，两者相辅相成，缺一不可。没有统治阶级内部的民主，就不可能对被统治阶级实行强有力的专政；不对被统治阶级实行专政，统治阶级内部的民主就难以得到保障。我国宪法第二十八条规定："国家维护社会秩序，镇压叛国和其他危害国家安全的犯罪活动，制裁危害社会治安、破坏社会主义经济和其他犯罪的活动，惩办和改造犯罪分子"。

(二) 人民代表大会制度是我国的政体

政体又称政权组织形式或国家管理形式，是指掌握政权的统治阶级用以实现其行使国家权利的特定形式。政体是一个国家的根本政治制度，它主要是指最高国家权力机关的组织形式，包括政权的构成、组织程序和最高权力的分配情况，以及公民参加管理国家和社会事务的程序和方式。政体与国体关系非常密切，它们之间是形式与内容的关系。政权组织形式反映国家的阶级本质，同时又服务于国家本质的要求。

人民代表大会制度是中华民族的根本政治制度，是人民民主专政的政权组织形式。它是指国家的一切权力属于人民；人民在民主普选的基础上选派代表，组成全国人民代表大会和地方各级人民代表大会作为行使国家权力的机关；其他国家机关由人民代表大会产生，受人民代表大会监督，对人民代表大会负责；人大常委会向本级人民代表大会负责，并最终实现人民当家作主的一项根本政治制度。

我国的人民代表大会制度的政权组织形式直接反映着我国的阶级本质，体现着我国政治生活的全貌，是国家其他制度赖以建立的基础，是人民实现管理国家的权利的政权组织形式。自 1954 年宪法确立人民代表大会制度以来，这一政体为以后历次宪法所肯定和发展。实践证明，人民代表大会制度是适合我国国情的基本政治制度和政权组织形式，它便于人民参加国家管理，便于集中统一行使国家权力，有利于社会主义建设，有利于充分发挥人民群众的积极性和创造性，展现出其强大的生命力。但实践也证明，人民代表大会制必须进一步完善和发展，目前主要应注意的是要加强组织建设、工作制度建设，提高人民代表的责任感，另外还必须进一步强化人民的民主意识。

（三）我国的国家结构形式

国家结构形式是指国家的内部构成形式，它反映的是一国整体和组成部分之间、中央政权和地方政权之间的相互关系。这种关系实质上是一种权力划分的关系，依据这种关系确定国家的行政区域，设立若干行政单位，并分层设立国家机构，目的是为了便于对国家进行有效的管理。实行中央集权的，我们称之为单一制国体；实行地方自治的，我们称之为复合制国体。

现代国家结构形式主要有两类：单一制和复合制。单一制是指由若干不具有独立性的行政区域单位或自治单位组成的单一主权国家的结构形式，各组成单位都是国家不可分割的一部分。复合制是由两个以上的成员单位（如州、邦、共和国等）组成的联盟国家或国家联盟的国家的结构形式，根据成员单位独立性的强弱又有联邦和邦联之别。

我国宪法序言中明确指出，中华人民共和国是全国各族人民共同缔造的、统一的多民族国家，这充分表明我国采取的是单一制的国家结构形式。我国之所以采用采用单一制的国家结构形式是有很多原因的：第一，我国自秦始皇统一中国之后，一直都是统一的中央集权制国家，其间也有过短暂的民族压迫、民族分裂的局面。实行单一制是我国历史发展的必然，长期统一的历史为建立单一制国家形式提供了可能。第二，民族原因。我国是一个汉族居多的多民族国家，各民族在各自的历史发展和相互交往中，形成了大杂居小聚居的民族分布状况。各民族的历史状况和民族关系决定了在我国的具体条件下，不宜采用联邦制，而应该采用单一制。现代国家结构形式主要有两类：单一制和复合制。单一制是指由若干不具有独立性的行政区域单位或自治单位组成的单一主权国家的结构形式，各组成单位都是国家不可分割的一部分。复合制是由两个以上的成员单位（如州、邦、共和国等）组成的联盟国家或国家联盟的国家的结构形式，根据成员单位独立性的强弱又有联邦和邦联之别。

（四）我国的民族区域自治制度

我国宪法第四条规定："各少数民族聚居的地方实行区域自治，设立自治机关，行使自治权。各民族自治地方都是中华人民共和国不可分离的部分"。这就是说，民族区域自治是指在统一的祖国大家庭内，在国家统一领导下，以少数民族聚居为基础，建立相应的自治地方，设立自治机关，行使自治权，使实行区域自治的民族实现人民当家作主管理本民族内部地方性事务的权利。中国实行民族区域自治，对于加强各民族平等、团结、互助，维护国家统一，加快民族自治地方发展，促进少数民族进步，起到了巨大的作用。民族区域自治制度是我们党解决民族问题的基本政策，是一项符合我国国情的基本制度。民族区域自治制度既反映了整个国家的普遍性、共同性，也照顾了各个民族的特殊性和个别性，它集中体现了国家的统一领导与民族区域自治的有机结合。

（五）我国的特别行政区制度

我国宪法第三十一条规定："国家在必要时得设立特别行政区。在特别行政区内实行的制度按照具体情况由全国人民代表大会以法律规定。"这一规定是我国建立特别行政区制度的宪法依据，是邓小平"一国两制"伟大构想的具体体现。

"一国两制"是"一个国家，两种制度"的简称。它是指在中华人民共和国这个统一的社会主义国家里，在相当长的时期内，祖国大陆实行社会主义制度，允许台湾、香港、澳门这三个地区实行资本主义制度。"一国两制"首先是

"一国",这是解决国家的主权和统一问题的前提;其次是"两制",是中华人民共和国的主权范围内,社会主义和资本主义两种制度并存。"两制"不是平行的两种制度,而是以社会主义制度为主体,以宪法为保证,社会主义和资本主义两种制度相互促进,共同发展。

特别行政区的设立,有利于结束国家分裂的局面,对于进一步解决台湾问题,完成祖国的统一大业,具有极其深远的意义。

(六)我国的基本经济制度

我国宪法第六条规定:"中华人民共和国的社会主义经济制度的基础是生产资料的社会主义公有制,即全民所有和劳动群众集体所有制。"生产资料的社会主义公有制决定了我国的经济制度的本质特征,保证了工人阶级实现对国家的领导和工农联盟的基础。其基本内容是:

第一,坚持公有制为主体、多种所有制经济共同发展。生产资料的社会主义公有制是我国的基本经济制度,全民所有制、集体所有制是我国经济形式的主体,这是我国社会主义性质的根本体现和保障。公有制的主体地位主要体现在:公有资产在社会资产中占优势;国有经济控制国民经济命脉,对经济发展起主导作用。公有制包括国有经济、劳动群众集体所有制及其它经济形式中的公有成份。

第二,实行以按劳分配为主体、多种分配方式并存的分配制度。社会主义公有制消灭人剥削人的制度,实行各尽所能、按劳分配的原则。我国的国民经济以公有制经济为主体,所以按劳分配在我国的各种分配原则中占据了主体地位。我国在社会主义初级阶段除公有制经济外,还同时存在着其他的经济成份,因而也必然相应地存在着其他的分配方式。如非公有制经济获取的利润、利息、股息、分红等收入,都不是依据按劳分配的原则取得的。这些收入和分配方式都是市场经济发展的必然结果,受到我国宪法和法律的保护。

三、我国公民的基本权利与义务

公民是指具有一个国家的国籍,按照该国宪法和法律的规定,享受权利和承担义务的自然人。一个人具有哪个国家的国籍,就是哪个国家的公民。我国现行宪法第三十三条规定:"凡具有中华人民共和国国籍的人都是中华人民共和国公民。"

公民在国家的地位和相互关系反应在法律上，就是公民依照法律享有权利并履行义务。公民的权利，是指宪法和法律赋予公民实现某种行为的可能性；公民的义务，是指宪法和法律规定的公民实施某种行为的必要性。

（一）我国公民的基本权利

1．平等权

平等权是指公民平等地享有权利，不受任何差别对待，要求国家同等保护的权利。我国宪法第三十三条规定："中华人民共和国公民在法律面前一律平等"。

2．政治权利和政治自由

政治权利是指公民依据宪法和法律的规定，参与国家政治生活的行为可能性。它表现为两种形式：一种是公民参与国家、社会组织与管理的活动，以选举权和被选举权的行使为基础；另一种是公民在国家政治生活中自由地发表意见、表达意愿的自由。通常表现为言论、出版、集会、结社、游行、示威自由，简称政治自由。我国公民的政治权利和政治自由主要包括：选举权与被选举权、言论、出版、结社、集会、游行、示威自由。

3．宗教信仰自由

宗教信仰自由是指每个公民都有按照自己的意愿信仰宗教的自由，也有不信仰宗教的自由；有信仰这种宗教的自由，也有信仰那种宗教的自由；在同一宗教里，有信仰这个教派的自由，也有信仰那个教派的自由；有过去不信教而现在信教的自由，也有过去信教而现在不信教的自由；有按宗教信仰参加宗教仪式的自由，也有不参加宗教仪式的自由。宗教信仰自由作为公民的一项基本权利，受到宪法和法律的保障。任何国家机关、社会团体和个人不得强制公民信仰宗教或者不信仰宗教，不得歧视信仰宗教的公民和不信仰宗教的公民。国家保护正常的宗教活动。任何人不得利用宗教进行破坏社会秩序、损害公民身体健康、妨碍国家教育制度的活动。

4．人身权利和人身自由

公民的人身权利和人身自由是公民最基本的权利和自由，是公民的其他一切权利的基础和前提。它主要包括：公民的人身自由不受侵犯、公民的人格尊严不受侵犯、公民的通信自由和通信秘密受法律保护、公民的住宅不受侵犯。

5. 文化教育权利和自由

文化教育权利和自由是指公民在教育和文化活动方面所享有的权利和自由。它包括受教育权、科学研究权、文化创作权和其他文化活动的自由权。宪法规定，公民有受教育的权利的义务；有进行科学研究、文学艺术创作和其他文化活动的自由。国家保障、鼓励这项权利的实现。国家采取各种措施，大力发展大、中、小学教育，中等技术教育、职业教育、函授培训教育，国家实行九年义务教育。这些规定对于提高全民族的科学文化水平，加速建设高度文明和高度民主的社会主义国家有着重要的意义。

6. 监督权利

我国宪法规定，公民有对国家机关和工作人员提出批评和建议的权利；对其违法失职行为有向国家机关提出申诉、控告或者检举的权利。同时还规定，公民不得捏造或者歪曲事实诬告陷害；国家机关对于公民的申诉、控告和检举要认真查处，不得压制和打击报复。公民因国家机关工作人员侵犯公民权利而受到损失的有要求赔偿的权利，对诬告陷害别人构成犯罪的，要追究刑事责任。

7. 社会经济权利

社会经济权利是指公民依照宪法的规定享有的具有物质经济利益的权利，是公民实现基本权利的物质保障。其内容主要包括：民财产权、劳动权、休息权、退休人员的生活保障权、物质帮助权。

8. 特定主体的权利

我国宪法除了对公民所应具有的普遍权利和自由做出了全面明确的规定外，还对具有特定情况的公民设置专条，予以特别保护。宪法中的这些特定主体具体是指妇女、儿童、母亲、老人、退休人员、军烈属、残疾人、华侨、归侨、侨属等。

（二）我国公民的基本义务

第一，维护国家统一和各民族团结。这是我国公民必须履行的基本义务之一。国家的统一和全国各民族的团结，是建设有中国特色社会主义事业取得胜利的基本保证，也是实现公民基本权利的保证。全体公民必须自觉履行这一义务，坚决反对任何分裂国家和破坏民族团结的行为。

第二，遵守宪法和法律，保守国家秘密，保护公共财产，遵守劳动纪律，

遵守公共秩序，尊重社会公德

　　第三，维护祖国的安全、荣誉和利益。国家的安全是每一个公民生产生活的必要条件。维护祖国安全是指保卫祖国免受外国的侵略、威胁和破坏。国家的荣誉就是国家和民族的尊严。国家的利益主要是指国家的整体利益，是全国各族人民的共同利益。每个公民都要以国家利益为重，自觉维护祖国的安全、荣誉和利益。

　　第四，保卫祖国、依法服兵役和参加民兵组织。国家的独立和安全关系着祖国的前途和命运，保卫祖国、抵抗侵略是每个公民的神圣责任。巩固的国防，关系到现代化建设能否顺利进行，关系到祖国的前途和命运，依法服兵役和参加民兵组织是每个公民都应当承当的义务。《中华人民共和国兵役法》对我国的兵役制度作出了全面的规定，其中有"高等院校的学生在就学期间，必须接受基本军事训"的规定。这是大学生在就学期间履行兵役义务的基本形式，是高等院校必须进行的一项基本教育内容。

　　第五，依法纳税。税收是国家财政收入的主要来源，也是建设社会主义资金的重要渠道。我国宪法规定："中华人民共和国公民有依照法律纳税的义务"。我国税收"取之于民，用之于民"。依法纳税实际上体现了公民个人利益与国家利益的一致性，因此，每个公民都应增强纳税意识，自觉履行纳税义务。

四、我国国家机构体系

　　国家机构是统治阶级为了行使国家权力，按照一定的组织原则建立起来的具有不同职能和层次的国家机关的总称。在我国按照国家机关的不同职能，可分为权力机关、行政机关、军事机关、审判机关和监察机关；按照国家机关的不同等级，又分为中央国家机关和地方国家机关。

　　国家机构的性质是由国家政权的性质决定的。国家机构的性质主要体现在它的人员构成、组织与活动原则以及由它所担负的职能和任务方面。由于国家的历史类型不同，因而存在着不同类型的国家机构。

　　我国的中央国家机关系统包括：最高国家权力机关、国家主席、最高国家行政机关、国家军事领导机关、最高国家审判机关和最高国家监察机关。地方国家机关系统包括：地方各级国家权力机关、地方各级国家行政机关、地方各级国家审判机关和地方各级检察机关，以及各民族自治地方的自治机关和特别行政区的国家机关。

（一）全国人民代表大会及其常务委员会

全国人民代表大会是我国的最高权利机关，又是行使国家立法的机关，它有省、自治区、直辖市、特别行政区和军队代表组成。每届任期五年。全国人大每年举行一次会议，由全国人大常委会召集。根据宪法规定，全国人大代表大会的职权可以概括如下：第一，修改宪法，制定和修改刑事、民事等其他基本法律；第二，监督宪法实施；第三，决定、选举和罢免国家领导人；第四，决定国家重大问题等。

全国人民代表大会常务委员会是全国人大的常设机关，对全国人大负责并报告工作。由全国人大选出委员长、副委员长、秘书长、委员，每届任期五年。全国人大常委的职权主要有：第一，关于全国人民代表大会的组织工作方面的职权；第二，行使国家立法权；第三，决定和规定国家生活中重要问题的职权；第四，监督国家机关工作的职权；第五，对国家工作人员任免或决定任免的职权；第六，全国人民代表大会授予的其他权利。

（二）中华人民共和国主席

现行宪法规定的国家主席是我国中央机构的重要组成部分，与最高国家权力机关结合行使国家权受权。中华人民共和国主席、副主席由全国人大选举产生。年满45周岁的有选举权和被选举权的中华人民共和国公民可以被选为国家主席、副主席。根据现行宪法的规定，国家主席参与但不干涉国家行政事务，只是根据最高国家权力机关的决定行使宪法规定的职全。国家主席和副主席每届任期与人大相同，连续任职不能超过两届。国家主席缺位时，由副主席继任。国家副主席缺位时，由全国人民代表大会补选。国家主席、副主席都缺位时，由全国人民代表大会补选；在补选以前，由全国人民代表大会常务委员会委员长暂时代理主席职位。

（三）国务院

中华人民共和国国务院，即中央人民政府，是最高国家权力机关的执行机关，是最高国家行政机关。国务院对全国人大负责并报告工作，在全国人大闭会期间，对全国人大常委会负责并报告工作。国务院受全国人大及其常委会的监督。全国人大有权罢免国务院总理以及其他组成人员。

国务院由总理，副总理若干人，国务委员若干人，各部部长、各委员会主任、审计长、秘书长组成。国务院总理根据国家主席的提名，由全国人大决定。在副总理、国务委员、各部部长、各委员会主任、审计长和秘书长根据国务院总理的提名，由全国人大决定。全国人大闭会期间，根据国务院总理的提名，由全国人大常委会决定各部部长、各委员会主任和秘书长的任免。国务院总理、副总理、国务委员、各部部长、各委员会主任、审计长和秘书长的任免决定以后，都由国家主席宣布任免。国务院的任期与全国人大的任期相同，即为 5 年。任期届满后，由全国人大决定，组成新的国务院。宪法规定，总理、副总理、国务委员连续任职不得超过两届。

（四）中央军事委员会

中华人民共和国中央军事委员会是国家最高军事领导、统帅和决策机关。它领导全国武装力量，是国家机构的一个重要组成部分。

中央军事委员会由主席、副主席若干人和委员若干人组成。中央军事委员会主席由全国人民代表大会选举产生。根据中央军事委员会主席由全国人民代表大会选举产生。根据中央军事委员会主席的提名，全国人大决定中央军事委员会其他组成人员的人选。全国人大有权罢免中央军事委员会主席和中央军事委员会的其他组成人员。中央军事委员会实行主席负责制，中央军委主席对全国人大和全国人大常委会负责。中央军委的任期同全国人大每届任期相同，但中央军委主席连任没有法律限制。

（五）最高人民法院和最高人民检察院

最高人民法院是我国的最高审判机关。最高人民法院是由全国人大选举和罢免，其每届任期与全国人大每届任期相同，连续任职不超过两届。最高人民法院对全国人大和全国人大常委会负责并报告工作。最高人民法院审理法律规定应由它管辖的全国性重大案件，以及依法律程序应由它审理的上诉、抗诉案件、监督地方各级人民法院和专门法院的审判工作，并负责就审判过程中具体适用法律问题进行司法解释。

最高人民检察院是国家最高法律监督机关。法律监督是国家维护宪法和法律统一实施的一项重要权力，通称检察权。最高人民检察院检察长由全国人选举和罢免，其每届任期与全国人大每届任期相同，连续任职不超过两届。最高人民检察院对全国人大负责并报告工作。最高人民检察院依照法律规定行使法律监督权，领导地方各级人民检察院和专门人民检察院的工作。

（六）地方各级人民代表大会和地方各级人民政府

根据我国宪法和《地方各级人民代表大会和地方各级人民政府组织法》的相关规定，省、自治区、直辖市、自治州、县、市、自治县、市辖区、乡、民族法、镇设立人民代表大会。地方各级人民代表大会是地方国家权力机关。省、直辖市、县、市、市辖区的人民代表大会每届任期五年；乡、镇的人民代表大会任期三年。地方各级人大的职权主要有：制定地方性法规和自治法规；保障宪法、法律、行政法规、国家计划和国家预算的执行；决定本地方的重大事务；选举和决定国家机关负责人；监督其他地方国家机关及其组成人员的工作；保障公民的合法权益等。县以上人民代表大会设常设委员会，其主要职能有：讨论和决定本行政区域内的重大事项；监督本级其他国家机关的工作；撤销本级人民政府的不适当的决议；依法决定国家机关工作人员的任免等。地方各级人民政府是地方各级人民代表大会的执行机关，是地方各级行政机关，它对人大和上级行政机关负责并报告工作。

（七）民族自治地方的治机关

我国民族自治地方的自治机关是自治区、自治州、自治县的人民代表大会和人民政府。自治区、自治州、自治县的人民代表大会和人民政府除具有与省、市、县人民代表大会和人民政府相同的权力外，还具有一些特殊的权力。

第二节　民法

民法是调整平等主体的公民之间、法人之间、公民和法人之间的财产关系和人身关系的法律规范，遵循民事主体地位平等、意思自治、公平、诚实信用等基本原则。商法调整商事主体之间的商事关系，遵循民法的基本原则，同时秉承保障商事交易自由、等价有偿、便捷安全等原则。

民法是我国法律体系中一个重要的法律部门。民法是指调整作为平等主体的自然人、法人和其他组织之间的财产关系和人身关系的法律规范的总称。民法有广义与狭义之分，广义的民法是指所有的民事法律，包括各种民事法律、法规和条例；其内容涉及民法通则、婚姻法、继承法、收养法、合同法等。

一、民法的调整对象

民法的调整对象是平等主体之间的财产关系和人身关系。

财产关系是以财产为媒介发生的社会关系，是人们在物质资料生产、分配、交换、消费中形成的具有经济内容的社会关系，属于物质的社会关系。财产关系是以社会生产关系为基础的，涉及生产和再生产的各个环节，既包括横向的财产关系，也包括纵向的财产关系，即国家基于行政管理而发生的财产关系。民法不调整全部的财产关系，而只调整平等主体的横向财产关系，包括财产所有关系和财产流转关系，即在平等主体之间因财产的归属和财产的转移而产生的社会关系。

人身关系，是指与特定的人身不可分离而又没有直接经济内容的权利和义务关系。它包括人格权关系和身份权关系。人格权关系是指基于权利主体本身所应有的权利而产生的关系，如生命权、健康权、姓名权等；身份权关系是指与公民、法人的特定身份相联系而产生的关系，如著作权、发明权、监护权等。人身关系本身虽不直接具有物质利益内容，但它却与民法所调整的财产关系存在着密切的联系，是引起财产关系发生的重要前提。

二、民法的基本原则

民法的基本原则是指制定、实施和解释民事法律关系的指导思想和基本准则。我国民法的基本原则主要有以下几个方面。

（一）平等原则

所谓平等原则，也称为法律地位平等原则。我国《民法通则》第三条明文规定：当事人在民事活动中的地位平等。平等原则集中反映了民事法律关系的本质特征，是民事法律关系区别于其他法律关系的主要标志，它是指民事主体享有独立、平等的法律人格。其中平等以独立为前提，独立以平等为归宿。在具体的民事法律关系中，民事主体互不隶属，各自能独立地表达自己的意志，其合法权益平等地受到法律的保护。平等原则是市场经济的本质特征和内在要求在民法上的具体体现，是民法最基础、最根本的一项原则。我国民法明文规定这一原则，强调在民事活动中一切当事人的法律地位平等，任何一方不得把自己的意志强加给对方。

（二）自愿、公平和诚实信用原则

自愿原则是指参加民事活动的当事人在法律许可的范围内，有权按照自己的真实意思设立、变更和终止民事法律关系，不受他人干涉。

公平就是指在民事活动中，要以公平、正义的理念来指导自己的行为。公平原则指当事人在民事关系中享受的权利和承担的义务基本相当。公平原则包括三方面的内容：第一，参与民事法律关系的各方当事人机会要均等，要正当竞争，不能采取不正当的竞争手段。第二，当事人的利益要合理兼顾。第三，民事主体在承担民事责任上要合理。

诚实信用原则是市场经济活动中形成的道德规则，它要求人们在市场活动中讲究信用、恪守诺言、诚实不欺，在不损害他人利益的前提下追求自己的利益。诚实信用原则的内容主要包括三个方面：第一，民事主体在民事活动中依诚实信用的方式行使权利和履行义务；第二，在合同的解释上，应依诚实信用的原则；第三，以诚实信用原则弥补法律规定的不足。

（三）保护自然人、法人合法权益的原则

保护公民和法人的民事权利不受侵犯，是我国整个社会主义法律的基本任务，也是我国民法的宗旨和基本原则。任何公民、法人或者其他组织的民事权益受到侵犯时，都有权请求人民法院依法保护，并强制侵害者承担民事责任。

（四）禁止民事权利滥用的原则

权利人行使权利超过正当界限，有损他人利益或社会利益的，称为权利的滥用。禁止权力滥用原则，本质上是一项谐调个人利益与社会公共利益的法律原则。民法一方面奉行私权神圣原则，充分保护私权；另一方面又提出禁止权利滥用原则，将权利之行使限制在不违反法律和不损害社会公共利益的范围之内，这就协调了个人利益和社会公共利益。

三、民事法律关系

民事法律关系是具体民事主体之间发生的，符合民法所规定的法权模型要

求的，具有民事权利义务内容的民事关系。民事法律关系是民法调整平等主体间的财产关系和人身关系的结果，是平等主体间的财产关系和人身关系与民事法律形式相结合的产物，本质上是受到民法强制保护的民事关系。

（一）民事法律关系主体

民事关系的主体，简称民事主体，是指参加民事法律关系，享受民事权利并承担民事义务的人。民事主体资格的确定，要求具备独立法律人格者应具有的法律独立性。每一种民事法律关系，都是民事主体之间的关系，没有主体就不能够成民事法律关系，主体是民事法律关系的首要因素。在参加民事法律关系的当事人中，享有权利的一方是权利主体，另一方是义务主体。在大多数民事法律关系中，双方当事人都既享有权利，又承担义务。民事法律关系的每一方主体可以是单一的，也可以是多数的。在相对法律关系中，每一方主体都是特定的，在绝对法律关系中，承担义务的一方是不特定的。

在我国，民事主体包括自然人、法人以及不具备法人资格的其他组织。在一定范围内，国家也是民事主体。作为民事主体依法具有民事权利能力和民事行为能力。民事权利是民事主体依法享有民事权利和承担义务的资格。民事行为能力是民事主体能以自己的行为获得民事权利，承担民事义务的资格。

（二）民事法律关系内容

民事法律关系的内容，是指民事主体所享受的权利和承担的义务。

民事权利，是指民事主体为实现某种利益而依法为某种行为或者某种行为的自由。它具体包括：第一，权利依法享有某种利益，或者实施一定行为的自由；第二，权力人可以请求义务人为一定行为或不为一定行为，以保护其享有实现某种利益的自由；第三，这种自由是有保障的自由，它表现为在权利受到侵犯时，有权请求有关机关予以保护。民事权利是由民法所赋予的，并且构成民法的基本内容。从性质上看，任何民事权利都体现着一定的利益，这种利益是权利人的个体利益与整个社会利益的结合。

民事义务，是指义务人为满足权利人的利益而为一定行为或不为一定行为的必要性。它具体包括：第一，义务人必须依据法律的规定或合同的约定，为一定的行为或不为一定的行为，以便满足权利人的利益；第二，义务人只承担法定或约定范围内的义务，而不承担超出这些范围以外的义务；第三，义务人必须履行其义务。民事义务是一种受到国家强制约束的法律关系，如果义务人不履行其义务，将依法承担法律责任。

民事义务和民事权利一样，也是国家由法律确认的，它规定了义务主体的行为范围，即义务人必须这样做或那样做。没有义务人的这种必要行为，既不能满足权力人的利益需要，也不能维护国家所需要的社会秩序。所以，义务同样体现着个人利益和社会利益的统一。

在民事法律关系中，权力和义务是相对立、相互联系在一起的。在任何一个民事法律关系中，权力和义务都是一致的，权力的内容要通过相应的义务表现，而义务的内容则由相应的权力来限制。当事人一方享有权利，必然有另一方负有相应的义务，并且权利和义务往往是同时产生、变更和消灭的。因此，民事权利和民事义务是从不同的角度来表现法律关系的内容的。

（三）民事法律关系的客体

民事法律关系客体，是相对于民事法律关系的主体而言的，指的是民事权利和民事义务共同指向的对象。一般说来，民事主体是为了某一个对象才彼此设立一定的权力义务，从而建立民事法律关系的。在这里，权力、义务所指向的对象，便是民事法律关系的客体。

民事法律关系的客体主要有物、行为、智力成果和人身利益四类。有些权力也可以成为民事法律关系的客体，例如国有土地使用权。不同类型的民事法律关系有不同的客体。

民事法律关系的三个要素相互联系，缺一不可。民事法律关系主体是民事权利的享受者和民事义务的承担者；民事法律关系的内容直接体现了主体所享受的民事权利和所承担的民事义务；而民事法律关系的客体则是民事主体权利义务所指向的对象。

第三节　行政法

行政法是关于行政权的授予、行政权的行使以及对行政权的监督的法律规范，调整的是行政机关与行政管理相对人之间因行政管理活动发生的关系，遵循职权法定、程序法定、公正公开、有效监督等原则，既保障行政机关依法行使职权，又注重保障公民、法人和其他组织的权利。

从根本上讲，运用行政权管理国家事务必然是法律管理，行政法就是规定国家行政管理活动的总称，是国家法律体系中的重要组成部分，是国家行政机关推行政务、行使管理权的法律依据，也是公民在有关活动中所必须遵循的准则。

一、行政法的基本知识

（一）行政法的调整对象

行政法的调整对象是行政法律关系。行政法律关系是指国家行政机关在行政管理活动过程中所发生的，由行政法规范所调整地各种社会关系。它包括行政法律关系的主体、行政法律关系的内容和行政法律关系的客体三个要素。行政法律关系不同于其他的社会关系，其具有如下的特点：

（1）行政法没有统一的法典。由于行政法调整的行政关系十分广泛，内容纷繁复杂，专业性比较强，且行政关系变化比较快。要把广泛、复杂而且不断变化的行政关系规定在一部完整统一的行政法典中调整是不现实的。因此，行政法在形式上不能像刑法和民法那样，有一个系统的法典形式的法律文件。

（2）行政法规范是以多种多样的法律形式表现出来的，是由多种不同效力等级的行为规范组成的统一体。

（3）行政法律关系具有强制性。行政法律关系确定之后，当事人必须认真加以履行，一旦违反，作为行政法律关系当事人的另一方，在其职权范围内即可依法采取强制措施。

（4）行政法实体规范和程序规范多存在于同一个法律文件中。由于行政关系的多样性，客观上需要不同的行政程序与之相对应，以达到行政的准确性。行政程序的分散性导致行政程序性规范的多层性和多样化。不同性质的行政关系所要求的一些特殊的行政程序，显示要求一些行政实体性规范同程序性规范交织在一起，共同存在于一个法律文件中。

（5）行政法律关系具有不可选择性。它表现在：行政法律关系双方当事人之间发生的因抽象的行政行为引起的纠纷，只能由国家权力机关、国家行政机关依一定的方式加以解决；对因具体行政行为引起的纠纷，只能通过行政复议和行政诉讼的途径解决。

（二）行政法的基本原则

行政法基本原则是贯穿于行政法关系之中，指导行政法的立法与实施的根本原理或基本准则。行政法的基本原则是行政法治原则。行政法治原则作为法治原则在行政法上的反映，涵盖了对行政法关系所有主体的要求。由于历史的原因和现实的需要，我们谈及行政法治原则时，经常更突出地强调其对行政主体的要求。事实上，"公民必须守法"，"依法监督行政行为"等也是行政法治原则的内在要求。

行政法治原则对行政主体的要求可概括为依法行政，具体可分解为行政合法性原则、行政合理性原则和行政应急性原则。

1. 行政合法性原则

合法性原则是指行政权的存在、行使必须依据法律，符合法律，不得与法律相抵触。合法性原则在行政法中具有不可替代的地位，可以说，任何一个推行法治的国家，合法性原则都是其法律制度的重要原则。行政合法原则要求行政机关实施行政管理不仅应遵循宪法、法律，还要遵循行政法规、地方性法规、行政规章、自治条例和单行条例等。合法不仅指合乎实体法，也指合乎程序法。

合法性原则的具体内容因各国法律制度的不同而有所不同，通常包括以下几个方面：

第一，行政职权必须基于法律的授予才能存在。合法性原则要求行政主体在其法定的权限内行使职权，任何没有法律根据的职权都是不应存在的。法定权限不容非法超越，"是否超越职权"是司法审查的一个重要标准。

第二，行政职权必须依据法律行使。依据法律行使职权是合法性原则为行政主体设定的一项义务或职责。职权和职责是统一的。合法性原则要求行政主体行使职权既不能违反行政实体规范，也不能违反行政程序规范。不履行或拖延履行法定职责，要承担相应的行政责任。

第三，行政授权、行政委托必须有法律依据，符合法律要旨。合法性原则要求行政授权或行政委托都必须有法律依据，按法定程序进行，不得违反法律要旨。

合法性原则三个方面的内容是有机的统一体，我们应当全面地理解这一原则。实践证明，不坚持合法性原则是无法实现行政法治的。在我国，人们的法律观念比较淡薄，行政违法的事时有发生，行政法治的完善尚需努力。因此，提倡、坚持和深化合法性原则既必要又迫切，有利于我国行政法制的健康发展。

2．行政合理性原则

合理性原则是行政法治原则的另一个重要组成部分，是指行政行为的内容要客观、适度、合乎理性。合理性原则产生的主要原因是由于行政自由裁量权的存在。自由裁量权是指在法律规定的条件下，行政机关根据其合理的判断，决定作为或不作为，以及如何作为的权力。

合理性原则作为一个普遍适用的行政法基本原则，有一些具体的内容：第一，行政行为应符合立法目的；第二，行政行为应建立在正当考虑的基础上，不得考虑不相关因素；第三，平等适用法律规范，不得对相同事实给予不同对待；第四，符合自然规律，如符合法律规定的"合理采伐森林"、"合理利用土地"等；第五，符合社会道德，如职业道德、社会公德等。

3．行政应急性原则

应急性原则是现代行政法治原则的重要内容，是指在某些特殊的紧急情况下，出于国家安全、社会秩序或公共利益的需要，行政机关可以采取没有法律依据的或与法律相抵触的措施。

应急性原则是合法性原则的例外，但是应急性原则并非排斥任何的法律控制。不受任何限制的行政应急权力同样是行政法治原则所不容许的。一般而言，行政应急权力的行使应符合以下几个条件：

第一，存在明确无误的紧急危险。

第二，非法定机关行使了紧急权力，事后应由有权机关予以确认。

第三，行政机关做出应急行为应受有权机关的监督；应急权力的行使应该适当，应将负面损害控制在最小的程度和范围内。

从广义上讲，行政应急原则是合法性原则、合理性原则的非常原则。应急性原则并没有脱离行政法治原则，而是行政法治原则特殊的重要的内容。

（三）行政法在法律体系中的地位

行政法是法律体系的一个组成部分，具有重要的地位和影响。它是仅次于宪法的部门法，是我国社会主义法律体系中最重要的部门法之一。

第一，从行政法的调整对象来看，行政法调整着广泛而重要的社会关系，这类社会关系与国家权力、公民权利息息相关，是公民权利与国家权力关系的重要组成部分。

第二，从行政法与宪法的关系来看，行政法是宪法的重要的实施法。

第三，从行政法与其他基本法律部门的关系来看，行政法对其他部门法的影响越来越大。

（四）行政法在法律体系中的作用

就同属于法的范畴这一点而言，行政法与其他部门法一样，具有法的规范作用和一般社会作用。行政法的规范作用，是指行政法具有指引作用、评价作用、预测作用、教育作用和强制作用。行政法的一般社会作用体现为：保障公民权益，维护和巩固社会秩序，推动社会主义政治、经济、文化等事业的发展。

行政法的特殊社会作用体现在两方面：一方面，行政法具有保障行政管理有效实施的作用；另一方面，行政法具有保护公民、法人和其他组织的合法权益的作用。这两个方面的作用是有机的、统一的。

二、行政主体

行政主体，是指享有国家行政权，能以自己的名义行使行政权，并能独立地承担因此而产生的法律责任的组织。国家行政机关是行使行政权的行政主体，依照法定授权而取得行政权的组织也可以成为行使行政权的行政主体法。

（一）行政主体的特征

行政主体具有如下特征：

（1）行政主体是享有国家行政权的组织。行政主体是按照特定的结构形式和活动规则组成的社会组织。社会组织并不等于行政主体。只有享有行政权、代表国家实施行政管理活动的组织才是行政主体。行政权主要赋予行政机关，单项法律、法规也会赋予行政机关以外的其他组织以一定范围内的行政权。

（2）行政主体是能够以自己的名义行使行政权的组织。行政主体在法律规定的范围内，具有依照自己判断，独立对外做出决定的能力。不能以自己的名义实施行政管理的组织，不是行政主体法。

（3）行政主体是能独立承担法律责任的组织。行政主体是具有独立地位的法律主体，能够为自己的行为承担法律责任。如果一个组织仅仅实施行政管理，不承担由此而产生的法律责任，该组织不是行政主体。

（二）行政职权的内容

行政职权是国家行政权的转化形式，是行政主体实施国家行政管理活动的资格及其权能。行政职权一般可分为固有职权和授予职权两大类。前者以行政主体的设立而产生，并随行政主体的消灭而消灭；后者来自于法律、法规的修改、或是有权机关的授权行为。授予职权既可因法律、法规的修改、废止或授权机关撤回授权而消灭，也可因被授权组织的消灭而消灭。固有职权主要赋予行政机关，授予职权主要授予行政机构、公务组织和其他社会组织。行政职权大致包括如下内容：

第一，行政立法权。所谓行政立法权，即根据宪法和法律的规定，行政主体有制定和颁发行政法规、行政规章的权力。国务院及其所属各部委、省、自治区、直辖市以及省、自治区人民政府所在地的市和经国务院批准的较大的市的人民政府拥有行政立法权。

第二，行政决策权。行政主体有权依法对其所辖领域和范围内的重大行政管理事项作出决策。

第三，行政决定权。行政主体的决定权包括行政主体依法对行政管理中的具体事宜的处理权以及法律、行政法规和规章未明确规定的事项的规定权。

第四，行政命令权。行政命令权，即在国家行政管理过程中，行政主体通过书面的或口头的行政决定。

第五，行政执行权。所谓行政执行权，即行政主体根据有关法律、法规和规章的规定或者有关上级部门的决定和命令等，在其所辖范围内具体执行行政事务的权力。

第六，行政处罚权（行政制裁权）。即行政主体对其所辖范围内的行政相对方违反有关法律规范的行为，依法对其实施处罚等法律制裁的权力。

第七，行政强制执行权。即在行政管理过程中，当法定义务人或某项具体行政法律关系的义务人不依法履行义务时，行政主体采取法定的强制措施，以促使法定义务人履行法定的义务或者达到与履行义务同样状态的权力。

第八，行政司法权。即行政主体作为某项纠纷的第三人，对当事人双方的纠纷进行调解、仲裁、裁决和复议的权力。一般情况下，行政复议只能由上一级行政机关行使。

（三）行政主体的职责

行政职责是指行政主体在行使国家赋予的行政职权，实施行政管理活动过程所必需承担的法定义务。它是行政主体实施行政行政管理活动中所必需履行的义务，不得放弃和违反。行政职责的核心内容是依法行政，其主要内容包括：

第一，依法履行职务，遵守权限规定。行政主体所享受的职权必需有法律规范的明确规定，行政主体必需按照法定职权，在法定权限范围内履行义务。

第二，符合法定目的。行政主体的一切行政管理活动，都必须在法律规定的范围内进行，并且必须符合法定目的，遵循合理、适当原则、避免不相关因素的干扰。

第三，遵循法定程序。现代国家中的一切行政机关活动，除实体上合法、合理外，还必须严格遵守法定程序，确保程序上的合法性。

第四，不超越行政权限，不滥用行政职权。行政权限指法律规定的行政主体行使行政职权不能逾越的范围或界限。行政主体行使职权超越该限度，就构成行政越权。行政主体虽然在其权限范围内行使职权，若偏离法律设定该职权的意图而行使，也属违背行政职责。

三、国家公务员

根据我国 2005 年 4 月 27 日第十届全国人大常委会第 15 次会议通过，2006 年 1 月 1 日起实施的《中华人民共和国公务员法》规定，公务员是指依法履行公职，纳入国家行政编制、由国家财政负担工资福利的工作人员。

国家公务员特点为：第一，国家公务员是经法定方式和程序任用的人员；第二，国家公务员是中央和地方各级国家行政机关中工作的人员；第三，国家公务员是指行政机关中依法行使国家职权、执行国家公务的人员。

（一）国家公务员的条件、义务和权利

1. 国家公务员应当具备的条件

第一，具有中华人民共和国国籍。

第二，年满十八周岁。

第三，拥护中华人民共和国宪法。

第四，具有良好的品行。

第五，具有正常履行职责的身体条件。

第六，具有符合职位要求的文化程度和工作能力。

第七，法律规定的其他条件。

2．公务员应当履行的义务

第一，模范遵守宪法和法律。

第二，按照规定的权限和程序认真履行职责，努力提高工作效率。

第三，全心全意为人民服务，接受人民监督。

第四，维护国家的安全、荣誉和利益。

第五，忠于职守，勤勉尽责，服从和执行上级依法做出的决定和命令。

第六，保守国家秘密和工作秘密。

第七，遵守纪律，恪守职业道德，模范遵守社会公德。

第八，清正廉洁，公道正派。

第九，法律规定的其他义务。

3．公务员享有的权利

第一，获得履行职责应当具有的工作条件。

第二，非因法定事由、非经法定程序，不被免职、降职、辞退或者处分。

第三，获得工资报酬，享受福利、保险待遇。

第四，参加培训。

第五，对机关工作和领导人员提出批评和建议。

第六，提出申诉和控告。

第七，申请辞职。

第八，法律规定的其他权利。

（二）公务员的法律关系

公务员法律关系主要表现在公务员和国家行政机关的关系以及公务员作为行政主体的代表与行政相对方的关系两方面：

1．公务员和国家机关的关系

国家赋予公务员一定的职权，代表国家以国家名义实施行政管理活动，履行国家规定的职责，公务员对其法定职责必须依法履行，否则，要受到法律制裁。其具体的内容包括：

第一，行政机关的职权、职责和优先权涉及公务员，即公务员享有其所在行政机关的职权、优先权、并承担责任。

第二，公务员实施行政管理活动，必须以行政机关的名义，按行政机关的意志进行，由此产生的一切法律后果，都由行政机关承担。

第三，行政机关可以在法律范围内规定公务员的纪律，并实施监督权和奖罚权，公务员必须遵守纪律，接受监督。

2. 公务员作为行政主体的代表与行政相对方的关系

公务员作为行政主体的代表，有依法进行行政管理的权利，但也要接受相对方的监督。相对方有服从和协助公务员实施行政管理活动的义务；同时，相对方享有建议、批评、申诉、控告等权利。

公务员代表行政主体与相对方之间形成的关系，是基于行政机关与公务员职务关系发生的，公务员如果不是作为行政主体的代表，便无权行使主体的行政职权，也谈不上与行政相对方结成行政法律关系。

四、行政行为

行政行为是享有行政职能的组织运用行政权力对行政相对人所做的法律行为。一般是指国家行政机关在其职权范围内，对其外部行使公共权力并产生法律效果的行为。这里不包括行政组织系统内部基于行政隶属关系、按照行政组织原则处理内部事务的行为，即内部行为；也不包括行政机关以民事法律关系主体身份和当事人处于平等地位所进行的行为，即民事行为；也不包括行政机关与权利机关以及以政府名义与其他国家机关之间的政治行为。

（一）行政行为的内容

行政行为的内容，是指一个行政行为对相对方在权利、义务上产生的具体影响，亦即对相对方的权利、义务做出某种具体处理和决定。行政行为的内容具有复杂性和多样性，难以逐项列举说明。根据各类行政行为对相对方的权利、义务产生的影响及其引起的法律效果的不同，将行政行为的内容概括为：

1. 赋予权益或科以义务

行政行为内容表现的一个重要方面，就是赋予一定的权益或科以一定的义务，实际上设定了新的法律地位，使得行政主体与行为对象之间以及行为对象与他人之间形成一种行政法律关系。赋予一定的权益，具体表现为赋予行为对象人一种法律上的权能或权利和利益，包括行政法上的权益，也包括民法上的权益。科以一定的义务，是指行政主体通过行政行为命令行为对象人为一定的行为或不为一定的行为，具体包括单纯行为上的义务，如接受审计监督；也包括财产义务，如纳税决定行为；还包括人身义务，如拘留决定。

2．剥夺权益或免除义务

这是取消某种法律地位，以解除已经存在的法律关系。剥夺权益，是使行为对象人原有的法律上的权能或权利和利益的一种丧失。免除义务，是指行政行为的内容表现为对行为对象人原来所负有义务的解除，不再要求其履行义务，如免除纳税人的纳税义务。

3．变更法律地位

这是行政行为对行为对象人原来存在的法律地位予以改变，具体表现为：对其原来所享有权利或所负担义务范围的缩小，或者对其原来所享有权利或所负担义务范围的扩大，如批准营业执照扩大或缩小经营范围、减少或增加纳税税种、税率等。

4．确认法律事实与法律地位

确认法律事实，是指行政主体通过行政行为对某种法律关系有重大影响的事实是否存在，依法加以确认。确认法律地位，是指行政主体通过行政行为对某种法律关系是否存在及存在范围的认定。

确认法律事实与确认法律地位既有联系也有区别。确认法律事实必然影响确认法律关系，但确认法律事实并不等于确认法律关系，当事人之间是否存在某种法律关系，在事实的认定之中并不能完全确认。确认法律关系是以法律事实确认为前提的，在有些法律关系确认之中，也同时包含着对法律事实的确认。但有些法律关系的确认和法律事实的确认，法律要求是分开的，不能互相取代或交错在一起。

（二）行政行为的效力

行政行为成立便对相对方和行政主体等产生法律上的效力。一般而言，行政行为具有以下效力：

1. 行政行为具有确定力

所谓行政行为的确定力，是指有效成立的行政行为，具有不可变更力，即非依法不得随意变更或撤销，和不可争辩力。即对于行政主体来说，非依法定理由和程序，不得随意改变其行为内容，或就同一事项重新做出行为；对于行政相对方来说，不得否认行政行为的内容或随意改变行为内容，非依法也不得请求改变行政行为。

行政行为具有不可变更力并不意味着行政行为绝不可以变更，而是说行政行为做出后不得随意撤销或变更。基于法定事由，经过法定程序，行政行为可以依法改变（通过行政复议、行政诉讼等）。

2. 行政行为具有拘束力

行政行为的拘束力，是指行政行为成立后，其内容对有关人员或组织所产生的法律上的约束效力，有关人员和组织必须遵守、服从。行政行为的拘束力具体表现在以下两个方面：

第一，对相对方的拘束力。行政行为是针对行政管理相对方做出的。因此，其拘束力首先指向相对方。对于生效的行政行为，相对方必须严格遵守、服从和执行，完全地履行行政行为的内容或设定的义务，不得违反或拒绝。否则，就要承担相应的法律后果。

第二，对行政机关的拘束力。行政行为的拘束力不仅仅是针对相对方，行政机关自身同样要受约束。

3. 行政行为具有公定力

所谓公定力是指行政主体做出的行政行为，在未依法变更、撤销前，不论实质是否合法，均被推定为合法有效。

4. 行政行为具有执行力

所谓行政行为的执行力是指行政主体作出的行政行为，行政主体有权依法采取一定的手段，使行政行为的内容得以实现。行政相对人必须自觉履行行政行为设定的义务，否则会被强制执行。行政相对人如果对行政行为有异议，即使在申请行政复议或提起行政诉讼期间，一般也不能停止行政行为的执行；只有在例外的情形下，才可以停止行政行为的执行。

（三）行政行为的各种形式

行政行为有各种表现形式，有行政立法、行政征收、行政许可、行政监督检查、行政处罚、行政建制执行、行政给付、行政奖励、行政裁决、行政指导、行政合同等等。

五、行政法制监督

行政法制监督，也有的称作监督行政，是指国家权利机关、司法机关、政协及各民主党派、社会组织和人民群众对国家行政机关及其公务人行使职权、履行职责是否合法或适当实施的监督。

（一）国家权利机关的监督

宪法规定，国家行政机关是由人民代表大会产生，对它负责，受它监督。这就使国家权利机关，包括各级人民代表大会及其常务委员会对国家行政机关及其工作人员的监督具有广泛性、权威性和最高的法律效力。国家权利机关实施监督的主要方式有：法律监督、工作监督、人事监督。

（二）司法监督

司法机关的监督是指人民法院和人民检察院依法对行政机关和工作人员行使职权行为的监督。其中人民法院通过行政诉讼进行监督是最主要的内容。司法机关的监督，主要适用于行政机关及其工作人员的一定的违法行政行为和职权犯罪行为，通过审判与检查的方式进行。

（三）行政机关的自我监督

行政机关的自我监督是指在行政机关内部，上级行政机关对下级行政机关、或者专职行政监督机关对其他行政机关实施的监督。由于行政机关的自我监督是在行政系统内部，且行政机关上下级之间是一种隶属关系，因而，这种监督较国家权利机关与司法机关的监督，有着广泛、及时、灵活等特点。行政机关的自我监督可以分为一般监督与专门监督。上级行政机关根据行政层次及隶属关系对下级行政机关的监督是一般监督。在行政系统内设立专门监督机关，对行政机关及其工作人员实施监督是专门监督，包括行政检查和审计检查。

（四）社会监督

社会监督是指各种社会团体、组织和人民群众依法对国家行政机关及其工作人员的行政管理活动所进行的监督。它是广大人民群众行使宪法赋予的民主权利、参与管理国家事务的重要方式。社会监督主要采取批评、建议、检举、控告、申诉等方式。

第四节　刑法

刑法是规定犯罪与刑罚的法律规范。它通过规范国家的刑罚权，惩罚犯罪，保护人民，维护社会秩序和公共安全，保障国家安全。我国刑法确立了罪刑法定、法律面前人人平等、罪刑相适应等基本原则。

刑法是规定犯罪、刑事责任和刑罚的法律。它是以国家名义颁布的，规定哪些行为是犯罪和应负刑事责任，并给犯罪人以何种刑罚处罚的法律。具体而言，刑法就是以国家名义颁布的，是掌握政权的统治阶级为了维护其阶级利益，根据本阶级的意志而制定的法律。

一、刑法的基本知识

（一）刑法的任务

《中华人民共和国刑法》第二条规定："中华人民共和国刑法的任务，是用刑罚同一切犯罪做斗争，以保卫国家安全，保卫人民民主专政的政权和社会主义制度，保护国有财产和劳动群众集体所有的财产，保护公民私人所有的财产，保护公民的人身权利、民主权利和其他权利，维护社会秩序和经济秩序，保障社会主义建设事业的顺利进行。"因此，刑法的任务可概括为保护合法权益，而保护的主要手段是禁止和惩罚侵犯合法权益的犯罪行为。刑法的任务同样也可以从四个方面说明：第一，它是保卫国家安全、人民民主专政和社会主义制度；第二，它是保护社会主义经济基础；第三，它是保护公民的人身权利、民主权利、财产权利和其他权利；第四，它是维护良好的社会秩序。

（二）刑法的基本原则

刑法的基本原则是刑法的灵魂和核心，是刑法内在精神的集中体现。我国刑法规定了三个基本原则：

1．罪刑法定原则

我国刑法第三条规定："法律明文规定为犯罪行为的，依照法律定罪处刑；法律没有明文规定为犯罪的，不得定罪处刑。"其中，"法无明文规定不为罪，法无明文规定不处罚"是罪刑法定原则的经典表述。其具体要求可概括为法定化、合理化和明确化。

2．适用刑法人人平等原则

我国刑法第四条规定："对任何人犯罪，在适用法律上一律平等。不允许任何人有超越法律的特权。"这是宪法"法律面前人人平等"原则在刑法上的具体体现。

适用刑法人人平等原则的基本要求是：对刑法所保护的合法权益予以平等地保护；对于实施犯罪的任何人，都必须严格依照法律定罪量刑及执行刑罚。

3．罪责刑相适应原则

我国刑法第五条规定："刑法的轻重，应当与犯罪分子所犯罪行和承担的刑事责任相适应。"

罪责刑相适应，简单的说就是根据行为人罪行的危害性大小来决定刑事责任的大小以及刑罚的轻重。罪行的轻重，应当从行为人犯罪行为本身和其他各种影响刑事责任大小的轻重来判断。

（三）刑法的使用范围

刑法的适用范围也称刑法的效力，讨论的是刑法在什么时间、空间内具有适用效力的问题。我国刑法第六条至第十二条对刑法适用范围作了明确的规定。

1．刑法的空间效力

刑法的空间效力，是指刑法对地域和人的适用效力。它其实一个国家刑事管辖权的范围问题。从各国刑法及国际条约的规定来看，一国刑法不仅能适用于本国领域内，还在一定条件下也能适用于本国领域外；但刑法在国外的适用受到国际法的制约，制约刑法空间上的适用范围的国际法原则，就是国家自己保护与国际协同。

（1）对国内犯的适用原则。刑法对国内犯的基本适用原则是属地管辖原则。我国刑法第六条第一款规定：凡在中华人民共和国领域内犯罪的，除法律有特别规定的以外，都适用本法。即一个国家对发生在本国领域内的犯罪人，不管行为人是谁，都适用本国刑法。这是对属地管辖原则的规定。

（2）对国外犯的适用原则。国外犯有三种情况：一是中国公民在国外实施的犯罪；二是外国人在国外实施的危害中国国家或者中国公民权益的犯罪；三是外国人在国外实施的危害各国共同利益的犯罪。

1）属人管辖原则。这里的属人管辖原则，是指积极的属人管辖原则，即本国公民在国外犯罪的，也适用本国刑法。根据我国刑法第七条第一款规定，中华人民共和国公民在中华人民共和国领域外犯我国刑法规定之罪的，适用我国刑法。但是按我国刑法规定的最高刑为3年以下有期徒刑的，可以不予追究。第七条第二款规定，中华人民共和国国家工作人员和军人在中华人民共和国领域外犯我国刑法规定之罪的，使用我国刑法。

2）保护管辖原则。我国刑法第八条规定，外国人在中华人民共和国领域外对中华人民共和国国家或者公民犯罪，而按我国刑法规定的最低刑为3年以上有期徒刑的，可以适用我国刑法，但是按照犯罪地的法律不受处罚的除外。也就是说，不论本国人还是外国人，其在国外的犯罪行为，只要侵犯了本国国家利益或者本国公民的权益，就适用本国刑法

3）普遍管辖原则。我国刑法第九条规定："对于中华人民共和国缔结或者参加的国际条约所规定的罪行，中华人民共和国在所承担条约义务的范围内行使刑事管辖权的，适用本法。"普遍管辖原则以保护各国的共同利益为标准，认为凡是国际公约或者条约所规定的侵犯各国共同利益的犯罪，不管犯罪人的国籍与犯罪地的属性，缔约国或参加国发现犯罪人在其领域之内时便行使刑事管辖权，依照我国刑法对罪犯予以惩处。

（3）对外国刑事判决的承认。我国刑法第十条规定："凡在中华人民共和国领域外犯罪，依照本法应当负刑事责任的，虽然经过外国审判，仍然可以依照本法追究，但是在外国已经受过刑罚处罚的，可以免除或者减轻处罚。"该条规定表明，我国作为一个独立的主权国家，其法律具有独立性，不受外国法院判决效力的约束。但是考虑到犯罪人在外国已经受过刑罚处罚的情况，可以对其免除或者减轻处罚。

2．刑法的时间效力

刑法的时间效力，是指刑法的生效时间、失效时间以及对刑法生效前所发生的行为是否具有溯及力的问题。它解决的问题是，刑法何时起至何时止具有适用效力。

（1）刑法的生效时间。刑法的生效时间有两种方式：一是从公布之日起生效。二是公布之后经过一段时间再施行。我国现行刑法是 1997 年 3 月 14 日公布，于同年 10 月 1 日开始施行。

（2）刑法的失效时间。法律的失效时间，即法律终止效力的时间，通常要由立法机关作出决定。从世界范围看，法律失效的方式有很多种，诸如新法公布实施后旧法自然失效，立法机关明确宣布废止某一法律，某一法律在制定时即规定了有效期限等。我国刑法的失效基本上包括两种方式：一是由立法机关明确宣布某些法律失效；二是自然失效，即新法施行后代替了同类内容的旧法，或者由于原来特殊的立法条件已经消失，旧法自行废止。

3．刑法的溯及力

刑法的溯及力，是指刑法生效以后，对于其生效以前未经审判或者判决尚未确定的行为是否适用的问题。如果适用，就是有溯及力；如果不适用就是没有溯及力。对此，各国刑法采用了不同的原则予以规定，主要有从旧原则、从新原则、从新兼从轻原则与从旧兼从轻原则。

我国刑法第十二条第一款规定："中华人民共和国成立以后本法施行以前的行为，如果当时的法律不认为是犯罪的，适用当时的法律；如果当时的法律认为是犯罪的，依照本法总则第四章第八节的规定应当追诉的，按照当时的法律追究刑事责任，但是如果本法不认为是犯罪或者处刑较轻的，适用本法。"本条第二款规定："本法施行以前，依照当时的法律已经作出的生效判决，继续有效。"根据这一规定，对于 1949 年 10 月 1 日中华人民共和国成立至 1997 年 10 月 1 日新刑法（简称 97 刑法）施行前这段时间内发生的行为，应按以下不同情况分别处理：

第一，当时的法律不认为是犯罪，97 刑法认为是犯罪的，适用当时的法律，即刑法没有溯及力。

第二，当时的法律认为是犯罪，但 97 刑法不认为是犯罪的，只要这种行为未经审判或者判决尚未确定，就应当适用 97 刑法，即 97 刑法具有溯及力。

第三，当时的法律和 97 刑法都认为是犯罪，并且按照 97 刑法总则第四章第八节的规定应当追诉的，原则上按当时的法律追究刑事责任，即 97 刑法不具有溯及力。这就是从旧兼从轻原则所指的从旧。但是，如果当时的法律处刑比 97 刑法重，则应适用 97 刑法，97 刑法具有溯及力。这便是从轻原则的体现。

第四，如果当时的法律已经作出了生效判决，继续有效。即使按修订后的刑法的规定，其行为不构成犯罪或处刑较当时的法律要轻，也不例外。

二、犯罪

我国刑法第十三条规定："一切危害国家主权、领土完整和安全，分裂国家、颠覆人民民主专政的政权和推翻社会主义制度，破坏社会秩序和经济秩序，侵犯国有财产或者劳动群众集体所有的财产、侵犯公民私人所有的财产，侵犯公民的人身权利、民主权利和其他权利，以及其他危害社会的行为，依照法律应受刑罚处罚的，都是犯罪，但是情节显著轻微危害不大的，不认为是犯罪。"这条规定，是对犯罪概念所作的科学的概括。这一定义，是我们认定犯罪、划分罪与非罪的基本依据。大家知道，人有各种各样的行为：有高尚的行为，正当的行为，合法的行为，错误的行为，不道德的行为，违反纪律的行为，违法的行为甚至是犯罪的行为。犯罪这种行为与人们的一般行为到底有什么不同呢，即它有些什么特征呢？

（一）犯罪所具有的基本特征

根据我国刑法第十三条的规定可以看出犯罪所具有的三个基本特征。

1. 社会危害性

社会危害性，是指行为对刑法所保护的社会关系造成损害的特性。其主要表现在它对国家、社会利益和公民的合法权益的损害。犯罪必须具有一定的社会危害性，情节显著轻微危害不大的行为，不认为是犯罪。这种危害性包括两种情况：一种是行为对社会已经造成了危害，如犯罪分子已将他人打死；另一种是行为对社会可能造成的危害或者可能造成的危害结果（如犯罪的预备等）。这种危害可能是有形的，也可能是无形的（如诽谤罪等）。行为的社会危害性是犯罪的最本质的特征。某一行为是否具有社会危害性及危害性程度的大小是区分罪与非罪的主要界限。

2．刑事违法性

刑事违法性，是指犯罪是违反刑法的行为，是刑法所禁止的行为。刑法对犯罪行为的禁止，是通过对某种行为规定刑罚后果来表现的。凡是违反广义刑法的禁止性规范的行为，均具有刑事违法性。

刑事违法性与社会危害性是统一的。行为的社会危害性是刑事违法性的基础；刑事违法性是社会危害性在刑法上的表现。刑事违法性是司法机关认定犯罪的法律标准。

3．应受刑罚处罚性

应受刑罚处罚性，是指犯罪行为是应当受刑罚处罚的行为。对具有一定的社会危害性，又触犯刑律的犯罪行为，才能适用刑罚。应受刑罚处罚并不等于任何一个具体的犯罪实际上都会受到刑罚处罚。有的行为是构成犯罪的，但根据刑法规定可以或者应当免除处罚，如我国刑法第六十八条第二款规定：犯罪后自首又有重大立功表现的，应当减轻或者免除处罚。所以，我们不能认为凡是没有受到刑罚处罚的行为都不是犯罪。

社会危害性反映犯罪和社会的关系，揭示犯罪的社会政治内容；刑事违法性反映犯罪与法律的关系，揭示犯罪的法律性质；应受惩罚性反映犯罪与刑罚的关系，揭示犯罪的法律后果。以上犯罪的三个基本特征是紧密相联，不可分割的。严重的社会危害性是犯罪最本质的特征，是刑事违法性和应受刑罚处罚性的基础；刑事违法性和应受刑罚处罚性则是严重社会危害性的法律表现和法律后果。

三、犯罪构成

我国刑法中的犯罪构成，是指依照刑法的规定，决定某一行为的社会危害性及其程度，而为该行为构成犯罪所必须的一切主观要件和客观要件的有机统一。犯罪构成与犯罪概念既有联系又有区别。犯罪概念从宏观上揭示犯罪的本质与基本特征，犯罪构成是认定犯罪的具体法律标准。犯罪概念是犯罪构成的基础，犯罪构成是犯罪概念的具体化。

犯罪构成使刑法法定原则得以实现，为区分罪与非罪、此罪与彼罪提供了法律标准和依据，对正确量刑具有重要意义。犯罪构成要件是犯罪构成的组成要素，可以分成具体要求和共同要件。犯罪构成的具体要件，是指具体犯罪的成立必须具备的要件；犯罪构成的共同要件，是指任何犯罪的成立都必须具备的要件。根据刑法学界的通说，犯罪构成有四个共同要件，即犯罪客体、犯罪客观要件、犯罪主体、犯罪主观要件。

（一）犯罪客体

犯罪课题，是指我国刑法所保护而为犯罪行为所侵犯的社会关系。某种行为，如果没有或者不可能危害刑法所保护的任何一种社会关系，就没有社会危害性，就不可能构成犯罪。因此，犯罪客体是犯罪构成的必备条件之一。犯罪客体可分为三个层次：一是一般客体，即我国刑法所保护的社会关系的整体。这是一切犯罪所共同侵犯的客体，它体现了一切犯罪之共性。二是同类客体，即为某类犯罪所共同侵犯的、我国刑法所保护的社会关系的某一部分或某一方面，它体现了某类犯罪的共性。我国刑法典正是据此将犯罪分为十大类。三是直接客体，即为某一具体犯罪所直接侵犯的、我国刑法所保护的某种具体的社会关系。直接客体是司法事务中凭借客气区分犯罪与非罪、此罪与彼罪的关键，因而是犯罪客体的核心问题作在。

（二）犯罪的客观方面

犯罪的客观方面，是指刑法规定的，说明侵犯某种客体的行为及其危害结果的诸多客观事实特征。犯罪客观方面是犯罪构成的基本要件之一。其内容包括危害行为、危害结果以及犯罪的时间、地点、方法等。其中危害行为是一切犯罪构成的必备客观要件，危害结果和犯罪时间、地点、方法是某些犯罪构成所必备的客观要件，研究犯罪的客观方面，对于正确定罪量刑具有重要意义，为我们正确分析和认定犯罪的客观方面提供可靠的客观基础。

（三）犯罪主体

犯罪主体，是指实施犯罪并且承担刑事责任的人。犯罪主体是犯罪构成的一个重要要件。任何犯罪都有主体。没有犯罪主体就不存在犯罪，更不会发生刑事责任。因此，确定犯罪主体是追究刑事责任的前提。按照我国刑法的一般规定，只有达到一定年龄并具有责任能力的自然人，才能成为犯罪主体，责任年龄和责任能力是构成犯罪主体的必要条件。

我国刑法规定：已满 16 周岁的人犯罪，应负刑事责任。已满 14 周岁不满

16周岁的人，犯故意杀人、故意伤害致人重伤或者死亡、强奸、抢劫、贩卖毒品、放火、爆炸、投毒罪的，应负刑事责任。已满14周岁不满18周岁的人犯罪，应当从轻或者减轻处罚；因不满16周岁不予处罚的，责令其家长或者监护人加以管教，在必要时，也可由政府收容教养。不满14周岁的人，一律不负刑事责任。

（四）犯罪主观要件

犯罪的主观方面，是指犯罪主体对自己所实施犯罪行为及其危害结果的心理态度，包括罪过、犯罪的动机和目的等因素。其中，罪过是一切犯罪构成都必须具备的主观要件，犯罪的目的是某些犯罪构成所必须具备的要件，而犯罪动机只是量刑时考虑的因素。罪过是行为负刑事责任的主观根据，与犯罪客观方面有密切联系，任何犯罪的成立都要求行为人主观上具有故意与过失，不具有故意与过失的行为，称为无罪过事件，不可能成立犯罪。

四、正当防卫

刑法第二十条第一款规定："为了使国家、公共利益、本人或者他人的人身、财产和其他权利免受正在进行的不法侵害，而采取的制止不法侵害的行为，对不法侵害人造成损害的，属于正当防卫，不负刑事责任"。刑法关于正当防卫的这一法定概念更为确切、具体地揭示了正当防卫的内容，对于在司法实践中正确认定正当防卫行为,科学地区分正当防与防卫过当都具有十分重要的意义。

（一）正当防卫的条件

1.正当防卫的起因条件

正当防卫的起因在于不法侵害的产生与存在。不法侵害包括犯罪行为与其他违法行为。正当防卫所指向的不法侵害必须是显示存在的，而不是行为人所假设或想象的。如果不法侵害并不存在，行为人却误以为存在，而错误地实施了所谓正当防卫，给无辜者造成一定损害，这在刑法理论上称为假想防卫。对假想防卫的处理，应依照对事实的认识错误的处理原则进行。

2.正当防卫的时间条件

正当防卫只能针对正在进行的不法侵害实施。所谓正在进行是指不法侵害已经开始尚未结束的状态。凡是行为人的防卫行为是在明知不法侵害尚未还是或已经结束的情况下进行的所谓防卫行为，刑法上称之为防卫不适时，包括事前防卫和事后防卫两种情形。防卫不适时不是正当防卫，行为人应对其所造成的危害后果负刑事责任。

3．防卫的对象条件

正当防卫的目的在于排除和制止不法侵害，因此防卫只能对不法侵害者本人实行，而不能及于与侵害行为无关的第三人。对于无刑事责任能力人原则上可以实行正当防卫，但还要具体情况具体分析。

4．正当防卫的主观条件

正当防卫的主观条件即正当防卫意图。所谓正当防卫意图是指防卫人意识到不法侵害正在进行，为了保护国家、公共利益、本人或他人的人身财产或其他权利，而决定制止正在进行的不法侵害的心理态度。

（二）无过当防卫

鉴于严重危及人身安全的暴力犯罪的严重社会危害性及其对被害人造成的严重危害结果，我国刑法第二十条第二款规定："对正在进行行凶、杀人、抢劫、强奸、绑架以及其他严重危及人身安全的暴力犯罪，采取防卫行为，造成不法侵害人伤亡的，不属于防卫过当，不负刑事责任。"

（三）防卫过当与刑事责任

根据我国刑法第二十条规定，防卫过当是指防卫明显超过必要限度给不法侵害人造成重大损害的行为。防卫过当在客观上具有社会危害性，在主观上存在罪过。因此，行为人应当负刑事责任。关于防卫过当的行为处罚原则，我国刑法第二十条规定："应当减轻或者免除处罚。"

五、故意犯罪的停止状态

如果说，犯罪阶段是一个时间的概念，表现为犯罪行为的连续性。那么，犯罪形态就是发生在一定的犯罪阶段上的一种停顿状态，是一种结局，是一个点。所谓故意犯罪的停止形态，也称犯罪形态，是指故意犯罪在其产生、发展和完成犯罪的过程及阶段中，因主客观原因而停止下来的各种犯罪状态。

故意犯罪的停止形态，按其停止下来时犯罪是否已经完成为标准，可以区分为两种基本类型：一是犯罪的完成形态，即犯罪的既遂形态，是指故意犯罪在其发展过程中未在中途停止下来而得以进行到终点，行为人完成了犯罪的情形。二是犯罪的未完成形态，即故意犯罪在其发展过程中于中途停止下来，犯罪未进行到终点，行为人没有完成犯罪的情形。在犯罪的未完成形态这一类型中，又可以根据犯罪停止下来的原因或其距犯罪完成的距离等情况的不同，进一步再区分为犯罪的预备形态、未遂形态和中止形态。

（一）犯罪既遂

犯罪既遂，是指行为人所故意实施的行为已经具备了某中犯罪构成的全部要件的形态。确认犯罪是否既遂，应以行为人所实施的行为是否具备了刑法分则所规定的某一犯罪的全部构成要件为标准，而不能以犯罪目的是否达到或者以犯罪结果是否发生为标准。

根据构成要件说，只要犯罪实行行为完全具备犯罪构成要件，即便没有发生具体的犯罪结果或者没有实现行为人预期的犯罪目的，也构成犯罪既遂。例如，破坏交通工具罪以行为人破坏火车、汽车、电车、船只、航空器，足以使这些交通工具发生倾覆、毁坏的危险，这些为犯罪构成的基本要件。只要行为人实施了足以使这些交通工具发生倾覆、毁坏的现实危险的破坏行为，即便没有实际发生交通工具倾覆、毁坏的实际结果，仍然应当以破坏交通工具罪的既遂论处。

犯罪既遂是故意犯罪的完成形态。我国刑法分则具体条文所规定的特定故意犯罪的犯罪构成要件实际上就是特定故意犯罪的既遂形态。因此，对故意犯罪的既遂犯，应当直接按照该刑法分则具体条文所规定的刑罚规格量刑。

（二）犯罪预备

根据我国刑法第二十二条第一款："为了犯罪，准备工具、制造条件的，是犯罪预备"的规定，犯罪预备是指为了犯罪，准备工具，制造条件，但由于行为人意志以外的原因而未能着手实行犯罪的情形。

1. 犯罪预备的特征

犯罪预备具有以下特征：

（1）行为人已经实施犯罪预备行为。即必须实施了我国刑法所规定的为了犯罪准备工具、制造条件的行为。包括准备犯罪工具、调查犯罪场所和被害人行踪、出发前往犯罪现场或者诱骗被害人赶赴犯罪现场、追踪被害人或者守候被害人到来、排除实施犯罪的障碍、拟定实施犯罪的计划以及其他犯罪预备行为等。

（2）犯罪预备行为必须在着手实行犯罪前停顿下来。所谓着手实行犯罪，是指开始实施特定犯罪构成要件客观方面的行为。如果已经进入着手实行犯罪阶段而由于行为人意志以外的原因停止下来的，则成立犯罪未遂。

（3）犯罪预备行为停顿在犯罪预备阶段必须是由于行为人意志以外的原因。所谓行为人意志以外的原因，是指不受行为人意志控制的足以制止行为人犯罪意图、迫使其不得不停止犯罪预备行为、不再继续实行犯罪的各种主客观因素。犯罪预备行为由于行为人意志以外的原因而被迫停止，是犯罪预备形态区别于犯罪预备阶段的犯罪中止的基本特征。

2．犯罪预备的处罚原则

犯罪预备行为是为犯罪准备工具、制造条件的行为，犯罪预备形态则是犯罪行为由于行为人意志以外的原因而停留在预备阶段的停止形态。我国刑法理论一般认为，行为符合犯罪构成是追究行为人刑事责任的根据，犯罪预备行为也有其犯罪构成，它是一种具备修正的构成要件的犯罪未完成形态。这是追究犯罪预备行为的刑事责任的法理根据。犯罪预备行为虽然尚未直接侵害犯罪客体，但已经使犯罪客体面临即将实现的现实危险，因而同样具有社会危害性。因此，犯罪预备行为同样具有可罚性。

（三）犯罪未遂

根据我国刑法第二十三条第一款规定，已经着手实行犯罪，由于犯罪分子意志以外的原因而未得逞的，是犯罪未遂。

1．犯罪预备的特征

犯罪未遂必须具备以下特征：

（1）已经着手实行犯罪。这是指行为人已经开始实施刑法分则规范内具体犯罪构成要件中的犯罪行为。由于刑法分则规定了诸多具体犯罪，而且同一具体犯罪的行为方式也完全相同，因此，在认定行为人是否着手实行犯罪时，要根据不同犯罪、不同案件的具体情况进行判断。

（2）犯罪未得逞。这是指犯罪行为没有具备刑法分则条文规定的某一犯罪构成的全部要件，或者说没有齐备具体犯罪构成的全部要件。这是犯罪未遂与犯罪既遂区别的关键。

（3）犯罪未得逞是由于犯罪分子意志以外的原因。这是指始终违背犯罪分子意志的，客观上使犯罪不可能既遂，或者使犯罪人认为不可能既遂因而被迫停止犯罪的原因。犯罪分子意志以外的原因必须达到足以阻止犯罪意志和犯罪活动完成的程度。

以上三个特征同时具备的，才能成立犯罪未遂。

2．犯罪未遂的处罚原则

对于如何处罚犯罪未遂。各国有不减主义、必减主义和得减主义之分。不减主义，即不比照既遂犯从轻、减轻，因为未遂犯的主观恶性和既遂犯并无区别。必减主义，即必须比照既遂犯从轻、减轻，因为犯罪未遂形态毕竟没有完成犯罪，并且往往没有实际造成危害结果。得减主义，根据案件的具体情况由法官斟酌裁定是否从轻、减轻处罚。

我国采取得减主义，刑法第 23 条第 2 款规定："对于未遂犯，可以比照既遂犯从轻或者减轻处罚。"

（四）犯罪中止

根据我国刑法第二十四条的规定，在犯罪过程中，自动放弃犯罪或者自动有效地防止犯罪结果发生的，是犯罪中止。

1．犯罪中止的特征

（1）必须是在犯罪预备或者犯罪实行过程中放弃犯罪，这是成立犯罪中止的前提条件，如果犯罪行为已经完成并达到既遂状态，则不能成立犯罪中止。因此，一般认为，犯罪既遂以后自动返还原物或者自动赔偿损失的行为，如盗窃犯在盗窃他人财物后又将窃取的财物归还原主，或者贪污犯贪污公款后又秘密退还公款的，都不能成立犯罪中止，而只能以犯罪既遂论处。其自动返还赃物的行为只能在量刑时作为酌定情节予以考虑。

（2）必须是自动放弃犯罪，这是犯罪中止的实质性条件，首先，必须要求行为人自认为能够继续实施。其次，认定行为人自动放弃犯罪，还必须要求确实是出于行为人本人的意志而自动放弃犯罪，而不是出于行为人意志以外的主客观原因而被迫停止犯罪。

（3）必须是彻底放弃犯罪。所谓彻底放弃犯罪，是指行为人彻底打消了继续并完成犯罪的念头,彻底放弃实施自认为可以继续实施并完成的犯罪行为。

2.犯罪中止的处罚原则

关于犯罪中止的处罚原则,各国有无罪说、不罚说和折中说之分,目前各国立法例多采取对中止犯减轻或者免除处罚的做法。

我国刑法对中止犯采取必减免主义。刑法第二十四条第二款规定:"对于中止犯,没有造成损害的,应当免除处罚;造成损害的,应当减轻处罚。"根据这一规定,对于中止犯,只要其犯罪行为没有实际造成损害结果,则定其罪而免其刑。如果其犯罪行为造成了一定损害结果的,则应当减轻处罚。这体现了我国刑法对犯罪中止行为的肯定和鼓励。

六、刑罚

刑罚,是指刑法规定的,由国家审判机关依法对犯罪分子所适用的一种强制性的法律制裁措施。刑罚的特征是:①只能适用于犯罪分子;②必须由刑法明文规定;③只能由国家审判机关依照法定程序决定;④是一种最严厉的强制性法律制裁措施。

刑罚与其他法律制裁方法在严厉程度、适用对象、使用机关及适用根据等方面有明显区别。刑罚分为主刑和附加刑。主刑有管制、拘役、有期徒刑、无期徒刑和死刑。附加刑有罚金、剥夺政治权利和没收财产。对于犯罪的外国人,可以独立适用或者附加适用驱逐出境。

(一)主刑

主刑,是对犯罪分子适用的主要刑罚方法。主刑只能独立适用,不能附加适用。根据我国刑法第三十三条的规定,主刑包括管制、拘役、有期徒刑、无期徒刑和死刑五种刑罚方法。

(1)管制,是指由人民法院判决,对犯罪分子不予关押,但限制其一定自由,由公安机关执行的一种刑罚方法。它是一种轻刑。被判处管制的犯罪分子必须遵守我国刑法第三十九条的各项规定:遵守法律、行政法规、服从监督;未经执行机关批准,不得行使言论、出版、集会、结社、游行、示威自由的权利;按照执行机关规定报告自己的活动情况;遵守执行机关关于会客的规定;离开所居住的市、县或者迁居,应当报经执行机关批准。我国刑法第三十八、三十九、六十九条规定,管制的期限,为3个月以上2年以下。数罪并罚时管制最高不能超过 3 年。管制的刑期，从判决执行之日起计算，判决执行以前先行羁押的，羁押 1 日抵刑期 2 日。

（2）拘役，是指短期剥夺犯罪分子的人身自由，就近执行并实行劳动改造的一种刑罚方法。主要适用于罪行较轻，需要短期关押的犯罪分子。根据我国刑法第四十二条、第六十九条的规定，拘役的期限为 1 个月以上 6 个月以下；数罪并罚时，拘役最高不能超过 1 年。拘役的刑期，从判决执行之日起计算，判决执行之前羁押的，羁押 1 日抵刑期 1 日

（3）有期徒刑，指剥夺犯罪分子一定期限的人身自由，强制其进行劳动并接受教育改造的一种刑罚方法。根据我国刑法第四十五、六十九、四十七条的规定，有期徒刑的期限为 6 个月以上 15 年以下。数罪并罚时，有期徒刑可以超过 15 年，但最高不能超过 20 年。有期徒刑的刑期，从判决执行之日起计算。

（4）无期徒刑，是指剥夺犯罪分子的终身自由，强制其参加劳动并接受教育改造的一种刑罚。适用于罪行严重，但又没有必要判处死刑的犯罪分子。我国刑法第五十七条规定，被判处无期徒刑的犯罪分子，须剥夺政治权利终身。

（5）死刑，是指剥夺犯罪分子生命的一种刑罚方法。它是我国最严厉的一种刑罚。

（二）附加刑

附加刑，是补充主刑适用的刑罚。它既能独立适用，也能附加适用。

（1）罚金，是指人民法院判处犯罪分子和犯罪的单位，向国家缴纳一定金钱的一种刑罚方法。我国刑法第五十二条规定，判处罚金，应当根据犯罪情节决定罚金数额。罚金的执行，主要有以下几种方法：一次缴纳；分期缴纳；强制缴纳；随时追缴；减免缴纳。

（2）剥夺政治权利，是指剥夺犯罪分子参加国家管理和政治活动权利的一种刑罚方法，属于资格刑。剥夺政治权利的期限，除刑法第五十七条规定外，为 1 年以上 5 年以下。判处管制附加剥夺政治权利的，剥夺政治权利的期限与管制的期限相等，同时执行。独立适用剥夺政治权利的，依照我国刑法分则的规定。对于被判处死刑、无期徒刑的犯罪分子，应当剥夺政治权利终身。

（3）没收财产，是指将犯罪分子个人所有财产的部分或全部，强制无偿地收归国有的一种刑罚方法。在判处没收财产的时候，不得没收属于犯罪分子家属所有或者应有的财产；没收犯罪分子全部财产的，应当对犯罪分子个人及

其抚养家属保留必须的生活费用。没收财产以前犯罪分子所负的正当债务，需要以没收的财产偿还的，经债权人请求，应当偿还。没收财产的判决，由人民法院执行，在必要的时候，可以会同公安机关执行。

（4）驱除出境，是强迫犯罪的外国人离开中国国（边）境的刑罚方法。刑法中的驱除出境与《外国人入境出境管理法》规定的作为行政处罚的驱除出境具有本质区别。

第五节　诉讼法

诉讼与非诉讼程序法是规范解决社会纠纷的诉讼活动与非诉讼活动的法律规范。诉讼法律制度是规范国家司法活动解决社会纠纷的法律规范，非诉讼程序法律制度是规范仲裁机构或者人民调解组织解决社会纠纷的法律规范。

一、诉讼法基本知识

诉讼法，是规定诉讼活动程序的法律规范，是国家机关和当事人以及其他诉讼参与人进行诉讼活动必须遵守的法律规范的总称。

（一）诉讼法的基本原则

我国诉讼法的基本原则，是指贯穿整个诉讼程序之中，指导司法机关和诉讼参与人进行诉讼活动的基本原则。民事诉讼、行政诉讼、刑事诉讼这三大诉讼法均有其各自的基本原则，但它们共有的基本原则有：法律面前一律平等；以事实为依据，以法律为准绳原则；两审终审制原则；公开审判原则；合议和回避原则；人民法院依法独立行使审判权原则等。

（二）诉讼证据与举证责任

诉讼证据是诉讼制度的核心，在诉讼活动中具有十分重要的意义，人民法院审理案件就是围绕着证据而展开的。诉讼活动实质上是查明案件事实，正确适用法律的过程，而查明案件事实的唯一根据就是证据。诉讼证据，是指能够在诉讼中证明案件真实情况的客观事实。一种客观事实只有纳入诉讼的轨道才能成为诉讼证据。我国三部诉讼法中共有的诉讼证据是物证、书证、证人证言、和鉴定结论。

诉讼证据的提供就是举证责任问题。举证责任，是指证明案件真实情况的证据应由谁提供。在不同的诉讼中，举证责任的分配不完全相同。诉讼证据的收集，是指依法进行诉讼活动的国家机关和当事人发现与获取证据的诉讼活动。《民事诉讼法》第六十四条规定，当事人对自己提出的主张有责任提供证据。当事人及其诉讼代理人因客观原因不能自行收集的证据，或者人民法院认为审理案件需要的证据，人民法院应当调查收集。《行政诉讼法》第三十四条规定，在诉讼过程中，被告不得自行向原告和证人收集证据。人民法院有权要求当事人提供或补充证据，有权向有关行政机关以及其他组织、公民调取证据。《刑事诉讼法》第四十三条规定，审判人员、检察人员、侦查人员必须依照法定程序，收集能够证实犯罪嫌疑人、被告人有罪或者无罪、犯罪情节轻重的各种证据。

证据保全，是指人民法院在起诉前或正式对证据进行调查以前，依据申请人、当事人的申请，或依职权对可能灭失或难以取得的证据采取措施加以收集和保存的行为。它是民事诉讼、行政诉讼中的一项诉讼制度。

（三）民事诉讼管辖和行政诉讼管辖

民事诉讼管辖，是指各级法院之间和同级法院之间对第一审民事案件的分工和权限。对于法院来说，它是在法院内部落实民事审判权的一项制度；对于公民、法人或其他组织来说，管辖解决的是他们应当向哪个法院起诉的问题。根据民事诉讼法的规定，管辖主要分为级别管辖、地域管辖、裁定管辖。

行政诉讼管辖，是指上下级法院之间和同级法院之间受理第一审行政案件的分工和权限。对于法院来说，管辖解决的是行政案件或申请执行具体行政行为案件应由哪个法院受理与审判或审查与执行的问题；对于公民、法人或其他组织以及行政机关来说，管辖解决的是他们应该向哪个法院起诉或申请执行具体行政行为的问题。根据行政诉讼法的规定，管辖主要分为级别管辖、地域管辖、裁定管辖。民事诉讼管辖与行政诉讼管辖分类大致相同，其中较为重要的是级别管辖和地域管辖。

（四）刑事诉讼的管辖

刑事诉讼管辖不同于民事诉讼管辖和行政诉讼管辖。刑事诉讼中的管辖，是指公安机关、检察机关和人民法院在直接受理刑事案件上的权限和分工以及人民法院系统内部在审判第一审刑事案件上的权限划分。刑事诉讼中的管辖所要解决的问题有两个：一个是公安机关、人民检察院和人民法院在直接受理刑事案件上的分工问题；另一个是人民法院系统内部各级法院、普通法院与专门人民法院以及专门法院之间在审判第一审刑事案件上的分工问题。

刑事诉讼管辖与民事诉讼、行政诉讼管辖相比较，更具有其复杂性。民事诉讼、行政诉讼的管辖仅涉及人民法院系统内部的分工，而刑事诉讼管辖不但有公诉和自诉的划分，而且占刑事案件绝大多数的公诉案件，只有经过侦查才能进行起诉和审判。因此，刑事诉讼管辖不仅涉及人民法院系统内部受理刑事案件的分工，还涉及公安机关、人民检察院、人民法院的立案管辖问题。

明确刑事案件的管辖有利于公安、检察院、法院三机关明确自己的权力与职责，确保刑事诉讼得以顺利开展和运行；可以防止诉讼拖延和互相推诿，防止管辖不明而使案件得不到处理，问题得不到及时解决；有利于单位和公民直接向有管辖权的机关报案、控告和举报，避免或减少移送环节，便于公安、检察院、法院三机关调查取证，也便于公民参加诉讼。

二、民事诉讼法

民事诉讼，是指人民法院在当事人及其他诉讼参与人的参加下，审理和解决民事案件的活动。民事诉讼法，是指国家制定的规范人民法院和民事诉讼参与人进行民事诉讼活动必须遵守的法律规范的总称。民事诉讼法主要调整平等主体的公民和法人及他们相互之间因财产权益和人身权利发生的诉讼。诸如合同纠纷、侵权纠纷、婚姻家庭纠纷、知识产权纠纷、人身权纠纷等。

（一）民事诉讼法的基本任务

我国民事诉讼法的任务是：维护当事人行使诉讼权利；保证人民法院正确审理案件；确认民事权利义务关系，制裁民事违法行为，保护当事人的合法权益；教育公民自觉遵守法律，维护社会秩序、经济秩序，从而增强公民的法制观念，预防纠纷，减少诉讼。

（二）民事诉讼的法特殊原则

民事诉讼法即具有诉讼法共有的基本原则，又具有特有的原则：当事人诉讼权利平等原则；法院调解原则；辩论原则；处分原则；检查监督原则等。

（三）民事诉讼参加人

根据民事诉讼法的规定，民事诉讼中的诉讼参加人包括当事人和诉讼代理人。当事人包括原告和被告、共同诉讼人和第三人。诉讼参见人不同于诉讼参与人，诉讼参与人除诉讼参加人以外，还包括证人、鉴定人和翻译人员。

1. 当事人

民事诉讼中的当事人，是指因民事权利义务发生争议，以自己的名义进行诉讼，并受法院裁判拘束的人，它可以是公民、法人、也可以是其他组织。

（1）原告和被告。原告是因民事权益发生争议或受到伤害，向人民法院起诉要求保护其合法权益的公民、法人或者其他组织。被告是因民事权益发生争议或被指控侵害他人民事权益，而被人民法院通知应诉的公民、法人或者其他组织。

（2）共同诉讼人。共同诉讼，是指当事人一方或双方为二人以上，其诉讼标的是共同的或同一种类的，人民法院认为可以合并审理并经当事人同意的，为共同诉讼。在共同诉讼中共同起诉、共同应诉的当事人就叫做共同诉讼人。共同诉讼是日常生活中较为常见的一种诉讼形式。

（3）第三人。这是指对原告、被告之间争议的诉讼标的具有独立的请求权，或者虽然没有独立的请求权，但案件的处理结果与其有法律上的利害关系，经本人申请或者人民法院通知参加到已经开始的诉讼中来的人。第三人具有两个法律特征：一是为保护自己的民事权益参加诉讼，以自己的名义实施诉讼行为；二是参加诉讼的时间为他人之间的诉讼已经开始。

第三人包括有独立请求权的第三人和无独立请求权的第三人。其中有独立请求权的第三人，是指对当事人的诉讼标的认为有独立的请求权，以提起诉讼的方式参加到已经开始的诉讼中来的人。无独立请求权的第三人，是指原被告之间的诉讼标的没有独立请求权，但由于案件处理结果与他有法律上的利害关系，因而参加到诉讼中来，以保护自己民事权益的人。他既不相当于原告，也不相当于被告，而是为了保护自己的合法权益参加到诉讼中来的。

2. 诉讼代理人

诉讼代理人，是指为了保护被代理人的权益，以被代理人的名义，在被代理人委托授权的范围内进行诉讼活动的人。其所进行的诉讼行为视为被代理人的诉讼行为，其诉讼后果由被代理人承担。民事诉讼法根据代理权产生的原因不同，将代理人分为三种：法定代理人、指定代理人、委托代理人。

（1）法定代理人。这是指依据法律的规定直接行使代理权的人。无诉讼行为能力人由他的监护人作为法定代理人。

（2）指定代理人。这是指依据人民法院的指定行使代理权的人。法定代理人推诿代理责任的，由人民法院指定其中一个人为代理人。律师有时候担任指定代理人。

（3）委托代理人。这是指依据被代理人的委托行使代理权的人。当事人、法定代理人可以委托一至二人为诉讼代理人。律师通常为委托代理人。

（四）民事诉讼中的强制措施

民事诉讼中的强制措施，是指人民法院为保障审判活动的正常进行，对有妨害民事诉讼行为的人所采取的强制性手段。针对不同的妨害民事诉讼的行为，要适用不同的强制措施。根据我国民事诉讼法的规定，强制措施的种类如下：

（1）拘传。这是人民法院对于必须到庭的被告，经两次传票传唤，无正当理由拒不到庭，而采取的强制其到庭参加诉讼活动的一种措施。

（2）训诫。这是人民法院对妨害民事诉讼，情节轻微的人，以口头形式进行批评教育，指出其行为违法性，并责令其改正，不得再犯的一种强制措施。

（3）责令退出法庭。这是人民法院为排除妨害以使法庭审理继续进行，对违反法庭规则情节较轻的人，责令其离开法庭的一种措施。

（4）罚款。这是人民法院对于实施妨害民事诉讼行为较为严重的人或单位，所实行的令其向国家缴纳一定数额的金钱，以示制裁的一种强制措施。

（5）拘留。这是人民法院为制止严重妨害和扰乱法庭秩序的人继续违法活动，所采取的短期限制其人身自由的强制措施。拘留的期限为15日以下。被拘留的人由人民法院交由公安机关看管。

（五）民事诉讼程序

民事诉讼程序，是法律规定的进行民事诉讼活动必须遵守的操作规程。我国民事诉讼法规定的民事诉讼程序有：第一审程序、、第二审程序、特别程序、审判监督程序、督促程序、公示催告程序、企业破产还债程序和执行程序。

1. 第一审程序

第一审程序是第一审人民法院审理民事案件的审判程序，包括普通程序和简易程序。第一审普通程序，是指人民法院审理第一审民事案件通常适用的程序。它是民事诉讼的基础程序，是审判程序中最完整、最系统的程序，具有广泛的适用性。第一审普通程序包括：起诉和受理、审理前的准备、开庭审理、撤诉、缺席判决、延期审理、诉讼中止和终结、法院裁判等程序。简易程序是指基层人民法院和它派出的法庭审理简单的民事案件所适用的简单程序。它是普通程序的简化，是第一审程序中的一种独立的简便易行的诉讼程序。

2．第二审程序

由于我国程序法规定法院审理案件，实行二审终审制。一审案件，在法定的期限内当事人如果提出上诉且符合上诉条件，该案将进入第二审程序。民事案件的第二审程序，是指人民法院审理上诉案件所适用的程序。其内容包括上诉的提起和受理、上诉案件的审理以及上诉案件的裁判，具体内容与第一审程序相似。

3．特别程序

特别程序，是指人民法院审理特殊类型的案件适用的审判程序。根据民事诉讼法的规定，适用特别程序审理的案件包括：选民资格案件；宣告失踪或者宣告死亡案件；认定公民无民事行为能力或限制民事行为能力案件；认定财产无主案件。根据民事诉讼法的规定，适用特别程序审理的案件，实行一审终审制。由于特别程序的发生，不是基于原告的起诉，而是由于当事人的申请，其目的只是请求人民法院确认某种事实或者权利是不是存在，这些案件本身都没有利害关系相对立的当事人。所以，适用特别程序审理的案件，判决书一经送达，立即发生法律效力，当事人无权提起上诉。

4．审判监督程序

审判监督程序又称再审程序，是指对已经发生法律效力的判决、裁定、调解书，人民法院发现确有错误，对案件再行审理的程序。审判监督程序只是纠正生效裁判错误的法定程序，它不是案件审理的必经程序，它可以发生在判决、裁定的执行过程中或执行终结后，所以它是一种对错误裁判进行事后补救的程序，其目的在于贯彻实事求是，有错必纠的原则。

5．督促程序、公示催告程序、破产还债程序

（1）督促程序，又称债务催偿程序，是指人民法院根据债权人的申请，向债务人发出支付令,催促债务人在法定期限内向债权人清偿债务的法律程序。

（2）公示催告程序，指人民法院根据当事人的申请，以公告的办法，告知并催促利害关系人在指定期内，向人民法院申报权利，如不申报权利，依法作出宣告票据或其他事项无效的程序。

（3）破产还债程序，是指债务人不能清偿到期债务，法院受理当事人的申请，将债务人的财产公平分配给债权人的特定的审理程序。

6. 执行程序

执行程序，是指人民法院对已经生效的法律文书确定的给付内容，依法强制义务人履行的活动。执行程序是由于当事人拒不执行已经发生法律效力的判决、裁定规定的法律义务而发生的，因此不是每个具体案件的必经程序。

（1）执行申请。这是指依据生效法律文书享有权利的当事人，因义务人逾期拒不履行义务，为实现自己的合法权利，请求人民法院依法强制执行的行为。申请执行是引起执行程序的基本形式。申请执行的条件是：

1）据以申请执行的法律文书已经发生法律效力，并有执行内容。

2）法律文书规定的履行义务期限已经届满，义务人仍未履行义务。

3）必须是在法律规定的期限内提出申请。

4）申请执行的期限，双方或一方当事人是公民的为一年，双方是法人或其他组织的为 6 个月。

5）申请执行应向有管辖权的人民法院申请。

（2）执行措施。这是指人民法院依照法定的程序和方式对被执行人实行的强制履行义务的方法和手段。它是国家强制力的体现，也是执行工作的关键所在。根据民事诉讼法的规定，执行措施有：冻结、划拨被执行人的存款；冻结、扣留、提取被执行人的收入；查封、扣押、拍卖、变卖被执行人的财产；强制被执行人交付法律文书指定的财物或票证；强制被申请人迁出房屋或退出土地；强制被执行人履行法律文书指定的行为等。

（3）执行终结。这是指在执行的过程中，由于出现了某种特殊情况，致使执行无法继续进行或者没有必要继续进行时，而结束执行程序的制度。执行终结不同于中止执行，中止执行是对生效的法律文书暂时不予执行，等中止执行的情形消失后，还要恢复继续执行；而终结执行则是永远不再执行了。根据《民事诉讼法》第二百三十五条规定，终结执行的情形有以下几种：申请人撤销申请的；据以执行的法律文书被撤销的；作为被执行人的公民死亡而无遗产可供执行，又无义务承担人的；追索赡养费、抚养费、抚育费案件的权利人死亡的；被执行人因生活困难无力偿还借款，无收入来源，又丧失劳动能力的；人民法院认为应当终结执行的其他情况。

三、行政诉讼法

行政诉讼，是公民、法人或者其他组织在认为行政机关或者法律、法规授权的组织所作出的具体行政行为侵犯自己的合法权益时，在法定的期限内，依法定程序向人民法院起诉，并由人民法院对争议问题进行审理并作出裁决的活动。行政诉讼法，是调整人民法院、当事人和其他诉讼参与人在审理行政案件过程中的活动和由此而形成的行政诉讼关系的法律规范的总称。作为一项基本的诉讼制度，行政诉讼既有别于其他解决行政争议的制度和途径，又有别于民事诉讼和刑事诉讼。

（一）行政诉讼的特征

行政诉讼具有以下特征：

（1）与其它解决行政争议的制度或方式相比，行政诉讼是一种司法活动。

（2）与民事诉讼和刑事诉讼相比，行政诉讼是解决一定范围内行政争议的诉讼活动。

（3）与民事诉讼和刑事诉讼相比，行政诉讼体现了司法权对行政权的控制，隐含着两种国家权力之间的关系。

（4）与民事诉讼和刑事诉讼相比，行政诉讼中的原、被告具有恒定性。行政诉讼中的原告只能是行政相对人或相关人，被告只能是行政主体。也就是说，在我国只允许行政相对人或相关人起诉行政机关，不允许行政主体起诉行政相对人或相关人，也不允许行政主体反诉。

（二）行政诉讼法的基本任务和特殊原则

我国行政诉讼法的任务是：保证人民法院正确、及时审理行政案件、保护公民、法人和其他组织的合法权益，维护、监督和保障行政机关依法行政职权。

行政法的特有原则是：当事人在行政法诉讼中法律地位平等的原则；司法变更权原则；不停止具体行政行为执行的原则；不适用调解的原则；被告人负有举证责任的原则。

（三）行政诉讼受案范围

行政诉讼的受案范围，其实就是法院的主管范围，具体是指人民法院依法受理行政案件的权限和范围。我国《行政诉讼法》是以概括的方式确立行政诉讼受案的基本界限，以肯定列举的方式列出属于行政诉讼受案范围的各种具体行政诉讼案件，主要有：

（1）对拘留、罚款、吊销许可证和执照、责令停产停业、没收财产等行政处罚不服的。

（2）对限制人身自由或者对财产的查封、扣押、冻结等行政强制措施不服的。

（3）认为行政机关侵犯法律规定的经营自主权的。

（4）认为符合法定条件申请行政机关颁发许可证和执照，行政机关拒绝颁发或者不予答复的。

（5）申请行政机关履行保护其人身权、财产权的法定职责，行政机关拒绝履行或者不予答复的。

（6）认为行政机关没有依法发给抚恤金的。

（7）认为行政机关违法要求履行义务的。

（8）认为行政机关侵犯其人身权、财产权的。

此外，人民法院还受理法律法规规定可以提起诉讼的其他行政案件。

行政诉讼法在以肯定列举的方式列出属于行政诉讼受案范围的同时，在该法第十二条以否定列举的方式规定人民法院对下列案件不予受理：

（1）针对国防、外交等国家行为的案件。

（2）针对行政机关的抽象行政行为的案件。

（3）针对行政机关的内部行政行为的案件。

（4）法律规定由行政机关最终裁决的案件。

（四）行政诉讼参加人

行政诉讼参加人，是指因起诉或者应诉参加行政诉讼活动的人，包括原告、被告和第三人以及诉讼代理人。这里应当明确，行政诉讼参加人不同于行政诉讼参与人。行政诉讼参与人的范围更为广泛，它不仅包括行政诉讼参加人，还包括证人、勘验人员、鉴定人、翻译人员。

1．原告

行政诉讼的原告，是指以自己的名义向人民法院提起行政诉讼，要求保护其合法权益的公民、法人或其他组织。行政诉讼原告必须具备以下三个条件：

（1）原告必须是具体行政行为所指向的相对一方，可以是公民、法人或者其他组织。

（2）原告必须是认为其合法权益受到具体行政行为侵犯的人。

（3）原告必须是在法院受案范围内提起诉讼的人。例如，某工商机关吊销了个体户王某的营业执照。王某对工商机关吊销营业执照行为不服，有权向人民法院提起行政诉讼。这时王某就成为行政诉讼原告。

根据《行政诉讼法》等的规定，行政诉讼原告的其他情形如下：

（1）有权提起诉讼的公民死亡，其近亲属可以提起诉讼。在这种情况下，已死亡的公民不能作为原告，提起诉讼的近亲属包括配偶、父母、子女、兄弟姐妹等，是以原告的身份而不是以诉讼代理人的身份提起诉讼。

（2）有权提起诉讼的法人或其他组织终止，承担其权利的法人或者其他组织可以提起诉讼。例如，有权提起诉讼的法人或其他组织破产、解散、兼并等，承担其权利的法人或者其他组织可以提起诉讼。

（3）作为原告的法人由其法定代表人参加诉讼，其他组织向人民法院提起行政诉讼的，由该组织的主要负责人作为法定代表人。没有主要负责人的，可由实际上的负责人作为法定代表人。

2．被告

行政诉讼中的被告，是指由原告起诉经人民法院通知应诉的国家行政机关。行政诉讼被告必须是行政主体，必须是实施了原告认为侵犯其合法权益的具体行政行为，而且是人民法院通知其应诉的行政主体。《行政诉讼法》第二十五条规定了确定行政诉讼被告的五种不同情况：

（1）公民、法人或者其他组织直接向人民法院提起诉讼的，作出具体行政行为的行政机关是被告。

（2）经行政复议的案件，复议机关决定维持原具体行政行为的，作出原具体行政行为的行政机关是被告；复议机关改变原具体行政行为的，复议机关是被告。

（3）由法律、法规授权的组织所作出的具体行政行为，该组织是被告。

（4）由行政机关委托的组织所作的具体行政行为，委托的行政机关是被告。例如，公安机关委托乡人民政府作出的治安行政处罚，被处罚人不服提起行政诉讼的，被告是公安机关，而不是乡人民政府。

（5）行政机关被撤销的，继续行使其职权的行政机关是被告。在行政机构改革的过程中，有可能由新设立的行政机关取代被撤销的行政机关，有可能是被撤销机关并入另一个行政机关，那么新设立的行政机关或接受合并的行政机关就是被告。

3．共同诉讼人

共同诉讼人，是指因同一具体行政行为发生的行政案件或者因同样的具体行政行为发生的且人民法院认为可以合并审理的行政案件的一方或双方的当事人。法律规定共同诉讼的目的，是为了避免对同一行政争议作出相互矛盾的判决。同时，也是为了能够简化诉讼程序，提高办案效率。

4．行政诉讼第三人

行政诉讼第三人，是指与提起诉讼的具体行政行为有利害关系的其他公民、法人或其他组织。行政诉讼第三人是原、被告之外的个人或组织，而且是同被诉的具体行政行为有利害关系的人。

5．行政诉讼代理人

诉讼代理人，是指为当事人进行行政诉讼的人。当事人包括原告、被告、共同诉讼人、第三人。行政诉讼法规定，没有行政诉讼行为能力的公民，由其法定代理人代为诉讼。如果法定代理人互相推诿代理责任的，则由人民法院指定其中一人代为诉讼。有诉讼行为能力的当事人、法定代理人、可以委托 1~2 人代为诉讼。被委托的代理人可以是律师、当事人的近亲属或所在单位推荐的人、或人民法院允许的其他公民。

（五）行政诉讼程序

行政诉讼程序是行政诉讼活动必须遵守的次序、方式和方法。就其内容来讲，与民事诉讼法基本相似。这里我们仅就行政诉讼的第一审普通程序作一简单介绍。行政诉讼程序一般分为起诉和受理、审理和判决、执行等几个阶段。

1．起诉

在行政起诉中，起诉是指公民、法人及其他组织，因不服行政机关的处理决定，依法诉请人民法院，要求法院依法保护自己合法权益的诉讼行为。

　　根据行政诉讼法的规定，公民、法人和其他组织提起行政诉讼必须具备以下条件：①原告是认为具体行政行为侵犯其合法权益的公民、法人或者其他组织。②有明确的被告。③有具体的诉讼请求和事实根据。④属于人民法院的受案范围和受诉人民法院的管辖。

　　2．受理

　　受理，是指人民法院对公民、法人或者其他组织的起诉进行审查，对符合起诉条件的案件决定立案审查的诉讼行为。这部分内容与民事诉讼法大体一致。

　　3．审理和判决

　　行政诉讼中的审理，是指人民法院依法对行政案件所作的实质审查活动。审理是行政诉讼提起和受理后，诉讼程序的另一个阶段，它是人民法院对行政案件的实质性审查的关键环节，既是起诉、受理的继续，又为下一步裁判打下基础，发挥着承上启下的作用。

　　行政案件的审理方式主要有开庭审理和书面审理两种。目前，世界上大多数国家以开庭审理为原则。审理方式过于严格，会影响诉讼效率，过于简单，则影响诉讼的公正性和民主性。我国行政诉讼的审理，一审程序一律开庭审理，二审的审理分为书面审理和开庭审理两种形式。

　　开庭审理，是审判人员在当事人及其他诉讼参与人参加下，在法庭上进行调查和辩论，并依法作出裁判的活动。开庭审理应遵循下述程序：审判长宣布开庭、法庭调查、法庭辩论、合议庭评议、宣判。其中法庭调查是开庭审理的核心，其任务是通过核实各种证据材料，审查证据的证明效力，以认定案件事实，审查和确认具体行政行为是否正确和合法。法庭辩论终结后，由审判长依照原告、被告、第三人的顺序依次征询各方最后意见。休庭以后，合议庭成员全部退庭，进行秘密评议。合议庭代表法院根据经过法庭审查认定的证据，确认案件事实，适用法律、法规，最终形成法院对案件的判决。法院宣告判决一律公开进行。

　　开庭审理的各个阶段的工作具有一定的连续性，而每一个阶段又有各自不同的任务，但都是为了最终的目标，即作出公正的判决。法院的判决是法院行使审判权的结果，判决一经发生法律效力，就必须保证它的稳定性、强制性，必须保证判决的执行。

4．执行

行政诉讼的执行，是指人民法院的执行组织依照法律规定的程序，根据人民法院生效的行政判决、裁定，以及行政机关依法申请执行的生效行政裁决，强制拒不执行义务的当事人履行其义务的活动。

（1）对行政机关的执行措施。我国《行政诉讼法》第六十五条规定了对行政机关的强制措施：对应当归还的罚款或者应当给付的赔偿金，通知银行在该行政机关的帐户内划拨；在法律规定的期限内，不履行法院判决、裁定确定的义务从期满之日起，对该行政机关按日处以 50~100 元的罚款；向该行政机关的上一级行政机关或监察、人事机关提出司法建议，行政机关拒不履行判决、裁定，情节严重构成犯罪的，依法追究主管人员和直接责任人员的刑事责任。行政诉讼法的这一规定为促使行政机关履行义务提供了有力的手段。

（2）对相对人（原告）的强制措施。这不仅适用行政诉讼法的有关规定，还适用民事诉讼法的有关规定。强制措施有：扣留、提取被执行人的存款和收入；查封、扣押、拍卖、变更被执行人的财产；搜查、强制交付特定物或票证；强制迁出房屋和强制退出土地；强制履行特定的行为；责令支付迟延费。

四、刑事诉讼法

刑事诉讼，是指国家司法机关在刑事诉讼参与人的参加下，依法揭露犯罪、证实犯罪和惩罚犯罪的活动。刑事诉讼法，是规定司法机关和刑事诉讼参与人进行诉讼所必须遵守的法律规范的总称，是专门规定惩罚犯罪的程序和制度方面的法律。刑事诉讼法的调整对象，一是公安、司法机关进行刑事诉讼的活动；二是诉讼参与人参加刑事诉讼的活动。实际上，刑事诉讼涉及了犯罪案件应当怎样处理及刑事诉讼应当怎样进行两个问题。

（一）刑事诉讼法的基本任务

我国刑事诉讼法的任务主要表现在三个方面：

（1）保证准确、及时地查明犯罪事实，正确应用法律，惩罚犯罪分子，保障无罪的人不受刑事追究。这是刑事诉讼法的具体任务或直接要求。惩罚犯罪，保障无辜是刑事诉讼法任务对立统一的两个方面。一方面，只要真正做到准确惩罚犯罪，就不会伤害无辜；另一方面，在刑事诉讼中谨慎执法，注意保护无罪的人，就必然能更准确地惩罚犯罪分子。

（2）教育公民自觉遵守法律，积极同犯罪行为作斗争。这是我国刑事诉讼法的一个重要任务。公安、司法机关通过惩罚犯罪的活动，教育公民提高守法的自觉性，使他们了解法律保护什么、禁止什么、惩罚什么，从而调动公民与犯罪行为作斗争的积极性。同时，警戒社会上的不安定分子、使他们震慑于刑罚的威力，不敢以身试法。

（3）维护社会主义法制，保护公民的人身权利、财产权利、民主权利和其他权利，保障社会主义建设事业的顺利进行。这是刑事诉讼法的根本任务。

刑事诉讼法的各项任务是紧密联系，不可分割的，只有全面完成各项任务，才能实现刑事诉讼法的目的和根本任务。

（二）刑事诉讼法的特殊原则

刑事诉讼法的特殊原则是：人民法院、人民检察院和公安机关依法行使职权的原则；公、检、法三机关分工负责、相互配合、相互制约的原则；犯罪嫌疑人、被告人有权获得辩护的原则；人民法院依法独立行使审判权，人民检察院依法独立行使检察权原则；未经人民法院依法判决，对任何人不得确定有罪的原则；不应追究刑事责任不予追究原则。

（三）刑事诉讼参与人

刑事诉讼参与人，是指在刑事诉讼中除司法人员以外的享有一定的诉讼权利、负有一定诉讼义务的人。根据《刑事诉讼法》第八十二条规定，诉讼参与人包括当事人、法定代理人、诉讼代理人、辩护人、证人、鉴定人和翻译人员。

1. 当事人

当事人，是指与案件结果有着直接的利害关系，对诉讼进程有巨大影响的诉讼参与人。包括被害人、自诉人、犯罪嫌疑人、被告人、附带民事诉讼的原告人和被告人。

（1）公诉案件被害人。这是指直接遭受犯罪行为侵害的人。公诉案件实行国家追诉制度，被害人不是原告人，但他对人民检察院做出的不起诉决定有申诉权。对于人民检察院维持不起诉决定的，被害人可以向上一级人民检察院申诉，也可以不经申诉，直接向人民法院起诉。

（2）自诉人。这是指依法直接向人民法院起诉的当事人，一般都是自诉案件的被害人。

（3）犯罪嫌疑人。这是在刑事诉讼中被指控犯罪，尚未起诉到人民法院的当事人。

（4）被告人。这是指被人民检察院向人民法院提起公诉或被自诉人直接向人民法院起诉要求追究其刑事责任的当事人。

（5）附带民事诉讼的原告人和被告人。前者是指因被告人的犯罪行为而直接遭受物质损失，在刑事诉讼中提起民事诉讼要求得到赔偿的当事人。后者是因其犯罪行为造成物质损失而被起诉索赔的当事人。

2．其他诉讼参与人

其他诉讼参与人，是指当事人以外的、与案件没有直接利害关系的诉讼参与人。包括法定代理人、诉讼代理人、辩护人、证人、鉴定人和翻译人员等。

（1）法定代理人。这是指被代理人的父母、养父母、监护人和负有保护责任的机关、团体的代表。

（2）诉讼代理人。这是指接受公诉案件的被害人及其法定代理人或者近亲属、自诉案件的自诉人及其法定代理人委托代为参加诉讼的人和接受附带民事诉讼的当事人及其法定代理人委托代为参加诉讼的人。这里的近亲属是指夫、妻、子、女、同胞兄弟姊妹。

（3）辩护人。这是指受犯罪嫌疑人、被告人的委托或者经人民法院指定履行辩护职责的诉讼参与人。辩护人可以是：律师；人民团体或犯罪嫌疑人、被告人所在单位推荐的人；犯罪嫌疑人、被告人的监护人、亲友。

（4）证人。这是指了解案情并向司法机关陈述所了解的案情的诉讼参与人。生理上、精神上有缺陷或者年幼，不能辨别是非、不能正确表达的人，不能作证人。证人必须如实作证，否则要承担法律责任。

（5）鉴定人。这是指具有专业知识被司法机关指派或聘请对案件中的专门性问题进行鉴定并作出结论的诉讼参与人。

（6）翻译人员。这是指由司法机关指派或聘请为特定的诉讼参与人提供语言文字或手势翻译的人员。

（四）刑事诉讼中的强制措施

刑事诉讼的强制措施，是指人民法院、人民检察院和公安机关为了防止犯罪嫌疑人、被告人或者现行犯、重大嫌疑分子逃匿、自杀、隐匿或毁灭证据、继续犯罪，依照刑事诉讼法的规定所采取的限制其人身自由的各种强制手段。由此我们可以看出，强制措施只是在刑事诉讼中对犯罪嫌疑人、被告人的人身自由进行暂时限制的一种手段，它对于防止犯罪嫌疑人、被告人、现行犯逃避或妨碍侦查、起诉和审判，保证刑事诉讼的顺利进行，具有重要意义。刑事诉讼法规定了拘传、取保候审、监视居住、拘留和逮捕等五种强制措施。

（五）刑事附带民事诉讼

刑事附带民事诉讼，是指司法机关在刑事诉讼中，在解决被告人刑事责任的同时附带解决由被告人的犯罪行为造成的被害人物质损失的赔偿而进行的诉讼。附带民事诉讼实质上是一种特殊的民事诉讼，从实体法上来说，它是一种因被告人犯罪行为而引起的损害赔偿的民事诉讼；从程序上来说，它是一种在刑事诉讼中提起并利用刑事诉讼程序解决的民事诉讼。这种民事诉讼和刑事诉讼是由被告人同一行为引起的，被告人的行为在刑法上属于犯罪行为，在民法上属于侵权行为，而同时引起了刑事和民事两种法律责任。

（六）刑事诉讼程序

为保证刑法正确实施，以达到揭露犯罪和惩罚犯罪的目的，刑事诉讼法具体规定了公安、司法机关和诉讼参与人进行刑事诉讼活动必须遵循的法定程序。

1．立案、侦查

立案，是指公安机关、人民检察院、人民法院对控告、检举和犯罪实施者的自首，以及在自己工作中直接获得的案件材料，按照管辖范围进行审查，认为确有犯罪事实存在，并且依法需要追究民事责任的时候，决定作为刑事案件进行侦查或审理的一种诉讼活动。

侦查，是指公安机关、人民检察院对已立案的案件依照法定程序进行的专门调查工作和有关的强制性措施。侦查工作的特点任务是：收集证据；查明犯罪事实；确定犯罪人；制止和预防犯罪。

2．提起公诉

公诉，是指人民检察院代表国家向人民法院提起的诉讼。无论是人民检察院自行侦查终结的案件，还是公安机关移送的案件，人民检察院决定提起公诉，必须同时具备三个条件：

（1）认为犯罪嫌疑人的犯罪事实已经查清。

（2）证据必须确实、充分。

（3）犯罪嫌疑人依法应当追究刑事责任。

但是，人民检察院也有权利对犯罪事实清楚、已经触犯刑法、构成犯罪，但具有不需要判处刑罚或免除刑罚的条件的犯罪嫌疑人作出不起诉的决定，体现对犯罪嫌疑人的从宽处理。

3．审判

刑事诉讼中的审判，是指人民法院对依法起诉的刑事案件进行审理和裁判的诉讼活动。

（1）审判组织。这是人民法院审判案件的组织形式。人民法院审判案件的组织形式有独任制、合议庭和审判委员会。

（2）一审程序。这是指人民法院对刑事案件进行初级审理的程序。它是刑事案件的基本程序。

（3）简易程序。这是相对普通程序而言的。它是人民法院在审理某些事实清楚，情节简单，犯罪轻微的刑事案件时，简化和省略了其中某些环节的审判程序。

（4）第二审程序。也叫上诉审程序，是指上一级人民法院根据当事人的上诉或检察院的抗诉，对下级人民法院所作的第一审未生效的判决或裁定进行重新审理的程序。第二审程序不是每个刑事案件的必经程序，如果没有当事人的上诉或者检察院的抗诉，就不会发生第二审程序。

4．执行程序

执行程序是指依法将生效判决、裁定交付给执行机关执行的程序。在我国，交付的机关是人民法院，执行的机关有人民法院、罪犯改造机关和公安机关。

思考题

1．如何理解宪法的概念？简述宪法的基本特征和基本原则。

2．我国公民的基本权利和基本义务是什么？

3．简述我国民法的的调整对象及特点，我国民法的基本原则有哪些？

4．简述刑法的概念及其基本原则。

5．何为犯罪构成？简述其基本特征。

6．简述行政法的基本特点、基本原则的含义及其包含的内容。

7．简述诉讼法的基本原则。

8．简述民事诉讼法中的强制措施及诉讼程序。

9．简述行政诉讼法中的行政诉讼受案范围及诉讼程序。

10．简述刑事诉讼法中的强制措施及诉讼程序。

第八章　树立法治理念，遵守行为规范

在当今中国，法治已经成为党和政府治国理政的基本方式。在国家治理和社会管理中发挥重大作用。公共生活、职业生活与婚宴家庭生活，是人民社会生活的主要领域，也是个人品格形式的重要领域。

第一节　树立社会主义法治理念

社会主义法治理念是我国社会主义法治建设的思想观念体系，反映了社会主义法治的性质、功能、目标方向、价值取向和实现途径，是社会主义法治的核心和精髓，是我国立法、执法、司法、守法和法律监督的指导思想。社会主义法治理念是中国共产党以马克思主义为指导，在总结社会主义法治建设经验教训和吸收古今中外法治文明成果的基础上，逐步凝练和形成的指导社会主义法治建设的重大理论成果，具有鲜明的政治性、彻底的人民性，系统的科学性、充分的开放性四个基本特征。大学生应当自觉树立社会主义法治理念，以社会主义法治理念为指导积极参与社会主义民主法治建设实践，为社会主义政治文明建设作出应有的贡献。

一、社会主义法治理念的基本内容

社会主义法治理念包括依法治国、执法为民、公平正义、服务大局、党的领导等五个方面的基本内容。它们是相辅相成、不可分割的整体，体现了党的领导、人民当家作主、依法治国的有机统一，体现了党的事业至上、人民利益至上、宪法法律至上。

（一）依法治国

依法治国是社会主义法治的核心内容，是党领导人民治理国家的基本方略。依法治国是指广大人民群众在党的领导下，依照宪法和法律规定，通过各种途径和形式管理国家事务和社会事务，管理经济和文化事业，保证国家各项工作都依法进行，逐步实现社会主义民主的制度化、法律化，保障人民依法享有广泛权利和自由。依法治国基本方略的确立，是中国共产党治国理政观念的重大转变，是发展社会主义市场经济的客观需要，对于建设社会主义民主政治、实现国家的长治久安具有重大意义。

依法治国，就是以宪法和法律作为党领导人民治理国家的基本方式，主要包括四项基本要求：一是科学立法，就是立法机关从实际出发，遵循客观规律，科学合理地规定法律权利、义务和责任，提高立法的民主性、可行性、有效性。二是严格执法，就是行政机关严格依照法定权限和程序行使权力、履行职责，权必由法出，不得法外执法、执法不作为和滥用执法权力，在执法过程中做到有法必依、执法必严、违法必究。三是公正司法，就是司法机关依法独立公正行使司法权。四是全民守法，就是所有公民、社会组织和国家机关自觉以法律为行为准则，依法行使权利、履行义务、承担责任。

（二）执法为民

执法为民是社会主义法治的本质要求，是人民当家作主的社会主义国家性质在法治上的必然反映。坚持执法为民，必须坚持以人为本，强化人权保障观念，切实保护广大人民群众的合法权益，确保执法工作始终保持为人民服务、为社会主义服务的正确方向。

执法为民，包括三项基本要求：一是以人为本，尊重人民群众的法律主体地位，坚持以维护最广大人民群众的根本利益为出发点。二是尊重和保障人权，切实维护公民的各项合法权利。三是文明执法，执法的过程和方式符合法定要求，多运用说服教育、调解疏导等手段，做到仪容整洁、举止文明、态度公允、用语规范，克服执法的简单化、粗糙化、暴力化倾向，保持良好的社会形象。

（三）公平正义

公平正义是社会主义法治建设的根本价值追求，也是中国特色社会主义的内在要求。立法是公平正义的起点，执法是公平正义的保障，司法是公平正义的最后一道防线。只有坚持法律面前人人平等，反对特权，禁止歧视，坚持正当程序，才能真正做到立法公正、执法公正、司法公正，真正维护人民群众的合法权益。

公平正义，主要包括两个方面的基本要求。一是坚持立法公正和执法公正并重。立法公正是执法公正的前提，执法公正是立法公正得以实现的重要保障。二是坚持实体公正和程序公正并重。实体公正，事关法律权利、义务、责任的设定和分配的结果是否正当合理。程序公正，事关法律权利、义务、责任的设定和裁判的过程或程序是否正当合理。实体公正与程序公正密切联系、相互制约，实体公正是程序公正追求的目标，程序公正是实体公正的保障。

（四）服务大局

服务大局是社会主义法治的重要使命，是由建设中国特色社会主义的根本任务所决定的。建设中国特色社会主义的根本任务，是解放和发展生产力，使全体人民摆脱贫穷落后，最终走上小康和共同富裕。这也是广大人民群众的根本利益和共同愿望，是社会主义初级阶段最大的大局。我国社会主义法治的重要使命，就是要保障和服务中国特色社会主义这个大局。把握大局是服务大局的前提条件，围绕大局是服务大局的根本保证。社会主义法治要以服务大局为目标方向，具体工作要以服务大局为基本准则，工作成效要以服务大局为检验标准。

（五）党的领导

党的领导是我国宪法确定的基本原则，是实现社会主义法治的根本保证和强大推动力量。党领导人民制定法律，党也要领导人民执行法律，同时党也要在宪法和法律范围内活动。只有坚持党的领导，发挥党总揽全局、协调各方的领导作用，才能加快推进社会主义民主法治建设，为人民的自由和幸福提供坚实的法治保障。

党对社会主义法治的领导主要是思想领导、政治领导和组织领导。党的思想领导主要是坚持马克思主义在法治领域的指导地位，坚持中国特色社会主义理论体系对法治建设的指导作用。党的政治领导主要是对社会主义法治建设的政治原则、政治方向、重大决策的领导，对社会主义法治建设的路线、方针、政策的领导。党的组织领导主要是推荐重要领导干部，加强立法机关、行政机关、司法机关党的组织建设，充分发挥党组织的作用。

二、树立社会主义法治理念的重要意义

社会主义法治理念是新形势下大学法制宣传教育的重点内容，对于大学生

法律素质的培养和提高具有重要意义。

（一）有利于理解法律的内在精神

社会主义法治理念是对中国特色社会主义法律体系内在理念、精神最准确深刻的诠释。社会主义法治理念中的"依法治国"理念概括出了中国特色社会主义法律体系的核心要义，"公平正义"理念概括出了中国特色社会主义法律体系的价值追求。构成中国特色社会主义法律体系的法律都从不同的方面追求和体现着依法治国、公平正义等理念。大学生通过学习和理解社会主义法治理念，能够把握法律的内在精神。

（二）有利于促进正确法治观念的形成

在高校进行社会主义法治理念教育，首要目标和任务就是要帮助大学生在掌握法律知识的基础上，树立正确的法治观念。社会主义法治理念是关于什么是社会主义法治、为什么实行社会主义法治、怎样实现社会主义法治的科学认识，确立了大学生应当树立的法治观念，有利于培育大学生的守法意识和护法精神。

（三）有利于养成依法办事的行为习惯

社会主义法治理念不仅有助于帮助大学生改造内心世界，也有助于帮助大学生塑造新的行为模式。首先，大学生在树立社会主义法治理念的过程中，会进一步增强法治观念，形成自觉依法办事的意识。依法办事的意识越强烈，越有利于养成依法办事的行为习惯。其次，社会主义法治理念本身具有很强的行为指引功能，有助于大学生依法参与公共生活、实施法律行为。

三、如何树立社会主义法治理念

树立社会主义法治理念，应认识和把握好以下几个方面的关系。

（一）党的领导与依法治国的关系

党的领导与依法治国是有机统一的关系。一方面，依法治国是党领导人民治理国家的基本方略，坚持党的领导是社会主义法治的根本保证；另一方面，依法执政是党执政的基本方式，党领导人民制定宪法和法律，又必须自觉遵守宪法和法律，带头维护宪法和法律的权威。改革开放以来，我国宪法和中国共产党党章先后确立了"党必须在宪法和法律范围内活动"的基本原则，明确提出党要坚持依法执政，不仅要求党必须在宪法和法律的范围内活动，还要求党的领导和执政行为要纳入法治轨道。

（二）服务大局与依法治国的关系

服务大局与依法治国是统一的。服务大局不是不按照法律办事，而是运用法律的手段服务大局，按照法治的方式服务大局。依法正确履行职责是执法机关和执法人员服务大局的基本要求。一方面，依法履行职责的根本目的是保障和服务大局，不能不顾大局去发挥职能，割裂法治建设与改革发展、与党和国家大局的关系，脱离目标方向孤立地看待、推进法治工作；另一方面，服务大局的重要手段和前提是依法正确履行职责，不能违反法律规定去服务大局，脱离法定职权职能乱作为，滥用权力，影响妨碍大局。

（三）社会主义法治理念与中国传统法律思想的关系

中国传统法律思想既是社会主义法治理念产生的文化背景和历史土壤，又为社会主义法治理念提供了思想元素和文化资源。但是，社会主义法治理念并不是中国传统法律思想的直接延续，而是对中国传统法律思想的批判吸收。封建人治思想的基本特点是主张君权神授、君主专制、权大于法、义务本位、严刑峻罚。我们在继承中国传统法律思想精华的同时，必须坚决反对和摒弃封建人治思想。

（四）社会主义法治理念与资本主义法治思想的关系

社会主义法治理念与资本主义法治思想虽有一定的联系，但存在着根本上的区别。从根本上说，资本主义法治思想是建立在资本主义生产关系基础之上，服务于资产阶级民主法治建设的，其根本目的在于维系有利于资产阶级的经济和政治秩序。在借鉴资本主义法治思想的某些合理因素的同时，要清醒地认清社会主义法治理念与资本主义法治思想的根本区别，认清资本主义法治思想的实质，有力抵御其中错误思想观点的侵蚀。

四、社会主义法治思维方式

法治思维方式是指人们按照法治的理念、原则和标准判断、分析和处理问题的理性思维方式。法治思维方式与人治思维方式有着根本的区别。法治思维方式是一种逻辑的、理性的思维方式，而人治思维方式判断、分析和处理问题的基点是个体的人或少数人的感性，具有任意性和个体性或具体性。由于法律、权力、权利、程序是所有治国理政实践所不可或缺的四个基本要素，法治思维的含义和基本特征就体现为对待和处理这些基本要素的态度和方式。

（一）正确理解法治思维方式

培养法治思维方式，增强法治意识，养成依法办事的习惯，要正确认识和把握社会主义民主与法治、权利与权力、权利与义务、自由与平等、实体与程序的关系。

1. 民主与法治的关系

民主是指实行按照多数人的意志进行决定的社会活动机制。社会主义民主和法治是社会主义的重要特征，同属于社会主义政治文明范畴。发展社会主义民主、健全社会主义法制、建设社会主义法治国家，是中国特色社会主义建设事业的重要组成部分。社会主义民主与社会主义法治之间存在着密切关系。一方面，社会主义民主是社会主义法治的基础，决定着社会主义法治的性质和内容。只有人民掌握国家政权，才能将保障和实现人民的民主权利作为制定社会主义法律的出发点与归宿，才能使社会主义法治得到广大人民群众的支持和拥护。另一方面，社会主义法治是社会主义民主的保障，是社会主义民主的重要实现途径。社会主义民主只有制度化、法律化，才能持续、稳定、有序地推进，人民当家作主才有切实的法律和制度保障。

2. 权利与权力的关系

按照法治思维，权利与权力之间的关系主要表现为以下四个方面：

第一，权力来源于权利。在民主和法治的国度，国家的一切权力来源于人民，国家机构的权力是由人民赋予的。国家权力的配置、国家机构的设置、国家重要官员的产生，都是公民行使权利的结果。因此，不是权力创造或批准了权利，而是权利创造和批准了权力。

第二，权力服务于权利。设立国家权力的目的，在于为人民服务、为权利服务。权力服务于权利，不仅是要防止对权利的侵犯，更重要的是为权利的行使和实现创造条件。

第三，权力应当以权利为界限。法律所授予的权利是权利主体自主支配自己的行动和财产的自治领域，是权利主体发挥自己的才能和潜力的自由空间。国家权力不得随意侵入权利主体的自治空间，不得随意干预权利主体的行动自由。这意味着，权利为权力的行使设定不可逾越的界限。

第四，权力必须受到权利的制约。公民的权利就是国家的义务，公民通过行使知情权、参与权、表达权、监督权等政治权利，对国家机构及其公务人员行使权力进行监督和控制，以防止国家权力的滥用和异化。

3．权利与义务的关系

正确理解法律权利与法律义务的关系，是培养法治思维的前提条件。法律权利和法律义务之间的关系可以概括为以下三方面：

第一，结构上的相关关系。法律权利与法律义务是对立统一的。法律权利与法律义务，一个表征利益，另一个表征负担；一个是主动的，另一个是被动的。就此而言，它们是法律这一事物中两个分离的、相反的成分和因素，是两个互相排斥的对立面。同时，法律权利和法律义务又相互依存、相互贯通。两者都不可能孤立存在与发展，一方的存在和发展都必须以另一方的存在和发展为条件。它们相互渗透、相互包含，而且在一定条件下相互转化。

第二，总量上的等值关系。法律权利和法律义务在总量上是等值的。首先是一个社会的法律权利总量和法律义务总量是相等的。在一个社会中，无论法律权利和法律义务怎样分配，不管每个社会成员实际享有的法律权利和承担的法律义务怎样不均衡，也不管规定权利与规定义务的法条数量是否相等，法律权利与法律义务在总量上总是等值的。其次是在具体法律关系中，法律权利与法律义务互相包含。法律权利的范围就是法律义务的界限，同样，法律义务的范围就是法律权利的界限。

第三，功能上的互补关系。法律权利和法律义务各有其独特的、总体上又是相互补充的功能。法律义务以其强制某些积极行为发生、防范某些消极行为出现的特有约束机制而更有助于建立社会秩序；法律权利以其特有的利益导向和激励机制而更有助于实现人的自由。由于秩序和自由都是社会的基本价值目标，因而法律权利和法律义务对一个社会来说是缺一不可的。

4．自由与平等的关系

保障公民的自由与平等是我国宪法和法律的基本价值取向。树立正确的自由和平等观念，协调自由与平等的关系，是法治思维的内在要求。法律上的自由观念最为核心的内容是依法享有和行使自由的观念。我国宪法明确规定："中华人民共和国公民在行使自由和权利的时候，不得损害国家的、社会的、集体的利益和其他公民的合法的自由和权利。"法律上的平等观念最为核心的是法律面前人人平等的观念。法律面前人人平等，要求所有公民都必须平等地遵守法律，依照法律规定平等地享有和行使法律权利，平等地承担和履行法律义务。在社会主义国家，不承认有任何享受特权的公民，也不承认有任何免除法律义务的公民。法律面前人人平等，也要求国家行政机关、司法机关在适用法律时，对于任何公民，不论其民族、种族、性别、职业、宗教信仰、教育程度、财产状况、社会地位、居住期限等有何差别，都要给予平等对待，从而保证每个公民的合法权益都平等地受到法律保护，任何公民的违法犯罪行为都平等地受到法律追究和制裁。

5. 实体与程序的关系

要培养法治思维，必须正确理解和处理实体与程序的关系。在法治实践中，实体和程序的关系主要表现为两方面：一是实体法和程序法的关系。实体法和程序法是法律体系两部分不可或缺的内容。实体法是规定社会主体的权利（职权）、义务（职责）、责任的法，如民法、刑法、行政法等。程序法是保障社会主体的权利（职权）、义务（职责）、责任得以履行或实现的法，如民事诉讼法、刑事诉讼法、行政诉讼法等。实体法和程序法既相辅相成、不可分离，又相互包容。二是实体公正和程序公正的关系。实体公正和程序公正是法律公正两个不可偏废的方面。追求实体公正，不能以违背或破坏程序为代价，要防止只求结果、不要过程、省略程序、违反程序等问题。强调程序公正，绝不意味着放弃对实体公正的追求，不能脱离实体公正搞所谓的程序至上或者程序优先，要避免只求过程不重结果。

（二）培养法治思维方式的途径

大学生可以通过学习法律知识、掌握法律方法、参与法治实践等途径，在日常生活中逐渐形成思考、分析、解决法律问题的法治思维方式。

1. 学习法律知识

学习和掌握基本的法律知识，是培养法治思维方式的前提。一个对法律知识一无所知的人，不可能形成法治思维方式。法律知识通常包括法律、法规方面的知识和法律原理方面的知识，这两部分法律知识对于培养法治思维方式都很重要。只有既了解法律、法规在某个问题上的具体规定，又了解法律的原理、原则，才能更好地领会法律精神，养成法治思维。除了从书本上获取法律知识外，大学生还可以通过收听收看法制广播电视节目、阅读法律类报纸杂志等途径学习法律知识。

2. 掌握法律方法

法律方法是人们按照法治的要求思考、分析和解决法律问题的方法。法律方法是法治思维的基本要素，法治思维的过程就是运用法律方法思考、分析和解决法律问题的过程。我们要培养法治思维方式，必须掌握法律方法。应当指出，法律工作者使用的法律方法相当复杂，有法律解释的方法、法律推理的方法、填补法律漏洞的方法、认定事实的方法等。每一种基本方法又包括一系列的具体方法。了解和掌握一些基本的法律方法，有助于大学生培养法治思维。

3. 参与法律实践

法治思维是一种在法律实践中训练、培养和应用的思维方式。脱离具体的法律生活和法律实践，不可能养成法治思维方式。只有通过参与各种法律活动，在法律实践中运用法律知识和方法思考、分析、解决法律问题，才能养成自觉的法治思维习惯。随着社会主义法治国家建设进程的不断推进，大学生参与法律实践的方式和途径越来越多。大学生至少可以通过以下几种方式参与法律实践：一是参与立法讨论。我国中央或地方的很多立法都要面向全社会广泛征求意见或者进行听证，大学生可以参与这些立法的讨论，发表自己的有关意见。二是进行法律监督。宪法和法律赋予公民对国家机关及其工作人员的行为是否合法进行监督的权利，包括提出批评、建议和申诉、控告、检举。大学生可以通过行使这些权利，进行法律监督。三是旁听司法审判。凡是人民法院公开审判的案件，都允许公民旁听。大学生可以向人民法院申请旁听法院的庭审过程，了解法律案件的审判过程。四是参与法律问题讨论。新闻媒体、互联网和其他机构经常组织有关法律问题的讨论，大学生也可以参加此类讨论，训练法治思维能力。

五、做法律权威的坚定维护者

维护法律权威，既是执政党和国家机关的神圣使命，也是公民个人的崇高使命。对于公民个人来说，既要增强法律意识，按照法律的规定行事，又要自觉尊重与维护法律的权威，成为法律权威的坚定维护者。对于大学生来说，至少应做到以下三个方面。

（一）树立法律信仰

一个人只有从内心深处真正认同、信任法律的正义性和权威性，才会形成对法律的信仰，进而自觉维护法律权威。大学生应当通过认真学习法律知识，深入理解法律在国家生活和社会生活中的重要作用，真正认同、信任我国法律的正义性和权威性，从而树立起对我国法律的坚定信仰。

（二）引导他人尊重法律权威

大学生在自己学习与掌握法律知识的同时，还要向他人宣传法律，帮助和引导他人尊重法律权威。特别是要宣传社会主义法治理念，帮助人们彻底根除"权大于法"等封建人治思想，宣传我国法律的优越性与合理性，使人们了解、认同和信任我国的法律制度，从而推动全社会形成尊重和维护法律权威的良好风尚。

（三）敢于同各种违法犯罪行为作斗争

违法犯罪行为既是对社会秩序的破坏，也是对法律权威的蔑视。大学生不仅要有强烈的守法意识，自觉遵守国家法律，也要有强烈的社会责任感，增强护法意识，要敢于和善于同违法犯罪行为作斗争，自觉维护法律的权威。同违法犯罪行为作斗争的方式是多种多样的，既包括事前采取有效措施预防违法犯罪行为的发生，也包括事中和事后制止、申诉、检举、揭发违法犯罪行为。

第二节　遵守行为规范

大学生学习和掌握社会生活领域的道德规范和法律规范，自觉加强道德修养和法律修养，可以为应对和解决走向社会、立业成家的人生重大课题打下良好基础。

一、个人品德养成中的道德与法律

遵守公共生活、职业生活 、婚姻家庭生活中的道德规范和法律规范，锤炼高尚品格，最终要落实到个人品德的养成上。个人品德是通过社会道德教育和个人自觉的道德修养所形成的稳定的心理状态和行为习惯。它是个体对某种道德要求认同和践履的结果，集中体现了道德认知、道德情感、道德意志和道德行为的内在统一。

（一）个人品德的特点

个人品德具有鲜明的特点，主要表现在以下三个方面：其一，实践性。个人品德不是个人的某种先天禀赋，而是个人在实践中通过社会道德要求的内化锤炼而成的一种特殊品性；不是一种单纯的道德意识现象，而是在社会生活中表现出的一种行为方式。其二，综合性。个人品德不是某种道德要素的表现，而是个人的道德认知、道德情感、道德意志、道德行为的综合体现；不是个别的具体行为，而是个人行为的统一整体。其三，稳定性。个人品德不是偶然的、短暂的道德行为现象，而是在实践活动中表现出来的行为的稳定倾向。

（二）个人品德的作用

个人品德的作用主要表现以下三个方面：第一，个人品德对道德和法律作用的发挥具有重要的推动作用。社会道德和法律要求只有内化为个人品德，才能成为现实的规范力量。同时，个人品德提升的过程也是能动地作用于社会道德和法律的过程，它能够为社会道德和法律的发展进步创造条件、提供动力。第二，个人品德是个人实现自我完善的内在根据。个人在行为过程中整合行为动机、确定行为目标、自觉调控行为过程等都是个人品德功能和作用的体现。第三，个人品德是经济社会发展进程中重要的主体精神力量。作为劳动主体的人，是经济社会发展的核心动力，而个人品德是决定人的综合素质的核心要素。

（三）个人品德与道德修养

个人品德的养成既要加强个人道德修养的自觉性，采取正确有效的道德修养方法，也要自觉地向道德模范学习。

1．加强个人道德修养的自觉性

个人在道德意识、道德行为方面，自觉地按照一定社会或阶级的道德要求所进行的自我审度、自我教育、自我锻炼、自我改造和自我完善的活动，称为道德修养。道德修养体现在一个人的世界观、人生观、价值观上，体现在一个人的工作生活和社会交往上，体现在一个人的一言一行上。道德修养有助于正确解决社会道德要求与个人选择能力和践行能力之间的矛盾，解决自己内在思想品质中新旧道德观念之间的矛盾，培养高尚的道德品质和道德情操以及健康的生活情趣，保持昂扬奋发的精神状态，适应社会进步和个人完善的需要。

大学生要努力按以下要求来提高道德修养的自觉性：第一，应有进行道德修养的强烈动机，这样才能满腔热情自觉自愿地去学习、思考和体验，从而提升道德修养的境界；第二，应积极主动地进行自我教育、自我约束、自我激励，坚忍不拔、脚踏实地、持之以恒地进行道德修养；第三，应正确地认识和评价自己，发扬成绩，克服不足。

2．采取积极有效的道德修养方法

个人加强道德修养，在借鉴各种积极有效的道德修养方法的情况下，需要结合当今社会发展的需要和当代人道德修养的实践经验，身体力行。第一，学思并重的方法，即通过虚心学习，积极思索，辨别善恶，学善戒恶，以涵养良好的德性。第二，知行统一的方法，即把提高道德认识与躬行道德实践统一起来，以促进道德要求内化为个人的道德品质，外化为实际的道德行为。第三，省察克治的方法，即通过反省检验以发现和找出自己思想与行为中的不良倾向、不良念头，并加以及时抑制和克服。第四，积善成德的方法，即通过积累善行或美德，使之巩固强化，以逐渐凝结成优良的品德。第五，慎独自律的方法，即在无人知晓、没有外在监督的情况下，坚守自己的道德信念，自觉按道德要求行事，不因为无人监督而恣意妄为。

3．向道德模范学习

道德模范是自觉践行社会道德要求的典范，反映了社会发展进步的时代精神。一个道德模范，就是社会上竖起的一个标杆、一面旗帜，就是在群众中提倡的一种导向、一种追求。模范人物以自身的道德行为，真实、具体地再现了优秀的道德品质，给人以鲜活、直观的印象，深化了人们对道德力量的理解与认同，构成了个体在道德实践过程中的标准与参照。大学生应当在进行道德修养中自觉开展学习道德榜样的活动，将道德模范人物作为自己心目中的偶像、成长道路上的良师、追求全面发展的榜样。

4．积极参与社会实践

道德修养要与人们改造客观世界和主观世界的实践活动相联系，与人们具体的道德行为相联系，与人们的全部道德实践过程相联系。不参加社会实践，不在社会实践中努力提高道德修养的自觉性和主动性，就不可能培养出优良的道德品质和高尚的道德人格。大学生积极参加社会实践，一是要主动进行社会调查，了解社会，认识社会，正确地看待社会；二是要积极参与各种公益活动、生产劳动、发明创造等社会实践，不断陶冶道德情操，提升道德境界，为将来适应社会的需要创造条件。

（四）个人品德与法律修养

加强法律修养，重在增强法律思维。只有当大学生能够按照法律的要求观察、思考、处理法律问题，才能成功地应对和解决现实生活中越来越多的法律问题。

1．讲法律

思考与处理涉及法律的社会问题，要以法律为准绳。如果脱离法律来思考与处理问题，就谈不上法律思维。在社会生活中，人们有时会遇到法与理、法与情的冲突，遇到合理不合法或合情不合法的情况。但是，即使人们感觉到某些法律规定不合理、不合情，也不能漠视、违背或搁置法律。一项法律规定，只要它没有被修改或废除，就是有效的，人们就有义务遵守或执行。

2．讲程序

思考与处理法律问题，要从法律程序出发。程序问题在法律领域居于非常重要的地位。程序是法律所规定的法律行为的方式和过程，法律通过规定明确的程序来约束人们的行为。程序告诉人们实施某种法律行为时，应先做什么事情，后做什么事情，以及如何做这些事情才是符合法律的。与其他类型的思维方式相比，法律思维更为关注行为的程序问题。

3．讲证据

思考与处理涉及法律的社会问题，要以证据为根据。这要抓住两个关键问题：一是查清案件事实，二是正确适用法律。只有掌握充分的证据，才能认清案件事实。一般来说，证据就是以法律规定的形式表现出来的、能够证明案件真实情况的客观事实。法律上的证据不同于一般的事实。首先，证据要具有合法性，即证据的形式、收集和查证都必须符合法律的规定。其次，证据要具有客观性，即证据必须是客观真实的，既不能捕风捉影，更不能主观臆断。最后，证据要具有关联性，即证据只有与案件事实有实质性联系，才能对案件事实具有证明作用。

4．讲法理

思考与处理涉及法律的社会问题，要运用法律原理和精神。任何理性的思维都应当用适当的理由来支持所获得的结论，而法律思维对理由的要求更有特殊之处。第一，理由必须是公开的，而不能是秘密的；第二，理由必须有法律上的依据；第三，理由必须具有法律上的说服力。就此而论，与其说法律思维的首要任务是寻求解决问题的结论，不如说是寻求据此作出结论的法律理由——那些认同法律并依赖于法律的人们能够接受的理由。

二、婚姻家庭生活中的道德与法律

大学生正值青春韶华，树立正确的爱情、恋爱与婚姻家庭观，遵守相关的道德和法律规范，处理好复杂的感情和人际关系，有利于大学生的健康成长、顺利成才。爱情是一个古老而常新的人生话题，是人生一道亮丽的风景线。所谓爱情是一对男女基于一定的社会基础和共同的生活理想，在各自内心形成的相互倾慕，并渴望对方成为自己终身伴侣的一种强烈、纯真、专一的感情。人生在具体的社会和文化环境中展开，理解和把握爱情的真谛或本质，要考虑具体社会历史条件的制约，考虑一定的文化传统、社会心理和风俗习惯的影响。

（一）恋爱中的道德规范

男女双方培养爱情的过程或在爱情基础上进行的相互交往活动，就是人们日常所说的恋爱。恋爱作为一种人际交往，必然也要受到道德的约束。恋爱是建立婚姻家庭的前奏，恋爱中的道德关系到未来婚姻家庭生活的幸福。在现实生活中，正确地认识恋爱的道德责任，处理好恋爱关系十分重要。

1．尊重人格平等

恋人间彼此尊重人格的表现，主要是尊重对方的独立性和重视双方的平等。恋爱的双方在人格上都是独立的，如果把对方当作自己的附庸，或依附对方而失去自我，都是对爱情实质的曲解。恋爱双方在相互关系上是平等的，都有给予爱、接受爱和拒绝爱的自由，放纵自己的情感或者对对方予以束缚或强迫，都不符合恋爱的道德要求。

2. 自觉承担责任

自愿地为对方承担责任，是爱情本质的体现。无论对方处在顺境还是逆境，是富裕还是贫穷，是健康还是伤病，爱一个人或接受一个人的爱，就要自觉地为对方承担责任。责任的担当，不是单纯的"我的心中只有你"的反复吟唱，而是需要见诸行动的自觉。

3. 文明相亲相爱

文明的恋爱往往是恋爱双方既相互爱慕、亲近，又举止得体，相互尊重，而绝不是在态度、举止、语言等方面的粗俗和放纵。恋人在公共场所出入，要遵守社会公德，不要对他人生活和公共生活造成不良影响。恋人独处，也要讲文明，讲道德。

同学们在恋爱问题上应处理好这样几种关系：一是恋爱与学习的关系。学习是大学生的主要任务，同学们应把爱情作为奋发学习的动力。二是恋爱与关心集体的关系。恋爱中的双方不应把自己禁锢在两个人的世界中。脱离集体，疏远同学，会妨碍自身的全面发展与进步。三是恋爱与关爱他人和社会的关系。爱的情感丰富博大，不仅有恋人之爱，还有父母、兄弟、姐妹、同志之爱和对社会、国家之爱。

（二）婚姻家庭生活中的道德规范

恋爱是缔结婚姻、组成家庭的前提和基础，婚姻和家庭则是恋爱的结果。婚姻和家庭是爱情在内容和形式上的升华。婚姻和家庭是两个既密切相关又具有明显区别的概念。婚姻是指由法律所确认的男女两性的结合以及由此而产生的夫妻关系。家庭是指在婚姻关系、血缘关系或收养关系基础上产生的，亲属之间所构成的社会生活单位。婚姻是家庭产生的重要前提，家庭又是缔结婚姻的必然结果，婚姻的成功体现为家庭的幸福，家庭的美满又彰显出婚姻的意义。

婚姻家庭关系是特定的人与人之间的特殊关系，具有自然和社会两重属性。自然属性仅是婚姻家庭得以形成和发展的前提条件，社会属性才是婚姻家庭的本质所在。婚姻家庭的和谐稳定是社会和谐稳定的基础注重把握婚姻家庭演变的规律和现实状况，妥善协调婚姻家庭关系，既关系千家万户的幸福，又关系人际关系的和谐，乃至社会的长治久安。

家庭美德是调节家庭内部成员以及与家庭生活密切相关的人际关系的行为规范，是每个公民在家庭生活中应该遵循的行为准则。家庭美德在维系和谐美满的婚姻家庭关系中具有十分重要而独特的功能。我们要大力提倡以尊老爱幼、男女平等、夫妻和睦、勤俭持家、邻里团结为主要内容的家庭美德。

1．尊老爱幼

在我国社会中，强调尊老爱幼具有很强的针对性，它对于解决日趋凸显的老龄化问题和独生子女的培育问题，都具有重要的意义。要保护老人、儿童的合法权益，坚决反对虐待、遗弃老人和儿童的行为。中国自古就是一个讲求父慈子孝的国度，"老吾老以及人之老，幼吾幼以及人之幼"的观念深入人心，反映了人们对需要给予特别关爱的老人和儿童的深厚情感，因而成为世代相传的道德格言。老人对社会作出了贡献，又为抚养和教育晚辈付出了心血，当他们年老体弱时，理应得到社会、子女及家庭成员的尊重与回报。子女要尊敬、关心、体贴父母及长辈，自觉履行孝敬和赡养老人的法律责任和道德义务。儿童是国家和民族的未来，是社会和家庭的希望，在他们还不能自食其力时，需要得到成年人在物质和精神上的照顾与培育。

2．男女平等

男女平等是我国重要的法律原则和道德规范，也是我国的基本国策。家庭生活中的男女平等既表现为夫妻权利和义务上的平等、人格地位上的平等，又表现为平等地对待自己的子女。在夫妻关系上的男尊女卑，在子女问题上的重男轻女，都是在传统宗法社会中所形成的落后道德观念。在社会主义社会中，人与人之间的平等不仅体现在社会关系中，也体现在家庭关系中。家庭关系中的平等主要是人格平等，是权利和义务的平等。坚持男女平等，特别是要尊重和保护妇女的合法权益，反对歧视和迫害妇女的行为。

3．夫妻和睦

夫妻是家庭的主要成员，夫妻关系是家庭关系的核心。忠于爱情、互敬互爱，是夫妻和睦、婚姻美满的基础。今天所强调的夫妻和睦，是在男女平等基础上的互敬互爱、互助互让。

4．勤俭持家

勤俭是家庭兴旺的保证，也是社会富足的保证。勤俭持家既要做到努力工作，勤劳致富，也要量入为出，节约用费。在大学里，经济条件差的同学应当勤俭以励志，经济条件好的同学也应当勤俭以养德。同学们应当比品德、比学习、比情趣，而不能超前消费、攀比消费和负债消费，更不能向父母提出超越正常需要或超越家庭经济负担能力的不合理要求。大学生要尊重父母劳动所得，体谅父母的辛苦操劳，在日常生活中注意节俭，尽量减轻父母和家庭的生活负担，这就是对父母和家庭最实际的贡献。

5．邻里团结

邻里之间应该以礼相待，做到互谅互让，互帮互助，宽以待人，团结友爱。搞好邻里团结重要的是相互尊重。要尊重邻里的人格、民族习惯、生活方式、兴趣爱好等，互相学习，取长补短。邻里之间长期相处，难免产生误会和矛盾，要本着互谅互让的原则，无理者主动认错，得理者宽以让人，不能以财欺人、以势压人，要努力化解矛盾纠纷，增进邻里感情。

（三）婚姻家庭生活中的有关法律

婚姻家庭关系不仅需要道德来维系，也需要法律来调整。婚姻法是调整一定社会的婚姻关系的法律规范的总和，是一定社会的婚姻制度在法律上的集中表现。我国现行婚姻法既有结婚、夫妻关系和离婚的规定，又有关于父母子女和其他家庭成员间权利义务的规定，是婚姻家庭关系的基本准则。

1．婚姻法

（1）婚姻法的基本原则。婚姻法的基本原则主要有五项：一是婚姻自由，是指婚姻当事人按照法律的规定在婚姻问题上所享有的充分自主的权利，任何人不得强制或干涉。二是一夫一妻，是指一男一女结为夫妻的婚姻制度。在一夫一妻制度下，任何人，无论地位高低，财产多少，都不得同时有两个或两个以上的配偶；已婚者在配偶死亡（包括宣告死亡）或离婚之前，不得再行结婚；一切公开或隐蔽的一夫多妻制或一妻多夫的两性关系都是违法的。三是男女平等，是指男女两性在婚姻家庭关系中，享有同等的权利，负担同等的义务。四是保护妇女、儿童和老人的合法权益。五是计划生育，是指通过生育机制有计划地调节人口再生产。

为保障这些基本原则的贯彻实施，婚姻法有六项禁止性规定：禁止包办、买卖婚姻和其他干涉婚姻自由的行为；禁止借婚姻索取财物；禁止重婚；禁止有配偶者与他人同居；禁止家庭暴力；禁止家庭成员间的虐待和遗弃。婚姻法还明确规定夫妻应当互相忠实，互相尊重；家庭成员间应当敬老爱幼，互相帮助，维护平等、和睦、文明的婚姻家庭关系。这不仅仅是婚姻家庭关系的主体相互之间的权利义务，还是个人对国家、对社会、对家庭的共同责任，具有丰富的法律内涵和道德底蕴。

（2）结婚的条件和程序。结婚是指男女双方依照法律规定的条件和程序，确立夫妻关系的法律行为。它包括三层含义：一是结婚必须是男女两性的结合；二是结婚必须符合法定条件并遵守法定程序；三是结婚是男女双方确立夫妻关系的法律行为。

结婚的法定条件分为必备条件和禁止条件。结婚的必备条件有三个：一是必须男女双方完全自愿。这是婚姻自由原则的必然要求，目的是维护公民的婚姻自主权。二是必须达到法定婚龄。婚姻法规定，结婚年龄，男不得早于 22 周岁，女不得早于 20 周岁。晚婚晚育应予鼓励。三是必须符合一夫一妻制。婚姻当事人只有各自在未婚、离婚或丧偶的情况下才能结婚。有配偶而与他人结婚或明知他人有配偶而与之结婚的行为构成重婚罪，要承担法律责任。结婚的禁止条件：一是禁止直系血亲和三代以内旁系血亲结婚，二是禁止患有医学上认为不应当结婚的疾病的人结婚。

结婚除必须符合法定条件外，还必须符合法定程序，即要求结婚的男女双方必须亲自到婚姻登记机关进行结婚登记。符合规定条件的，予以登记，发给结婚证。取得结婚证，即确立夫妻关系。结婚登记是婚姻关系成立的法定标志。内地居民办理婚姻登记的机关是县级人民政府民政部门或者乡（镇）人民政府，省、自治区、直辖市人民政府可以按照便民原则确定农村居民办理婚姻登记的具体机关。

（3）家庭关系。家庭关系包括夫妻关系、父母子女关系和其他家庭成员关系。夫妻关系，包括人身关系和财产关系两个方面。夫妻间的人身关系，是指夫妻双方与其人身不可分离而没有直接经济内容的在人格、身份、地位以及生育等方面的权利与义务关系。夫妻间的财产关系，是指夫妻双方在财产、扶养和继承等方面的权利与义务关系。夫妻可以约定婚姻关系存续期间的财产以及婚前财产所有形式。父母子女关系，是指父母与子女之间的权利与义务关系。其具体包括：父母对子女有抚养教育的义务，有管教和保护未成年子女的权利和义务，同时是未成年子女的法定代理人和监护人。子女对父母有赡养扶助的义务，即经济上的必要帮助和精神上的关心照顾，这种义务是无条件的。父母与子女间有相互继承遗产的权利。此外，非婚生子女与生父母的关系、受继父或继母抚养的继子女与继父母的关系、养子女与养父母的关系，与婚生子女与父母的关系相同。其他家庭成员关系，是指祖父母、外祖父母与孙子女、外孙子女之间，兄弟姐妹之间的权利义务关系。

（4）离婚的方式和后果。离婚是指夫妻双方依法解除婚姻关系的行为。处理离婚时必须遵循以下两个原则：一是保障离婚自由。男女双方自愿离婚或符合法定离婚条件的，应依法准予离婚。二是反对轻率离婚。离婚标志着夫妻关系的解除和终止，从而引起一系列法律后果，对家庭和社会都将产生一定的影响，所以离婚自由的原则不能滥用。

离婚主要有两种方式：一种是协议离婚，是指男女双方自愿离婚，并对子女抚养教育和夫妻财产分割等问题达成协议，到婚姻登记机关申请离婚的行为。另一种是诉讼离婚，是指一方要求离婚，另一方不同意离婚，或双方虽系自愿离婚，但在对子女抚养或夫妻财产分割未能达成协议的情况下，婚姻当事人向人民法院提起离婚诉讼的行为。

为了保护现役军人和妇女的特殊利益，婚姻法规定：现役军人的配偶要求离婚时，须征得军人同意，但军人有重大过错的除外；女方在怀孕期间、分娩后1年内或者终止妊娠6个月内，男方不得提出离婚，但女方提出离婚或人民法院认为确有必要受理男方离婚请求的，不在此限。

离婚只是从法律上解除了夫妻关系，父母与子女的血亲关系并不因此而消除，无论子女由哪方抚养，仍是父母双方的子女，故离婚后父母对子女仍有抚养和教育的权利和义务。任何一方都不得以任何借口侵害这种权利或逃避这种义务。不直接抚养子女的一方有探望子女的权利，另一方有协助的义务。离婚后子女抚养问题可以协议解决，协议不成由法院判决。至于离婚后的财产问题，夫妻共同财产由双方协议处理，协议不成由法院判决；原为夫妻共同生活所负债务应当共同偿还，共同财产不足清偿的，则由双方协议清偿，协议不成由法院判决。

婚姻法还规定了离婚过错损害赔偿制度。当夫妻一方有下列过错而导致离婚的，无过错方有权请求损害赔偿：重婚的，有配偶者与他人同居的，实施家庭暴力的，虐待、遗弃家庭成员的。有过错方应当向无过错方支付赔偿金。

2. 继承法

法律范畴中的继承专指财产继承，即自然人死亡后，按照法定程序，把死者遗留的个人合法财产（即遗产）转移给他人所有的一种法律制度。在继承关系中，遗留财产的死者称为被继承人。接受财产的人称为继承人；继承人依法取得被继承人的遗产的权利称为继承权。继承的方式有法定继承、遗嘱继承、遗赠和遗赠扶养协议四种。

（1）法定继承是指由法律直接规定继承人的范围、继承顺序、遗产分配原则的财产继承制度。法定继承人是按照继承法的规定，有资格继承遗产的人。在法定继承人范围内，并不是所有人都能同时继承遗产的，继承法根据他们同被继承人婚姻关系和血缘关系的亲疏远近以及扶养的不同情况，规定第一顺序继承人为配偶、子女和父母，第二顺序继承人为兄弟姐妹、祖父母、外祖父母。法定继承人以外的依靠被继承人扶养的人或者对被继承人扶养较多的人，可以分给适当的遗产。

（2）遗嘱继承是指在被继承人死亡后，按他生前所立的遗嘱内容，将其遗产的全部或者部分转移给指定的继承人的一种继承方式。法律规定，遗嘱继承优先于法定继承。立遗嘱人必须具有完全民事行为能力，遗嘱必须是遗嘱人的真实意思表示，遗嘱内容不得违反国家法律和公共利益。

（3）遗赠是指遗嘱人用遗嘱的方式将其个人财产于其死亡后赠给法定继承人以外的人、国家或者集体组织的一种法律制度。遗赠是遗赠人死亡时生效的单方无偿民事法律行为，而无论受遗赠人是否接受。遗赠的标的只能是遗产中的财产权利，而不包括财产义务。

（4）遗赠扶养协议是指受扶养人和扶养人之间关于扶养人承担受扶养人的生养死葬的义务，受扶养人将自己所有的财产遗赠给扶养人的协议。遗赠扶养协议的法律效力高于法定继承和遗嘱继承。扶养人无正当理由不履行扶养义务，致使协议解除的，不能享有受遗赠的权利，其支付的供养费用一般不予补偿。受抚养人无正当理由不履行协议中的义务，致使协议解除的，则应偿还扶养人已支付的供养费用。

三、职业生活中的道德与法律

职业活动中的道德与法律，是为了调节和约束从业人员的职业活动而形成和制定的行为规范。它们广泛渗透于职业活动的各个方面，不仅对各行各业的从业者具有引导和约束作用，同时也是保障社会持续、健康、有序发展的必要条件。

（一）职业生活中的道德规范

职业道德，是指从事一定职业的人在职业生活中应当遵循的具有职业特征的道德要求和行为准则，涵盖了从业人员与服务对象、职业与职工、职业与职业之间的关系。在社会主义现代化建设的进程中，包括大学生在内的每一个社会成员，都应遵守以爱岗敬业、诚实守信、办事公道、服务群众、奉献社会为主要内容的职业道德。

1．爱岗敬业

爱岗敬业反映的是从业人员热爱自己的工作岗位，敬重自己所从事的职业，勤奋努力，尽职尽责的道德操守。这是社会主义职业道德的最基本要求。在社会主义条件下，对自己工作岗位的爱，对自己所从事职业的敬，既是社会的需要，也是从业者应该自觉遵守的道德要求。爱岗敬业所表达的最基本的道德要求就应当是：干一行爱一行，爱一行钻一行，精益求精，尽职尽责，"以辛勤劳动为荣、以好逸恶劳为耻"。这是社会对每个从业者的要求，更应当是每个从业者对自己的自觉约束。

2．诚实守信

诚实守信既是做人的准则，也是对从业者的道德要求，即从业者在职业活动中应该诚实劳动，合法经营，信守承诺，讲求信誉。诚实守信是人类千百年传承下来的优良道德传统，在社会主义社会应该继承并使之发扬光大。诚实守信不仅是从业者步入职业殿堂的通行证,体现着从业者的道德操守和人格力量，也是具体行业立足的基础。在职业活动中，缺失了诚信就会失去人们的信任，失去社会的支持，失去成长和发展的机遇。诚实守信作为社会主义职业道德的基本要求，具有很强的现实针对性。

3．办事公道

办事公道就是要求从业人员在职业活动中做到公平、公正，不谋私利，不徇私情，不以权损公，不以私害民，不假公济私。在社会主义制度下，从业者之间以及从业者与服务对象之间都是平等的，他们的职业差别只是所从事的工作不同，而不是个人地位高低贵贱的象征。同时，职业的划分也不是为特殊的利益集团和个人创造谋取私利的机会，而是为了公平地满足人们的需要。办事公道，就要做事讲原则，无论对人对己都要坚持实事求是，出于公心，不挟私欲，遵循道德和法律规范来处事待人。

4．服务群众

服务群众就是在职业活动中一切从群众的利益出发，为群众着想，为群众办事，为群众提供高质量的服务。社会主义道德建设的核心是为人民服务，社会各行业都要以服务人民为宗旨。职业活动使为人民服务获得了具体的内容和表现形式，为人民服务的道德要求也在职业活动中表现出强大的生命力。在社会主义社会里，每个公民无论从事什么工作、能力如何，都能够在本职岗位上，通过不同的形式为人民服务。如果每一个从业人员在职业活动中，都自觉遵循服务群众的要求，整个社会就会形成一种人人都是服务者，人人又都是服务对象的良好秩序与和谐状态。

5．奉献社会

奉献社会就是要求从业人员在自己的工作岗位上树立奉献社会的职业精神，并通过兢兢业业的工作，自觉为社会和他人作贡献。这是社会主义职业道德中最高层次的要求，体现了社会主义职业道德的最高目标指向。

爱岗敬业、诚实守信、办事公道、服务群众，都体现了奉献社会的精神。尤其需要指出的是，提高廉政素质是我国当前职业道德建设的一个重要任务，需要把廉政教育作为岗前和岗位培训的重要内容，把廉政要求融入党政机关开展的"做人民满意的公务员"和企事业单位的争优创先等活动中，促进广大从业人员尤其是党政干部提高自身素质，做到廉洁从政、廉洁从业，养成良好的职业习惯，树立起各具特色的行业新风。

大学生学习职业道德知识，加强职业道德修养，对于今后从事职业活动具有重大意义。要从现在做起，在学习和生活中学会与他人合作。积极参加集体活动，力戒自由散漫，发扬团结协作精神；敢于坚持真理，大胆探索，力戒消极保守，发扬开拓进取精神；提倡艰苦朴素，勇挑重担，力戒贪图享乐，发扬艰苦奋斗精神；养成执着认真、刻苦钻研的学习习惯，力戒浮躁不专，发扬精益求精精神。同时，大学生还应该自觉培养廉洁自律意识，提升人格境界，为今后在职业活动中全心全意为人民服务、依法办事、廉洁奉公打下坚实的基础。

（二）职业生活中的有关法律

职业活动中的法律规范很多，从适用对象来说，既有适用于广大劳动者的劳动法、就业促进法、劳动合同法、劳动争议调解仲裁法等，又有适用于某一特定职业的公务员法、教师法、律师法、法官法、检察官法、人民警察法等。此外，在安全生产法等一些相关的法律法规中，也有关于职工权利义务的规定。

1．劳动法

（1）劳动法保护劳动者权利的宗旨。劳动法保护劳动者权利的宗旨体现在其基本原则之中。

一是维护劳动者合法权益与兼顾用人单位利益相结合的原则。维护劳动者的合法权益是劳动法的立法宗旨。劳动法明确规定了劳动者应享有的基本权利和在各个劳动环节中的具体权利，规定了用人单位必须履行劳动法确定的义务。

二是按劳分配与公平救助相结合的原则。公平救助原则的实现以按劳分配原则的贯彻为基础，只有真正贯彻按劳分配原则，调动劳动者的劳动积极性，创造出更多、更丰富的物质财富，才能使公平救助原则得到充分体现。

三是劳动者平等竞争与特殊劳动保护相结合的原则。劳动法在坚持劳动者平等竞争原则的同时，也注重对特殊劳动者的劳动保护，使他们真正与其他劳动者处于平等的法律地位。

四是劳动行为自主与劳动标准制约相结合的原则。用人单位与劳动者签订劳动合同，确立劳动关系之后，用人单位享有法律赋予的劳动管理权、劳动力分配自主权等。

同时，国家制定劳动标准，明确规定劳动的基本条件，以制约用人单位的行为，保护劳动者的合法权益。

（2）劳动法规定的劳动者权利。劳动法规定的劳动者权利有：平等就业和选择职业的权利，取得劳动报酬的权利，休息休假的权利，获得劳动安全卫生保护的权利，接受职业技能培训的权利，享受社会保险和福利的权利，提请劳动争议处理的权利，法律法规规定的其他权利。这些其他权利主要包括：依法参加和组织工会的权利，参与民主管理的权利，参加社会义务劳动的权利，开展劳动竞赛的权利，提出合理化建议的权利，从事科学研究、技术革新、发明创造的权利，依法解除劳动合同的权利，对用人单位管理人员违章指挥、强令冒险作业有拒绝执行的权利，对危害生命安全和身体健康的行为有批评、举报和控告的权利，对违反劳动法的行为进行监督的权利等。

此外，劳动法还规定了劳动者权利保护制度，主要有工作时间和休息休假制度、工资制度、劳动安全卫生制度、女职工和未成年工特殊保护制度、职业培训制度等。

2．就业促进法

在社会主义市场经济条件下，做好促进就业工作，实现社会就业比较充分的目标，必须调动各方面的积极性，充分发挥其在促进就业中的重要作用，坚持"劳动者自主择业、市场调节就业、政府促进就业"的就业方针。就业促进法进一步确立了这一就业方针。一是明确"劳动者自主择业"，充分调动劳动者就业的主动性和能动性，促进他们发挥就业潜能和提高职业技能，依靠自身努力，自谋职业和自主创业，尽快实现就业。二是明确"市场调节就业"，充分发挥人力资源市场在促进就业中的基础性作用。通过市场职业供求信息，引导劳动者合理流动和就业；通过用人单位自主用人和劳动者自主择业，实现供求双方相互选择；通过市场工资价位信息，调节劳动力的供求。三是明确"政府促进就业"，充分发挥政府在促进就业中的重要职责，通过发展经济和调整产业结构，实施积极就业政策，扩大就业机会；通过规范人力资源市场，维护公平就业；通过完善公共就业服务和加强职业教育和培训，创造就业条件；通过提供就业援助，帮助困难群体就业等等。

就业促进法不仅明确政府促进就业的职责，建立促进就业工作协调机制，还形成了促进就业的政策支持体系，将经过实践检验行之有效的积极的就业政策上升为法律规范，并按照促进就业的工作要求，规定了政策支持的法律内容。此外，就业促进法还对维护公平就业，加强就业服务和管理，大力发展职业教育和开展职业培训，实施就业援助等作出了明确的规定。

3．劳动合同法

劳动合同是劳动者与用人单位确立劳动关系、明确双方权利和义务的协议。建立劳动关系应当订立劳动合同。订立和变更劳动合同，应当遵循平等自愿、协商一致的原则，不得违反法律、行政法规的规定。劳动合同依法订立即具有法律约束力，当事人必须履行劳动合同规定的义务。劳动合同应当以书面形式订立。

劳动合同应当具备的条款有：用人单位的名称、住所和法定代表人或者主要负责人；劳动者的姓名、住址和居民身份证或者其他有效身份证件号码；劳动合同期限；工作内容和工作地点；工作时间和休息休假；劳动报酬；社会保险；劳动保护、劳动条件和职业危害防护；法律、法规规定应当纳入劳动合同的其他事项。此外，用人单位与劳动者可以约定试用期、培训、保守秘密、补充保险和福利待遇等其他事项。

依法订立的劳动合同自合同签订之日起生效，劳动合同须经鉴证或公证的，自鉴证或公证之日起生效。违反法律、行政法规的劳动合同和采用欺诈、胁迫等手段订立的劳动合同无效。劳动合同依法成立后，由于约定条件或法定事由发生变化可对合同的内容进行修正或补充。劳动合同订立以后，尚未履行完毕之前，可以由双方或一方当事人依法解除。

工会组织或职工代表可以依法与所在企业就劳动报酬、工作时间、休息休假、劳动安全卫生、保险福利等事项达成书面协议，订立集体合同。集体合同一经订立，即适用于企业全体劳动者，但是，集体合同不能代替劳动合同，劳动者个人与企业建立劳动关系必须另订劳动合同。集体合同在保护劳动者合法权益，减少劳动纠纷，稳定、协调劳动关系方面具有重要作用。

4. 劳动争议调解仲裁法

用人单位与劳动者因确认劳动关系，因订立、履行、变更、解除和终止劳动合同，因除名、辞退和辞职、离职，因工作时间、休息休假、社会保险、福利、培训以及劳动保护，因劳动报酬、工伤医疗费、经济补偿或者赔偿金等发生的争议，可依劳动争议调解仲裁法处理。解决劳动争议，应当根据事实，遵循合法、公正、及时、着重调解的原则，依法保护当事人的合法权益。

劳动争议发生后，当事人可以协商解决，也可以依法申请调解、仲裁、提起诉讼。

首先，当事人可以协商解决劳动争议，但协商不是处理劳动争议的必经程序，不愿协商的，可以申请调解。

其次，当事人可以向本单位劳动争议调解委员会申请调解，但调解也不是处理劳动争议的必经程序，当事人任何一方不愿调解的，可以直接向有管辖权的劳动争议仲裁委员会申请仲裁。调解原则也适用于仲裁和诉讼程序。

再次，调解不成的，当事人一方可以向劳动争议仲裁委员会申请仲裁。劳动争议仲裁委员会是指县、市、市辖区设立的裁处企业与职工之间发生的劳动争议的组织机构。

最后，当事人对仲裁裁决不服的，除依法具有终局法律效力的裁决外，可以自收到仲裁裁决书之日起 15 日内向人民法院提起诉讼。一方当事人在法定期限内不起诉又不履行仲裁裁决的，另一方当事人可以申请人民法院强制执行。

（三）树立正确的择业观

择业是指个人根据自己的意愿和社会的需要，主动选择自己所从事的工作的过程。对于大学生来说，应该从以下三个方面努力，逐步树立正确的择业观。

1．树立崇高职业理想，重视人生价值实现

职业活动不仅是人谋生的方式和手段，也是人奉献社会、完善自身的必要条件。如果只是从个人的、工具性的和物质需要的角度来看待职业，就必然会忽视职业生活所具有的更丰富、更深刻的人生内涵。因此，树立崇高的职业理想，不仅是为了拓展职业的价值领域，更是为了提升人生观、价值观的境界。树立崇高的职业理想和坚定的职业信念并不是空洞抽象的话语，它具有很强的现实性或实践性，不应单纯地把职业看成是谋求生存的手段，更应把职业视为一生所追求的事业，它蕴含着人们的人生理想和信念。

2．服从社会需要，追求长远利益

人选择职业，职业也选择人，这是一个双向选择的过程。择业固然要考虑个人的兴趣和意愿，但是，社会需求对择业有很大的制约性。从当前我国的就业形势来看，大学生在就业问题上要充分考虑到社会的需要，把自己对职业的期望与社会的需要统一起来，着眼现实，面向未来，既不好高骛远，也不消极被动，以积极主动的态度面对就业问题。

3．打下坚实基础，做好充分准备

择业需要以自身的能力和素质为基础。大学生要实现顺利就业，就应当树立独立生活意识，克服消极依赖思想，充分利用大学的美好时光，努力学习科学文化知识，打牢专业基础，锻炼能力，提高素质，完善自我。一个人有了真才实学，能够适应多种岗位，就更有利于自己的就业。

（四）树立正确的创业观

所谓创业则是通过发挥自己的主动性和创造性，开辟新的工作岗位、拓展职业活动范围、创造新的业绩的实践过程。大学生不仅要树立正确的择业观，还应当树立正确的创业观。对于大学生来说，应该从以下三个方面努力，逐步树立正确的创业观。

1．要有积极创业的思想准备

择业是起点，创业是追求。如果一个人选择了职业之后却采取消极、应付的态度，就有可能失去已经得到的职业。创业是拓展职业生活的关键环节。在就业压力较大的社会环境中，创业意识强烈并且思想准备充分就能获得更好的发展机会，甚至还能帮助别人就业。当今社会中增添的许多新职业，既体现了新的社会需要，又体现了创业者的智慧和贡献。劳动和社会保障部从2004年建立新职业信息发布制度以来，已经向社会发布了许多新职业，并确定了今后向社会定期发布新职业的工作程序。新职业的发布也昭示同学们：自主创业的天地广阔，大有可为。

2．要有敢于创业的勇气

创业艰苦磨难多。因此，只有创业的思想准备是不够的，还需要创业勇气，有勇气者才敢于创业、善于创业和成功创业。勇于创业已经成为高等教育培养人才的一个目标。破除依赖心理和胆怯心理，勇敢地接受创业的挑战，做一个真正的创业者，这是大学生应有的精神品格和时代风貌。

3．要提高创业的能力

大学生在创业的问题上除了要具有立足创业、勇于创业的思想准备之外，还要努力提高自己的创业能力。既要不拘泥于陈式，又要充分考虑自身的条件、创业的环境等各种现实的因素。来过、走过、经历过的感受固然浪漫，但苦过、累过、成功的收获才是宝贵的。打破"学历本位"的观念，树立"能力本位"的意识，努力提高自主创业的能力，是需要大学生在大学阶段破解的一道难题。

四、公共生活中的道德与法律

公共生活是人们社会生活的重要组成部分，公共生活的秩序直接影响人们的社会生活质量，公共生活需要道德和法律来约束、协调。自觉遵守公共生活中的道德规范和法律规范，养成良好的行为习惯，是锤炼高尚品格的重要途径。

（一）公共生活中的道德规范

公共生活中的道德规范，即社会公德，是指人们在社会交往和公共生活中应该遵守的行为准则，是维护社会成员之间最基本的社会关系秩序、保证社会和谐稳定的最起码的道德要求，涵盖了人与人、人与社会、人与自然之间的关系。在社会主义现代化建设的进程中，包括大学生在内的每一个社会成员，都应遵守以文明礼貌、助人为乐、爱护公物、保护环境、遵纪守法为主要内容的社会公德。

1．文明礼貌

文明礼貌是社会交往中必然的道德要求，是调整和规范人际关系的行为准则，与我们每个人的日常生活密切相关。文明礼貌是打开心扉的钥匙，是交流思想的窗口，是沟通感情的桥梁。它反映着一个人的道德修养，体现着一个民族的整体素质。倡导讲文明、懂礼貌、守礼仪是继承和弘扬中华民族传统美德、提高人们道德素质的迫切需要，是尊重人、理解人、关心人、帮助人，形成男女平等、尊老爱幼、扶贫济困、礼让宽容的新型人际关系的迫切需要，也是树立中国人良好国际形象的迫切需要。

2．助人为乐

在社会公共生活中，每个人都会遇到困难和问题，总有需要他人帮助和关心的时候。因此，在社会公共生活中倡导助人为乐精神，是社会主义道德建设的核心和原则在公共生活领域的体现，也是社会主义人道主义的基本要求把帮助别人视为自己应做之事，看作自己的快乐，这是每个社会成员应有的社会公德，是有爱心的表现。大学生要养成助人为乐的美德和习惯，将是一生取之不尽、用之不竭的精神财富，正所谓"赠人玫瑰，手有余香"。大学生应当"以团结互助为荣、以损人利己为耻"，积极参与公益事业，力所能及地关心和关爱他人，在对他人的关心和帮助中获得人生的快乐。

3．爱护公物

对社会共同劳动成果的珍惜和爱护，是每个公民应该承担的社会责任和义务，它既显示出个人的道德修养水平，也是整个社会文明程度的重要标志。随着社会现代化程度的日益提高，社会的公用设施得到妥善保护并保持良好状态，是使公共生活有序进行的基本保证，也有利于每个人的工作和生活。如果每个社会成员都能珍惜、爱护公物，就意味着全社会的公共财物能够物尽其用、用有所值。如果社会公共财物遭到破坏，社会的利益就会受到损害。所以，每个公民都要增强社会主人翁责任感，珍惜国家、集体财产，爱护公物，特别要保护社会公用设施，坚持同损害公共财产、破坏公物的行为作斗争。

4. 保护环境

保护环境主要是指保护自然生态环境，诸如水环境、大气环境、土壤环境、矿产资源、动物资源等，也包括保护文物资源、文化资源、社会管理资源等人文环境。热爱自然、保护环境是当今时代社会公德的重要内容。从根本上说，它是对全人类的生存发展利益的维护，也是对子孙后代应尽的责任。大学生要牢固树立环境保护意识，身体力行，从小事做起，从身边做起，从自己做起，带头宣传和践行环境道德要求，为建设资源节约型、环境友好型社会作出自己应有的贡献。

5. 遵纪守法

遵纪守法是社会公德最基本的要求，是维护公共生活秩序的重要条件。遵纪守法的实践是提高人们社会公德水平的一个重要途径。在社会生活中，每个社会成员既要遵守国家颁布的有关法律、法规，也要遵守特定公共场所和单位的有关纪律规定。在社会公共生活领域中，人员构成复杂，素质参差不齐，正常的生活秩序可能受到影响甚至被破坏，这就需要用纪律与法律来维护公共生活的正常秩序。

（二）公共生活中的有关法律

我国在刑事、民事、行政等方面有一系列公共生活法律规范，其基本立法精神是在维护公共秩序、保障公共安全、保护公共环境的前提下，保护公民、法人和其他组织的合法权利与自由。

1. 治安管理处罚法

治安管理处罚法的立法目的是为了维护社会治安秩序，保障公共安全，保护公民、法人和其他组织的合法权益，规范和保障公安机关及其人民警察依法履行治安管理职责。其基本原则主要有：治安管理处罚必须以事实为依据，与违反治安管理行为的性质、情节以及社会危害程度相当；实施治安管理处罚，应当公开、公正，尊重和保障人权，保护公民的人格尊严；办理治安案件应当坚持教育与处罚相结合的原则。

违反治安管理行为是指扰乱社会秩序，妨害公共安全，侵犯公民人身权利，侵犯公私财产，情节轻微尚不够刑事处罚的行为。治安管理处罚种类有警告、罚款、行政拘留、吊销公安机关发放的许可证、限期出境或者驱逐出境等。治安管理处罚必须严格依照调查、决定和执行程序进行，被处罚人可依法通过听证程序和救济程序保护合法权益。

公安机关及其人民警察对治安案件的调查，应当依法进行。严禁刑讯逼供或者采用威胁、引诱、欺骗等非法手段收集证据。人民警察办理治安案件有刑讯逼供行为的，依法给予行政处分；构成犯罪的，依法追究刑事责任。公安机关及其人民警察违法行使职权，侵犯公民、法人和其他组织合法权益的，应赔礼道歉；造成损害的，应当依法承担赔偿责任。

2. 集会游行示威法

集会游行示威法的立法目的是在维护社会安定和公共秩序的前提下，充分保障宪法赋予公民的集会、游行、示威的权利和自由。其基本原则主要有：一是政府依法保障原则。对公民行使集会、游行、示威的权利，各级人民政府应当依法予以保障。二是权利义务一致原则。公民在行使集会、游行、示威权利的时候，必须遵守宪法和法律，不得反对宪法所确定的基本原则，不得损害国家、社会、集体的利益和其他公民合法的自由和权利。三是和平进行原则。集会、游行、示威应当和平进行，不得携带武器、管制刀具和爆炸物，不得使用暴力或煽动使用暴力。

举行集会、游行、示威，必须依照集会游行示威法的规定向主管机关提出申请并获得许可。集会、游行、示威的主管机关，是集会、游行、示威举行地的市、县公安局，城市公安分局；游行、示威路线经过两个以上区、县的，主管机关为所经过区、县的公安机关的共同上一级公安机关。集会、游行、示威应当按照许可的目的、方式、标语、口号、起止时间、地点、路线及其他事项进行。对于依法举行的集会、游行、示威，主管机关应当派出人民警察维持交通秩序和社会秩序，保障集会、游行、示威的顺利进行。依法举行的集会、游行、示威，任何人不得以暴力、胁迫或者其他非法手段进行扰乱、冲击和破坏。

申请举行的集会、游行、示威，有下列情形之一的，不予许可：第一，反对宪法所确定的基本原则的；第二，危害国家统一、主权和领土完整的；第三，煽动民族分裂的；第四，有充分根据认定申请举行的集会、游行、示威，将直接危害公共安全或者严重破坏社会秩序的。

3. 道路交通安全法

道路交通安全法的立法目的是为了维护道路交通秩序，预防和减少交通事故，保护人身安全，保护公民、法人和其他组织的财产安全及其他合法权益，提高通行效率。其基本原则主要有：一是依法管理原则。道路交通安全工作，无论是主管部门履行职责，还是道路交通管理行为及有关纠纷的处理，都应当依法进行，以保障道路交通有序、安全、畅通。二是以人为本、与民方便原则。道路交通安全法在机动车通行规则、交通事故的责任认定、交通事故快速处理和抢救费用的支付等方面都应体现以人为本、与民方便的原则。

按照法律规定，机动车、非机动车实行右侧通行。机动车上道路行驶，不得超过限速标志标明的最高时速。机动车通过交叉路口，应当按照交通信号灯、交通标志、交通标线或者交通警察的指挥通过；通过没有交通信号灯、交通标志、交通标线或者交通警察指挥的交叉路口时，应当减速慢行，并让行人和优先通行的车辆先行。驾驶非机动车在道路上行驶应当遵守有关交通安全的规定，在非机动车道内行驶；在没有非机动车道的道路上，应当靠车行道的右侧行驶。机动车、非机动车均应在规定地点停放，不得妨碍其他车辆和行人通行。行人应当在人行道内行走，没有人行道的靠路边行走。行人通过路口或者横过道路，应当走人行横道或者过街设施；通过有交通信号灯的人行横道，应当按照交通信号灯指示通行；通过没有交通信号灯、人行横道的路口，或者在没有过街设施的路段横过道路，应当在确认安全后通过。行人不得跨越、倚坐道路隔离设施，不得扒车、强行拦车或者实施妨碍道路交通安全的其他行为。行人通过铁路道口时，应当按照交通信号或者管理人员的指挥通行；没有交通信号和管理人员的，应当在确认无火车驶临后，迅速通过。乘车人不得携带易燃易爆等危险物品，不得向车外抛洒物品，不得有影响驾驶人安全驾驶的行为。

在道路上发生交通事故，车辆驾驶人应当立即停车，保护现场；造成人身伤亡的，车辆驾驶人应当立即抢救受伤人员，并迅速报告执勤的交通警察或者公安机关交通管理部门；未造成人身伤亡，当事人对事实及成因无争议的，可以即行撤离现场，恢复交通，自行协商处理损害赔偿事宜；不即行撤离现场的，应当迅速报告执勤的交通警察或者公安机关交通管理部门。在道路上发生交通事故，仅造成轻微财产损失，并且基本事实清楚的，当事人应当先撤离现场再进行协商处理。

4. 环境保护法

环境保护法的立法目的是为了保护和改善生活环境与生态环境，防治污染和其他公害，保障人体健康，促进社会主义现代化建设的发展。其基本原则主要有：一是经济建设与环境保护协调发展原则。国家将环境保护纳入国民经济和社会发展规划，并采取有利于保护环境的经济、技术政策和措施、保证环境保护与经济、社会发展相协调。二是预防为主、防治结合、综合整治原则。国家在环境保护工作中，采取各种预防措施，防止开发建设产生新的环境污染和破坏，对已造成的环境污染和破坏要积极治理。三是谁污染谁治理、谁开发谁保护原则。明确规定环境污染和破坏者的责任，将环境保护与人们的经济利益和其他利益联系起来。

环境保护法主要规定了国家保护环境的方针、任务、原则、制度和措施。将环境界定为影响人类社会生存和发展的各种天然的和经过人工改造的自然因素的总体，包括大气、水、海洋、土地、矿藏、森林、草原、野生动物、自然古迹、人文遗迹、自然保护区、风景名胜区、城市和乡村等。强调一切单位和个人都有保护环境的义务，并有权对污染和破坏环境的单位或个人进行检举和控告。

5. 维护互联网安全的决定

维护互联网安全的决定的基本原则主要有：一是促进网络发展与加强监管相结合的原则。制定和实施网络法律规范的目的是维护和促进网络的健康发展。监管网络上各种活动、制裁网络上的不法行为，不应最终束缚信息网络的发展。二是信息自由与社会公共利益有机结合的原则。从充分发挥信息网络功能出发，从社会公共利益出发，对网络上的自由进行必要的限制。三是与现代网络发展相适应、与传统法律规范相协调的原则。网络法律规范的制定和实施既要针对网络的特点作出新的规定，又必须与传统法律规范相协调。

对利用互联网实施其他犯罪行为的，依照刑法有关规定追究刑事责任；利用互联网实施行政违法行为和民事侵权行为的，分别依法追究行政责任和民事责任。

为了保护个人、法人和其他组织的人身、财产等合法权利，对利用互联网侮辱他人或者捏造事实诽谤他人；非法截获、篡改、删除他人电子邮件或者其他数据资料，侵犯公民通信自由和通信秘密；利用互联网进行盗窃、诈骗、敲诈勒索等行为，构成犯罪的，依照刑法有关规定追究刑事责任。

为了维护国家和社会公共利益，以下行为如构成犯罪的，依照刑法有关规定追究刑事责任：侵入国家事务、国防建设、尖端科学技术领域的计算机信息系统；故意制作、传播计算机病毒等破坏性程序，攻击计算机系统及通信网络，致使计算机系统及通信网络遭受损害；违反国家规定，擅自中断计算机网络或者通信服务，造成计算机网络或者通信系统不能正常运行；利用互联网造谣、诽谤或者发表、传播其他有害信息，煽动颠覆国家政权、推翻社会主义制度，或者煽动分裂国家、破坏国家统一；通过互联网窃取、泄露国家秘密、情报或者军事秘密；利用互联网煽动民族仇恨、民族歧视，破坏民族团结；利用互联网组织邪教组织、联络邪教组织成员，破坏国家法律、行政法规实施；利用互联网销售伪劣产品或者对商品、服务作虚假宣传；利用互联网损害他人商业信誉和商品声誉；利用互联网侵犯他人知识产权；利用互联网编造并传播影响证券、期货交易或者其他扰乱金融秩序的虚假信息；在互联网上建立淫秽网站、网页，提供淫秽站点链接服务，或者传播淫秽书刊、影片、音像、图片等。

思考题

1. 如何理解社会主义法制理念？
2. 如何正确理解法制思维方式以及培养法制思维方式的途径？
3. 谈谈如何加强个人品德与修养。
4. 道德和法律对婚姻家庭关系调整的特点和作用是什么？
5. 如何认识恋爱中的道德要求？
6. 大学生应该树立怎样的择业观？
7. 如何理解公共生活中的道德规范？